シリーズ妖怪文化の民俗地理1

民話の地理学

佐々木高弘　著

＊本書は 2003 年 12 月 25 日刊行の『民話の地理学』に増補し，「シリーズ妖怪文化の民俗地理」（全 3 巻）の第 1 巻として新たに刊行した．

Folk Geography of Yōkai Culture Series vol.1

The Grounding of Imagination

: A Geographical Approach to Myth, Legend and Folktales

Takahiro SASAKI

Kokon Shoin, Co., Ltd.

はしがき

虚構が織りなす現実。そのような世界を覗いてみたければ、本書を手に取って一読して欲しい。それは物語が紡ぎだす現実でもある。空想が支える現実でもある。

私は現実世界、つまり、私たちの祖先が、様々な活動・行動を通して、地表面に刻み込んできた、その結果としての地理的世界を研究する者だが、その原点にしばしば虚構の見え隠れすることが気になっていた。

例えば、古代の都市は、多くの民族において、天界の写しとして、建造された。中世における宗教建築物も、多くの場合、世界樹や世界山《せかいざん》の模写であった。また世界にある、様々な様式の庭園は、楽園を象徴化したものであった。それらが現代社会において、全く姿を消してしまったのか、といえば、そうではない。ディズニーランドや各地にあるテーマパークは、おとぎの国そのものである。

人類が頭のなかで描いた理想とする世界、それを現実空間に見いだそうとする癖が、私たちにはあるようだ。新大陸の発見はエデンの園の発見だったたし、ヨーロッパの人たちの新大陸への移住は、千年王国の樹立を目指すものでもあった。その源泉を『聖書』にみる千年王国論は、今でも新興宗教団体の思想に、かいま見ることが出来る。

そのような理想世界は、一体どこにあるのか。トマス・モアは、それを「どこにもない場所（ユートピア）」と皮肉ったが、多くの人たちはそれを、実在する世界に求めた。ある時は、山や海を越えて探し、ある時は、自力でそのような場所を創出した。現実世界とは、そのような先人たちの、努力の結果の集積なのだ。

何人《なんぴと》もが求める、この苦悩のない楽園世界、深層心理学者たちは、それを、私たちの心の奥底に普遍的に存在する、と考えた。そして彼らは、その原点を世界の神話に見いだした。確かに神話には、かつて天と地が結合し、神と人とが共存し、自然や動物と人間が調和した、葛藤のない世界がある。と同時に、しかし今はもうない、そう神話は説明する。

神話に描かれる真の英雄は、しばしばその「失われた楽園」を取り戻す。現実世界では、彼らの多くは、宗教的偉人であったり、偉大な国家の建設者であった。つまり彼ら英雄は、楽園を現実世界に創り出した者たちだったのだ。したがって人類が創り出した現実世界とは、多くが私たちの心のなかで描き出された、「楽園の模写」と言えるのだ。ユング派の心理学者、ジェームス・ヒルマンは言う。「いわゆる厳然たる事実から成る現実の世界も、常にそれに特有の仕方で形成されたファンタジーのディスプレイなのである」（『元型心理学』青土社、一九九四、四八〜四九頁）と。

心のなかにある理想世界、人類はそれを現実の場所に見いだそうとした。場所には、そのような人々の空想を引き寄せる力がある。神話や伝説には、そのような不思議な世界が渦巻くが、それを実在の場所と共に語る。この実在の場所と共に語られる理想世界が、多くの人々の関心をひきつけた。私たちのなかには、その神話や伝説に描かれた理想世界の実在を、信じた者たちがいた。場所には、人々の心と、周囲にある様々なモノとを結びつける、魔術があるのだ。だから、鬼のいる風景（ＰａｒｔⅠ）、首のない馬の走る道（ＰａｒｔⅡ）、蛇の創った景観（ＰａｒｔⅢ）、があってもいい。

本書は民話世界を、おもに神話・伝説・昔話からなるものとし、それぞれのパートを設け、地理学の視点から論じたものである。読者は、真っ先に興味のあるパートから読んでもらってもいいし、もちろん最初から読み進めてもらってもかまわない。また、最終話の「民話世界の地理学」から読むのもいいかも知れない。まずはこのような、虚構の織りなす現実世界の地理学的研究を、民話世界から始めてみようとするのが、本書の目論むところなのだ。

佐々木　高弘

目次

Part II 伝説

Part III 神　話

最終話　民話世界の地理学

増補話　進化する民話の地理学

◎本書で取り上げる民話（昔話・伝説・神話）

◎本書で取り上げる映画・アニメ

Part I

昔話

心が景観と交流することによって、心のなかにも景観が生み出されてくる。科学者のなかでは、ほんの一握りの地理学者しか、人間と景観とのあいだに存する、この感情的な、ほとんど神秘的といってもよいほどの関係を取り扱おうと試みていないように思われる。

（J・ダグラス・ポーティウス『心のなかの景観』古今書院、一九九二、ix頁。）

風景とは、必要とあらば感覚的な把握の及ばぬところで空間を読み解き、分析し、それを表象するひとつのやり方、そして美的評価に供するために風景を図式化し、さまざまな意味と情動を付与するひとつのやり方なのです。要するに風景とは解釈であり、空間を見つめる人間と不可分なのです。ですからここで、客観性などという概念は放棄しましょう。

（アラン・コルバン『風景と人間』藤原書店、二〇〇二、一〇～一一頁。）

第一話　昔話の感覚地理

1　鬼の鼻――ジャックと豆の木

「フライなべのなかにかくれるんだよ。さあ、はやくっ。」と、鬼のかみさんがいいました。フライなべの鉄のふたがとじられると同時に、鬼がはいってきました。ジャックは、ふたについている小さな空気穴から外をのぞきました。なるほど、それは大きな鬼でした。腰ひもに、三頭のヒツジをぶらさげています。鬼は、それをテーブルの上に投げだすと、「それ、おまえ、こいつを朝めしに焼いてくれ。けさのえものはこれだけだ。まったくついていない。フライなべはあったまっているだろうな。」といって、フライなべに近づいてきます。もう、なかにいるジャックはひやあせがたたら流れ、生きたここちもしません。「焼くんだって。」と、おかみさんがいいました。「そんなことをしたら、こんなちっちゃなヒツジなぞ、こげて炭になっちまうよ。にるほうがいいさ。」そしておかみさんは、ヒツジをにるしたくをしました。ところが、鬼のほうは、へやのなかをくんくんかぎはじめ、「こりゃあ、ヒツジのにおいじゃあないぞ。」とうなるようにいいました。それから、ものすごく顔をしかめ、あのおそろしい鬼の歌をうたいはじめました。「フィー、ファイ、フォー、ファン　イギリス人の血のにおい、生き死になどはどうでもいい、骨を粉にしてパンを焼く」

「ばかをいうんじゃないよ。」とおかみさんがいいました。「おまえさんがゆうべ食べた男の子の骨で、いまスープのだしをとっているところだよ[1]。」

なんとも恐ろしいこの話、あのイギリスの昔話「ジャックと豆の木」の一場面である。ジャックが鬼の家に隠れているとき、鬼のおかみさんは、こうやってジャックをかばってくれた。

主人公が部屋に隠れているとき、「やあ、ロシア人の香いがするな?」と言ったのは、ロシアの昔話に登場する、七つの顔を持つ蛇の夫である[2]。日本の昔話でも、鬼は同じようなことを言う。「地蔵浄土[3]」では、正直爺が隠れているところに、帰ってきた鬼が「人臭い」と言い、「米《こめ》福粟福《ぶきあわぶき》[4]」では、米ぶき粟ぶきの姉妹が、山姥《やまんば》の家に隠れているとき、帰ってきた山男がやはり「人臭い」と。

あまり知られていないのだが、実は昔話に、私たちの豊富な感覚表現を見いだすことができる。ここでは嗅覚だが……、これもあまり知られていないことだが、どうも世界中の鬼たちは鼻がきくらしい。とはいえ、鬼は想像上の産物である。要は私たちの側が、鬼なる存在は、嗅覚に優れていると共通して考えたわけだ。

西洋では魔女もそうらしい。ユング派の心理学者である河合隼雄《かわいはやお》は、昔話に登場する魔女はたいてい目が悪く、嗅覚が発達しているのだと言う。その特性は動物性を意味し、鋭い勘を供えていることをあらわしていると指摘する[5]。そういえば、有能で経験豊富な刑事が、証拠はないが、犯人に対して「奴が臭い」と言う場面がある。嗅覚は勘の鋭さの喩《たと》えなのだろう。

ところで、鬼といい、山姥といい、これら人間の想像上の存在とは、いったい何なのだろう。ユング派の深層心理学者たちは、私たちの無意識の側面を表したものだと言う。なるほど、確かに物的証拠のない直感は、無意識の領域のものなのかもしれない。それでは、なぜ鬼の特性である嗅覚が無意識の領域にあるのか。それは、文明や文化が発達する過程で、「百聞は一見にしかず」だとか、「見ることは知ること」などで知られるように、人間が視覚を重視するようになったためだ。私たちは、その規範に従い、それを善として意識的に生きてきた。やがて、人々は視覚以外の感覚での知覚を、本能的で客観性を欠く不合理なものと考え、無意識の世界へと追いやってしまう。つまり嗅覚だけでなく、視覚以外の感覚すべてを、無意識の世界へと追いやったのだ。魔女の目が悪く、鼻がいいという感覚の対比は、こういうことだったのだ。

　人間の感覚に興味をもつ地理学者たちも言う。ダグラス・ポコックは人間の感覚系のうち感触や匂い、音は情緒的かつ原初的反応であるのに対して、視覚は本質的に知的であると。そして他の感覚に比べて視覚は、知覚形態に及ぼす影響という点で、独裁的な感覚であるとも言う。例えば、人が音楽を聴くとき、花の香りを嗅ぐとき、ワインの味をみるとき、暗算をするときなどに、目を閉じるのは、まさにこの目の独裁性からの解放が、その他の感覚の覚醒を、物語っているのだ[6]。そしてJ・ダグラス・ポーティウスは言った。視覚以外の感覚で知覚された景観、それらを「心のなかの景観」と[7]。

　それでは、どうして昔話に原初的な視覚以外の感覚表現が多く見いだせるのか。昔話の残酷性に注目したマレは、昔話が何百年もの間、公になんの価値ももたなかったため、誰にも干渉されることなく、人間本来の姿、人間本来の行動のリストがそのなかに、保存されることになったためだと指摘している。

　昔話は、専制君主時代、啓蒙主義の時代でさえ、全くの無分別、ばかばかしいもの、迷信とみなされてきた。一八一二年のグリム兄弟よりも一二〇年も前に昔話を発表したフランスのシャルル・ペローでさえ、昔話のことを「単純な民衆の小屋やあばら家から生まれた道理のかけらもないような、たわいない物語」と評している。このように昔話は、出版者からも相手にされず、文学ともみなされなかった。「その結果、誰もメルヘンを心にもとめなくなった。公にはメルヘンは存在しなかった――文学に携わる者にとっても、お上にとっても、また教会にとっても。ということは、メルヘンは何者にも左右されなかったということ、つまりメルヘンによってどんな事柄が描かれようとも、誰も問題にしなかったことを意味する。だからメルヘンの中では――いやメルヘンの中に限って――王さまの首が転がったり、皇帝が煮え湯につけられたり、坊さんが袋の中に押し込められたりする」と。

しかしこのことによって、昔話のなかに人間的な感情が何ものの制約も受けない本来の姿でにじみ出ることとなり、「いばら姫の眠りをさますやさしいキスを初めとして、没我的な救助行為、献身的な勇敢な行為、さらに燃えるスリッパをはいて踊るダンス、首斬り、子殺しに至るまで、すべてが人間的な、あまりにも人間的な、あるいはまた非人間的な行動のリスト」にもなったのである[8)]。

人が社会で生きるということ、それ自体が分裂症の原因なのだ、とさえ言う心理カウンセラーもいる。そんなわけで、社会的に客観性を欠き、不合理なものと考えられてきた視覚以外の感覚が、昔話の世界で息づいているのだ。

2　鬼の唄――大工と鬼六《おにろく》

意識の側面が視覚、無意識の側面が視覚以外の感覚として、次の昔話を見てみよう。

　あるところに、流れの早い川がありました。何かい橋をかけても流れてしまいました。村の人たちもとんと困りはてて、いろいろ相談したあげく、大工に頼んで橋をかけてもらうことにしました。大工は元気よく承知したがどうも心配だ。川に行って、淵につきあたって流れる水を見ていると、水の泡からぶっくりと、大きな鬼が出て来ました。そして「大工さん、なに考えている」とたずねました。大工が「橋をかけねばならぬ」というと、鬼が「お前の目玉よこしたらかけてやる」といいました。大工は「俺はどうでもよい」といって、その日は別れました。つぎの日に行ってみると、橋が半分かかっていました。またそのつぎの日に行くと、ちゃんと橋がかかっていました。すると、鬼が出て来て、「目玉よこせ」といいました。大工はおどろいて「待ってくれ」といって、あてもなく山に逃げて行きました。そして、ぶらぶら山を歩いていると、遠くの方から「早く鬼六　まなく玉　もってこば　えいなあ」と、細い声で子守唄が聞えて来ました。大工はその歌をきいて、本心に帰って自分の家に帰って来ました。つぎの日また鬼にあいました。鬼は「早く目玉よこせ、もしも俺の名前をいいあてたら、目玉よこさなくてもよい」といいました。大工はよしといいながら、「なんの誰」というと、鬼は「そうじゃない」といいはりました。「なんのそれ」「そ

『だいくとおにろく』福音館書店より
松居直再話／赤羽末吉画，1962年

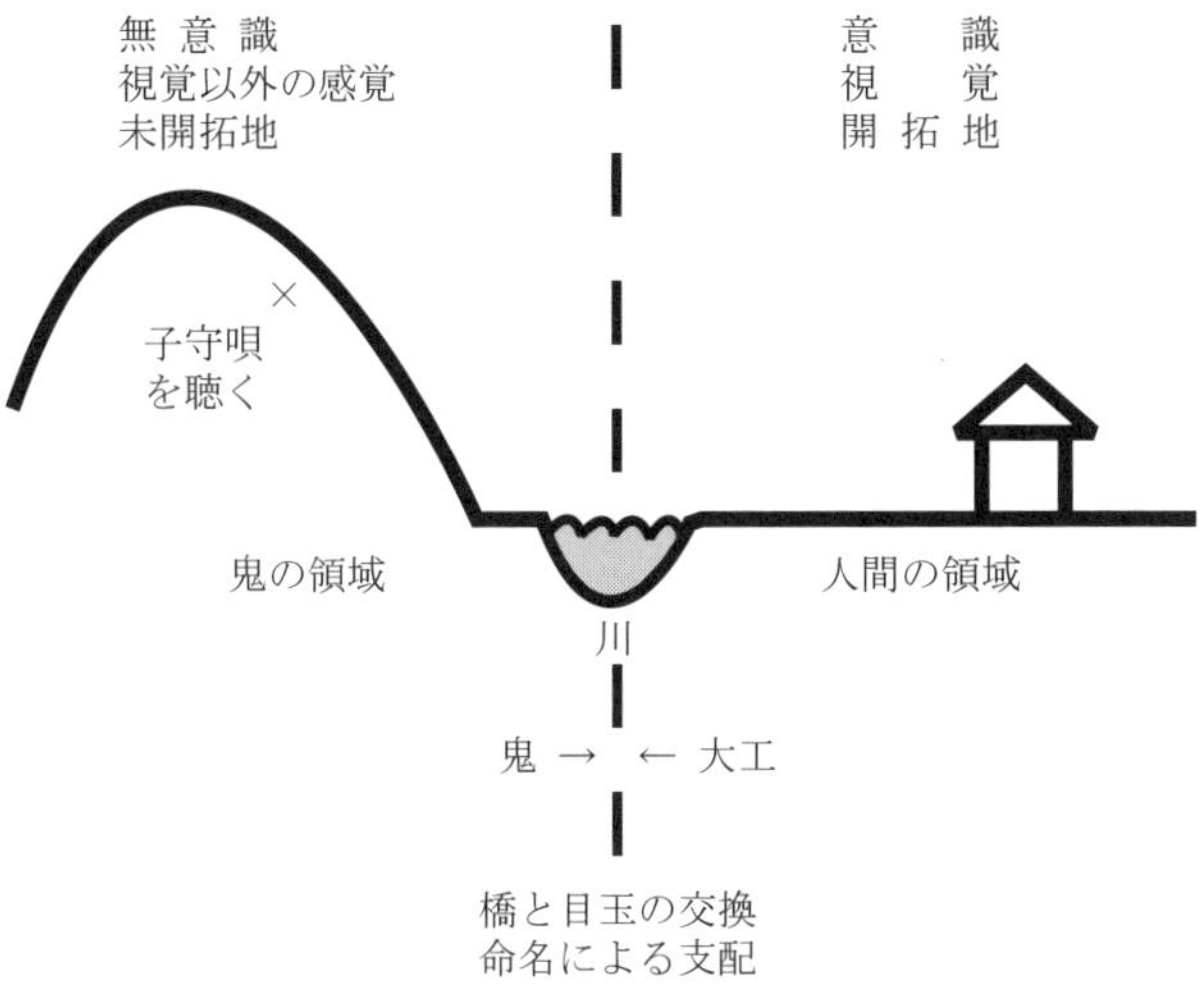

図1　大工と鬼六の構図

うじゃない。」一ばん最後に、大工は大きな声で「鬼六」といいました。そうすると、鬼はぽっかり消えたということである。（岩手県胆沢《いさわ》郡）9)

　ここで興味深いのは、鬼が人間の視覚を要求してくる点である。鬼が人間の目玉を欲しがっている。人間のような、いい目が欲しいからだろう。そう考えれば、魔女は目が悪い、との指摘と符合する。さらに興味深いのは、大工が山のなかで子守唄を聴き、本心に帰るとの表現である。大工は無意識のなかを、さまよっていたようである。そして次の日、その子守唄を聴いたお陰で、視覚を失わなくてすむ。聴覚を使ったのだ。このように考えると、ここでは意識の側に視覚が、そして無意識の側に聴覚があることがわかる。と同時に、私たちの心のうちの無意識が、山のなかと喩えられていることも。

　これらを図化したのが図1である。村である人間の領域・開拓地から出て来た大工は、川で鬼と出会う。川から鬼が出るというのも違和感があるが、流れの速い川は山に近い川であるから、恐らく、集落と山の間にあるのだろう。川は山から流れてくるものだから、ここでの川は、山奥の鬼が里にでる道筋を示しているわけだ。

鬼の棲家は山奥にある。鬼に目玉を要求された大工は、その山奥をさまよっているときに、鬼の子に唄う子守唄を聴く。村が人間の領域、山が鬼の領域とするなら、彼らが出会った川はそれらの接点、境界と考えることもできるだろう。そこは、私たちの意識と無意識の接点でもある。それを、図では破線で示した。

この話、人間と自然の対立をあらわしていると考えることもできる。人間は自然を制御しようとしている。支配といってもいいだろう。それは流れの速い川に橋を架けることで象徴化される。その人間の力の象徴として、大工が川へゆく。そう考えると、相対する鬼は自然の側の象徴だ。鬼は、人間が自然を支配する手だてとしての橋と、人間の目玉との交換を提案する。交換が、相互に等価なものとなされるのであれば、人間からの視覚の剥奪は、自然の側の人間支配を意味する。しかし山のなかで、あるいは無意識のなかで、大工は聴覚を使う。この行為が、鬼の企みを砕いた。そして最後の仕上げはこうだ。大工は鬼の名前を当てる。つまり人間が自然に名を付したのだ。この象徴的な命名行為は、人間の自然支配を意味する[10]。

この「大工と鬼六」という昔話、主に東北で語られていたようだ。『日本昔話大成』にはいくつかの話がある[11]。またそこには、昔話の国際的な基本型であるアアルネ・タムソンのAT番号も付されている。この番号は、昔話の比較研究にとって、大へんに便利である。なぜなら、この「大工と鬼六」はAT五〇〇で、この番号にもとづいて調べれば、日本以外の国々でも、類似の話が語られていることが、たちどころに分かるからである。

例えばイギリスの昔話の「トム・ティッット・トット[12]」、グリムの「小人のルンペルシュティルツヒェン（がたがたの竹馬こぞう[13]）」などがそうである。どちらの話も私たちの話と同様、鬼（超自然の援助者）が人間を助けてくれる代わりに、人間に恐ろしい要求をしてくる。そして、人間がその援助者の名前を言い当てると、援助者が消えてしまう、という共通点をもっている。つまりこれらの点は、このＡＴ五〇〇という型の話にとって、欠いてはならない要素、ということになるわけだ。

しかし、その他の要素、例えば、主人公の職業や性別、援助者、援助の対象、要求してくるものは多様である。これは日本国内においても同様である。つまりこれら要素は、この話の型に影響を与えるほどのものではない、いわば入れ換え可能な要素、ということになる。であるなら、鬼六の要求した大工の目玉は、取るに足らないものなのか。そうではない。たとえ、話型の分類という作業にとって、大工の目は注目すべき点ではなくとも、ここで鬼たちが要求するものは、どの主人公にとっても、最も重要なものばかりである。

「トム・ティッット・トット」では、小さな黒いやつ（超自然の援助者）が主人公の女性との結婚を要求する。「小人のルンペルシュティルツヒェン」では、小人（超自然の援助者）が主人公の女性の子どもを要求してくる。話型の分類にとって、たとえ重要でなくとも、女性にとっての結婚、母親にとっての子ども、そして大工にとっての目、これらがいかに重要であるか、それをここであらためて言う必要はないだろう。

さて、主人公が山や森で聴く音（唄）で、超自然の援助者の名前を言い当てるという要素、これはこの型の話にとって欠くことの出来ない要素である。自然をはじめ様々な環境の出す音を、私たちは、音風景（サウンドスケープ）と呼ぶ。その音（唄）を彼らはどこで聴いたのか。「トム・ティット・トット」では、主人公の夫である王が狩りの途中に「森のなかのまだ一度も見たことのない場所」で、「小人のルンペルシュティルツヒェン」では家来が「ある高い山のふもとで、狐と兎がおやすみをいう森の角」をまがったところにある小人の家で、その音（唄）を聴く。共通するのは、森や山といった人の棲まない奥深い自然のなかである。

とすると、次のようなことが言えないだろうか。日本だけでなく、私たち人類の心の奥底の景観は、いわゆる山や森のような人間の手の及ばない奥深い自然界と喩えられ、そこに社会が排除してきた、不合理なもの（例えば鬼）が棲み、そして視覚以外の感覚が息づいていると。

3 山姥の口――食わず女房

シャルル・ペローの言ったように、確かに単純なデマや噂話が、昔話の世界を渦巻いている。しかしその昔話が、どうして古今東西、これほどまでに親しまれ、語り継がれて来たのだろうか。ユング派の心理学者たちは、その秘密を私たちの無意識の世界に見いだした。

先にも述べたように、私たちは、盲目的に様々な社会規範に従い、それを良かれと意識し生活している。そのため、その社会にとって不都合な、人間本来のはずの姿や本能、あるいは不合理な考えを排除しなければならなかった。私たちは社会的に善とされる行為、それを意識的に選択して生活しているのだ。このように、社会は私たちのすべての側面に「光」を当てているわけではない。「光」（=意識）の当たらない側面、それをユングは「影（shadow）」と呼び、人間の無意識の全体と考えた[14]。

私たちがこのように、社会的「善」の側面だけで一面的に社会生活していると、「影」の世界の住人たちが不満を訴え、心の全体性を保とうと活動し始める。例えば夢の世界や、空想物語の世界、あるいは演劇や音楽・絵画などの芸術的活動を通して、私たちは「影」の側面を活発化させる。この昔話の世界にも、その活動の一つが現れる。したがって昔話には、現実では決して真理としてあり得ない真理、すなわち、人間の根源に潜む共通かつ普遍的な、無意識的世界が存在するのである。それが人類に普遍的であるがゆえに、古今東西で同じような話が語られることになるのだと。

河合隼雄はこのような立場にたって、日本昔話のなかに、日本人の心の在り方を見いだそうとする[15]。例えば、日本昔話に登場する山姥は、母親の否定的側面、「影」の側面が表現されているという。日本においては、母性というものが極めて大切に扱われてきた。私たちは子どものころから、子どもを生み育てる、母親の尊さを常に教えられ、母親をないがしろにしたり、非難したりすることはタブーとされてきた。このように、母親の肯定的側面だけが、社会的「善」として一面化したとき、私たちはもう一つの側面を補償するために、母性の「影」の側面を昔話のなかで描くことになる。それが山姥なのである。ユング派の深層心理学では、神話や昔話に登場する、このような女性像を、母なるものの元型（archetype）と呼び、人類に普遍的に表象すると考える[16]。

この元型は、個々の母親像とは区別され、人類の普遍的なイメージとして、グレートマザー（太母）とも呼ばれる。このグレートマザーには母性の両面性が併存する。グレートマザーの善母としてのイメージは、包含する→ささえる→育てる→実らせる、の方向へと向かい、最後には子どもたちを「生」へと導く。逆に悪母は、包含する→つかむ→誘いこむ→呑みこむ、へとイメージ化され、最後には子らを「死」へと至らしめる。

山姥の登場する昔話のなかに、「食わず女房」（AT四五八）と分類される話がある。かつては、日本全国で語られていた[17]。この山姥には、まさに呑みこむものとしての、悪母のイメージが表象されている。

昔、あるところに、ひとりの男がありました。いつまでもひとり者でいるので、友だちが心配して「もうええかげんにして、嫁でももろうたらどうだい」といって、嫁を貰うようにすすめました。けれども、その男は「いつまでまってもええが、物を食わない嫁があったら、世話してくれ」といいました。そういっていると、ある日の夕方、その男の家へきれいな女が来て、「わたしは旅の者ですが、日がくれてなんぎをしておりますから、どうかひと晩とめてたもれ」と、宿をたのみました。男は「宿はかしてもええが、うちには食べるものがないよ」といって、ことわりました。けれども、女は「わたしはなんにも食べません。ものを食わん女です。泊まるだけでええです」といって、たのみました。男はたまげたけれども、その女をとめることにしました。女はあくる朝になっても、出ていこうとしません。いろいろ用事をしてくれるので、男はいつまでもとめておきました。なによりもよいことは、なにもたべないで仕事ばかりしていることだ。けれども、いつまでたってもなにも食べないので、男は少したべてみいというてみたが、女は匂いだけかいどればええといって、どうしてもたべなかった。男は、世の中にこんなええ女房はないと思うて、友だちに自慢していました。けれども、誰もほんとうにするものはなかった。そのうちに、いちばん仲のよい友だちがやって来て、「おい、お前はどうしたんや。まだ気がつかんのか。お前の女房は人間じゃないよ。しっかりせにゃいかんよ」と、おしえてくれました。けれどもその男は、「そんなことがあるものか」

といって、とりあわなかった。「知らんのはお前だけじゃ。村じゃ大きな評判じゃよ。世の中に物くわん人間があるものか。うそじゃと思うなら、どこかよそへいくふりをして、女房に気づかれんように天井に上がって、何をするかみてみろよ」といいました。ある日、男は町へいくとき、「夜にならんと戻らないよ」といって、家を出ていきました。一町ばかり行ってからもどって来て、女房に知られないようにそっと天井へのぼっていました。女は一人になると、米をとぎはじめました。火をどんどん焚いて、飯を炊きはじめました。飯が出来るとにぎり飯を三十三こしらえて、台所から鯖を三匹とって来て火にあぶりました。それから立膝をして、髪の毛をばらばらとほどいた。どうするか見ていると、頭のまん中の大きな口の中ににぎり飯やら、あぶった鯖やらどんどん投げこんで、食ってしまいました。男はこれを見て、肝をつぶして天井からそっと降りて、友だちのところへ逃げて行きました。「それみたことか、いわんこつじゃない。だがな、今日は知らん顔をして家へいぬるがええ」といったんで、男は知らん顔をして家に帰りました。いってみると、女房は頭がいたいといって、寝ていました。どうしたのかとたずねると、「どうもせんが、気持ちが悪うてねとる」と、ねこなで声で答えました。「そりゃいかん。薬でものんでみるか、祈禱でもしてもろうてみるか」といったら、「わたしゃ、どうすりゃええかわからん」といって、いまにも飛びつきそうなようすをしました。「それじゃ、おれがいま祈禱師をたのんできちゃる」といって、友だちのところへとんでいってつれて来ました。「何のたたりだあ。三升飯のたたりだあ。鯖三匹のたたりだあ」と友だちがいうと、女はそれを聞いて飛びおき「うーん、お前たちや、見ていたのう」といって飛びついて来て、友だちを頭からがしがし食いだしました。男はひどくびっくりして逃げようとすると、女は友だちを食ってしまうとその男をとらえて、子猫のようにぶらさげて頭の上にのせて、さっと山の方へ逃げて行ってしまいました。そうして、野をこえ、山をこえて、うさぎのようにかけて行きました。森の中にかかったとき、目の前の木の枝が突き出ていたので、しめたと思って枝にぶらさがりました。飯食わぬ女房の鬼はそれとも気づかないで、どんばんかけて行きました。男は木からおりて、そこのよもぎとしょうぶのくさむらの中に、そっとかくれていました。すると鬼女は男のかくれているところに引き返して来て、「お前がどこにかくれていても、逃すものか」といって、とびかかろうとしました。けれども、もう少しというところでとびのいて、「ああ、うらめしい。よもぎとしょうぶぐらい、このからだに毒なものはない。この草にふれたらからだがくさるんじゃ。その草がなかったら、お前も食ってしまうのになあ」といって、たいそう残念がりました。男はこれで大丈夫だと思って、草をとって鬼に投げつけました。さすがの鬼も毒にかかって死んでしもうたそうです。

（広島県安芸《あき》郡[18]）

この女房は、飯くわぬという面と、人間まで呑みこむという両面をもっている。先の「大工と鬼六」での議論にそって言うのであれば、この自然の象徴である山姥は、口という感覚器官を使って、私たちにせまってくる。そしてここでも、その影の住人は、山のなかへと男を誘いこむ。深層心理学流にいえば、男は無意識の世界へと入って行ったのだ。

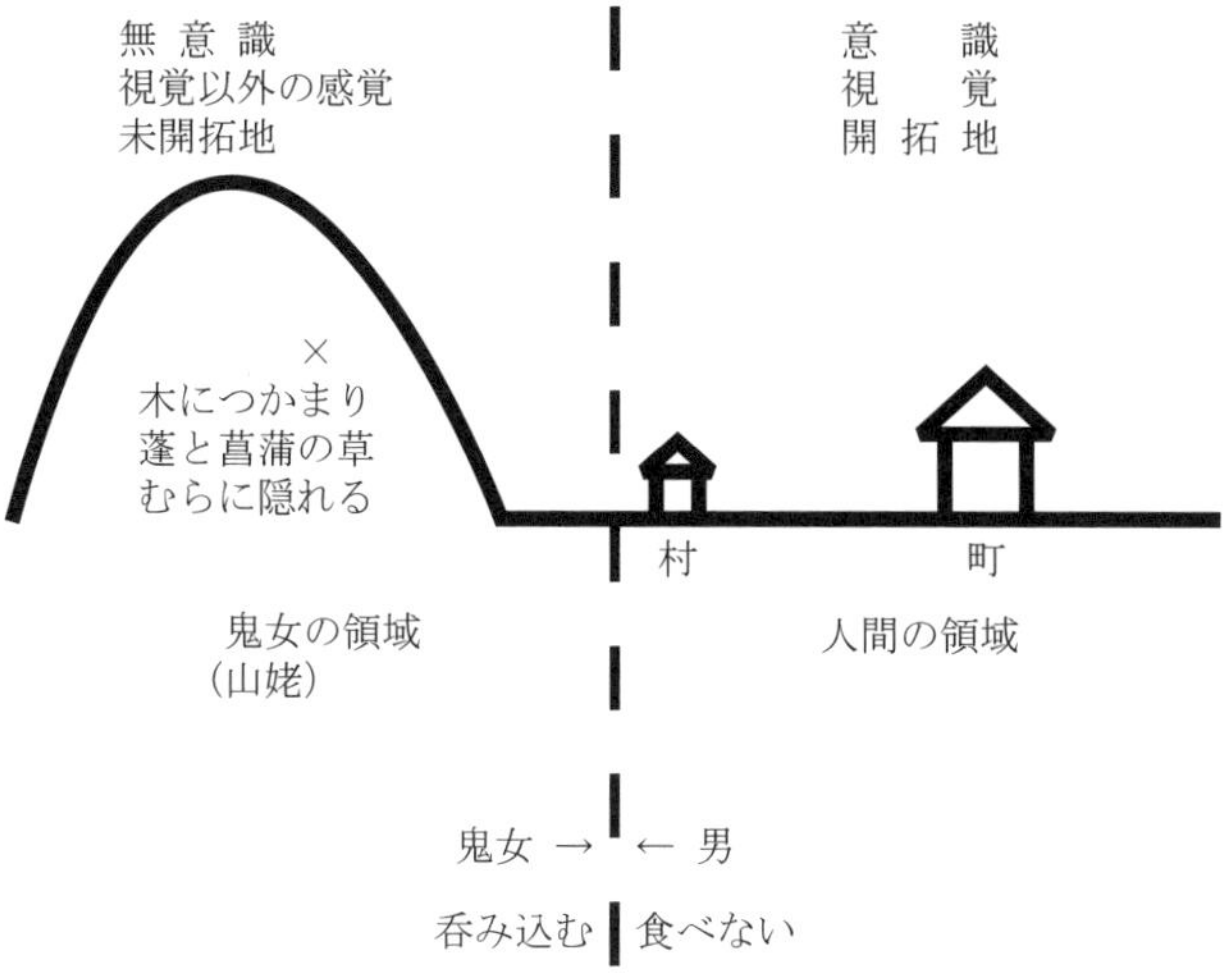

図2　食わず女房の構図

ここでも図1と同じ図が描ける（図2）。鬼女《きじょ》である山姥が山の住人であることは、そこに向かって男を連れ去ることから分かる。町や村とあるのが人間の領域、つまり意識の世界である。男は村に棲んでいるようだが、その詳しい場所は明確でない。しかしその他の伝承に、炭焼の男とあったり、山のなかの一軒家とあったりすることから、村はずれの家に棲む男なのかもしれない。その居住地は、「飯食わぬ女房が欲しい」というような、常識的でない望みを持つ男、という意味でも、社会の周縁、あるいは意識の周縁、つまりもう一つの世界との境界に位置する男、を意味しているのだろう。そこに異世界に棲む旅の女が、宿を求めてやってくるわけだ。そこは、「大工と鬼六」と同じく、自然と人間の境目なのだ。

感覚はどうか。婚期を遅らせたこの男は、きれいで飯食わぬ女を求めているようだ。現代社会でも、スマートな女性が求められる傾向にあるが、見た目、つまり視覚に支配されている状態、といえるだろう。また、食べないことによって貯蓄ができる、これもまた、一面的な心を象徴している。そんなときに、山姥が現れる。まさに全体性を保持しようとする、無意識の活動だ。彼女は食べないかわりに、匂いを嗅ぐ。しかしその正体は、その対極にある、何もかもを呑みこむ鬼女、であった。まさに両面性を有する、グレートマザーである。彼女は友人を呑みこみ、さらに男を山に連れこむ。しかし男は、森のなかの一本の木につかまり逃れる。そして、蓬《よもぎ》と菖蒲《しょうぶ》の草むらへと身を隠す。鬼女が、これらの草に触れると、体が腐るからであった。

　日本では古くから、蓬や菖蒲は魔除けとして、節句に使われてきた。その効用は、香りにあるといわれている。芳香に富むので、薬草に使われてきたのだが、その香気によって、悪気を避けるとも考えられてきた[19]。つまり鬼は、嗅覚が人よりも発達しているので、この匂いにやられるのだ。

　このように、ほぼ同様の図を描くことが出来る。これら影の世界の住人たちは、社会のなかでマイナスの符号をつけられたものたちであり、だから昔話の世界にも棲んでいる。彼らに「光」が当てられなくなった経緯については、先に述べた。そして同じように感覚系においても、社会の科学化が、視覚以外の感覚を「影」の世界へと追いこみ、それらにもとづく、私たちの直感や経験による個人的判断に、疑念をもたせるようにしむけたのである。J・ダグラス・ポーティウスは、この視覚以外の感覚にたいする正しい認識が、心のなかの景観を開拓するのである、と主張する。昔話が、心のなかの景観というテーマにとって、非常に重要な対象となる可能性がある、といえるだろう。

注

（1）三宅忠明（一九八八）『世界むかし話　イギリス』ぱるぷ出版、一二一〜一二二頁。

（2）ウラジミール・プロップ（一九八七）『昔話の形態学』白馬書房、二三〇頁。

(3) 関敬吾（一九七八）『日本昔話大成4』角川書店、七八～一一六頁。
(4) 関敬吾（一九七八）『日本昔話大成5』角川書店、八六～一一一頁。
(5) 河合隼雄（一九七七）『昔話の深層』福音館書店、六二頁。
(6) ダグラス・ポコック（一九九二）「はしがき」（米田巌・潟山健一訳編『心のなかの景観』古今書院、iii頁）。
(7) J.D. Porteous (1990) *Landscapes of the Mind*, University of Toronto Press.
(8) カール＝ハインツ・マレ（一九八九）『首をはねろ！―メルヘンの中の暴力』みすず書房、四～五頁。
(9) 関敬吾編（一九五七）『一寸法師・さるかに合戦・浦島太郎―日本の昔話（Ⅲ）』岩波書店、一一七～一一八頁。
(10) 詳しくは、佐々木高弘（一九九五）「昔話と心のなかの景観」『国文学年次別論文集「国文学一般」平成5年』朋文出版、二三五～二四九頁を参照。
(11) 関敬吾（一九七九）『日本昔話大成7』角川書店、九五～九七頁。
(12) 小沢俊夫編（一九七七）『世界の民話6』ぎょうせい、一五～二三頁。
(13) 金田鬼一編（一九七九）『完訳グリム童話集2』岩波書店、一七六～一八二頁。
(14) 河合隼雄（一九七六）『影の現象学』思索社、二六頁。
(15) 河合隼雄（一九八二）『昔話と日本人の心』岩波書店。
(16) カール・G・ユング（一九八二）『元型論』紀伊国屋書店。
(17) 関敬吾（一九七八）『日本昔話大成6』角川書店、一八二～二二六頁。
(18) 関敬吾編（一九五六）『こぶとり爺さん・かちかち山―日本の昔ばなし（Ⅰ）』岩波書店、一六二～一六五頁。
(19) 大塚民俗学会編（一九九六）『日本民俗事典』弘文堂、七九八頁。

第二話　昔話と心のなかの景観

1　山の音と味――奈《な》良《ら》梨《なし》採《と》り

あるどころにお母さんな人ど、兄弟三人がありました。お母さんが病気が悪くて寝でいで、山梨が食いたいといいました。そするど一番目の太郎が、それでは山梨とりに行ってきますどいって出かけました。行くが行くが山の中さ入って行くど、大きな岩の上に婆さまがいで、どこさ行ぐどきぎました。それで、山梨もぎさ行ぐますというど、そんだらば三本の枝道になっているところに、笹葉こが三本たっている。それが「行げちゃがさがさ」「行ぐなっちゃがさがさ」というがら、行げちゃがさがさという方さ入ってげと教えてくれました。行くが行くが行くと三本の股道があって、婆さまの話のとおりに三本の笹が立っていで「行げちゃがさがさ」「行ぐなっちゃがさがさ」ど鳴っていました。太郎は婆さまにいわれだごども忘れで「行ぐなっちゃがさがさ」と鳴っている方の道へ入って行きました。するど今度は鳥が巣をくってるどころがあって「行ぐなっちゃとんとん」と鳴っていました。それでもなんでも行くと、そのつぎには大きな木の枝こにふくべこが吊るさっていて「行ぐなっちゃからから」と鳴っていました。それでもなんでも行くと、沼の傍に山梨がざらんざらんどなっておりました。それを木にのぼってとろうとしたら、太郎の影こが水さ映って、沼の主にげろりどのまれてしまいました。上の太郎がなんぼ待っても帰って来ないので、こんどは次郎が出で行きました。その次郎も岩の上の婆さまのいうことをきかないで、沼の主にげろっとのまれでしまいました。三番目の三郎は利発しい生まれでした。それで岩の上の婆さまに、兄だちが山梨もぎに行ったまま帰って来ないで、病気の悪いお母さんが案じているごとをいうど、婆さまは、それは私のいうごときをきかないからだ。よぐよぐそなだも心して行げど、一振りの切れ刃を三郎にくれました。三郎は有り難くもらって行くが行くが行くと三股の道のところへ出ました。笹葉が三本で、「行ぐなっちゃ　がさがさ　行げちゃ　がさがさ」と、みんな鳴っていました。そこで一番真ん中の「行げちゃがさがさ」と笹の鳴っている道を行くと、鳥が巣をかけているところがあり、「行げちゃとんとん行げちゃとんとん」と鳴っていました。またもう少し行くと、今度は大木にふくべが下がっていて、「行げちゃからから　行げちゃからから」とここでも鳴っていた。なおもずんずん行くと流れがあって、赤い欠け椀こが、つんぷくかんぷくと流れてきた。それを拾ってなお行くと、大きな沼の傍に山梨がざんざんとなっておりました。その山梨は風が吹くたび、「東の側は　おっかねぞ　西の側は　あんぶねぞ　北の側は　影ぁうづる　南の側から　のぼりもさい、ざらん　ざらん」と歌っていました。ははあこれは南の側からのぼるのだなと思って、三郎は山梨さ木のぼりするど、うまそうな実ばかりづっぱりもぎました。ところが木をおりるどきに、間違って沼の方の枝にのりかえたので、三郎の姿が沼に映りました。沼の主はそれを見ると、三郎をげろっとのもうとしました。三郎は岩の上の婆さまからもらってきた切れ刃をびらり抜いての沼の主を切ったので、沼の主はその切れ刃に切られたところから腐れて、ぐれぐれめがして死んでしまいました。ところが沼の主の腹の中の方で、ほうい、三郎やあいど、小さな声で呼ぶものがありますので腹を割ってみると、兄の太郎と次郎が青い顔をしてのまれでおりました。それを拾ってきた赤の欠け椀こで、沼の水をくんで飲ませてやるともとのとおり元気になりました。そごで、兄弟そろって山梨を持って帰り、お母さんさ食わせてやると、お母さんの病気がけろけろと治って、その後は楽しく暮らしましたとさ。

（岩手県稗貫郡《ひえぬき》）1）

三人の息子を持つ病気の母の、ある願いからこの昔話ははじまる。彼女は山梨を食べたいと言う。三人の息子たちは、母のために危険をかえりみず、山奥へと出かける。山道をしばらくゆくと、岩の上に婆がいる。その婆が息子たちに忠告をする。山の笹や鳥の巣、瓢簞《ふくべ》の出す音を聴けと。二人の兄は聴けなかった。そのため二人は、山梨の木の下の沼の主に呑みこまれてしまう。ところが、末の弟は違った。山の鳴らす音を聴くことが出来たのだ。そしてそのことによって、彼だけが沼の淵に立つ山梨の発する音をも聴き、その果実を獲得する。彼は岩の上の婆にもらった刀で沼の主を殺害し、兄たちを助け出し帰還する。そして山梨の実を母に味わわせた。そうすると母の病はたちどころに治ったのだった。

三人兄弟が、母のために危険を冒し、山に入り、山の音を聴き、山の味を食す、このことの意味を、この昔話は、私たちの心の何かに喩えている。

深層心理学的研究は、私たちの自己実現の過程での、様々な心の課題を昔話のなかにみる。ユング派は、その昔話に表象されたイメージの背後にある、人類に共通する無意識（集合的無意識）を探りつつ、ストーリー全体の流れから、感情や人格の発達過程をとらえようとする[2)]。つまり昔話の主人公は、心のなかを旅しながら、自己実現の過程を、私たちに演じて見せるわけだ。

さて、まずはその母である。この昔話にも「食わず女房」でみた、あのグレートマザーがいる。グレートマザーは、両面性を持つ。その両面性を、昔話は複数の登場人物に仮託し、イメージ化することがある。例えば、「ヘンゼルとグレーテル」のグレートマザーは、彼らの家のなかでは継母（グリム初版では実母）として、迷い込んだ森のなかでは魔女として現れる[3)]。この「奈良梨採り」（AT五五一）のグレートマザーは、三つの姿をとる。

最初は病気の母として。彼女は年老いて弱々しく、子どもたちが大切にしなければならない存在だ。まさに社会から「光」を与えられた、私たちの母親の象徴なのだ。しかし今、その母は病を得ている。そのため三人の兄弟は、危険な山に入るのだ。

二番目の姿は、岩の上の婆さまとなって現れる。彼女の所在は、しばらく山のなかを歩いた岩の上にある。その場所は、家と山奥の中間に位置する。彼女は梨を探しにゆく子どもたちの前にことごとく現れ、その旅の方向づけをする。ここではまだ親身に見えるこの婆、しかしどうしてこんな山の岩の上にひとりでいるのか、妙だ。類話のなかには、この婆さまが鬼であったり、鬼婆またはあの「ジャックと豆の木」のように鬼の棲家に棲まう婆さまであったりする。まさにこの家と山奥の中間に棲む婆さまは、両面性をもった肯定面から否定面へと変わりつつある、グレートマザーなのであろう。その証拠に彼女は、子どもたちを山梨へ導くと同時に、沼の主の許へも招くのだ。

さらに奥へ奥へと山のなかに入ると、グレートマザーは沼の主として登場し、太郎、次郎をあの「食わず女房」のように、「げろり」と呑みこんでしまう。母性の「影」、否定的側面である。山梨を餌に、沼で子どもの影を待つ母性は、まるでお菓子の家を準備し、子どもを食べようと待つ「ヘンゼルとグレーテル」の魔女だ。彼女は、子どもの自立を阻む、そして社会的な「死」を招く、過保護の象徴としての母性なのだ。

さて、この母性の三つの様態に対する、三人の息子の態度である。三人の息子とも、最初の母には同じ態度をとる。だが、第二の母性に対しては、末の息子だけが異なる態度をとる。兄二人は岩の上の婆の話を聴かなかった。その結果、二人の兄は第三の母に呑みこまれてしまう。彼らは社会的「死」の状態に陥ったのだ。そこへ末の弟が第二の母性に臨む。彼は第二の母性のアドバイスを聴き入れ、自然の出す様々な音を聴いたのだった。その音は、私たちの無意識の声なのか。その声を聴き、従うことによって、彼は山梨を獲得した。そして母の否定的側面を殺害し、山の味を持ち帰り、母を元の状態に戻したのであった。

2　昔話と心のなかの景観

これら母性の三つの様態と、それぞれが現れ出た場所との対応が、まことに興味深い。これらが私たちの心のなかの出来事であるなら、私たちの心のなかの景観が、そこに見いだせることになるからだ。これらグレートマザーの三つの姿と、私たちの心、描かれた景観との対応関係をまとめたのが図3である。前章で見た図に極めて似ている。

第一の母性は家にいる。人間の居住空間、開拓地である。意識の世界だ。そこの母は善母を意味する。

さて、第二の母である。なによりも彼女の場所が興味深い。なぜなら彼女の座して待つ岩が、人間の居住地と奥深い自然との、境界と思われる位置にあるからだ。現実世界でも岩や石が、二つの領域の境界を象徴的に示すことがある。深層心理においても、おそらく意識と無意識の境界を象徴

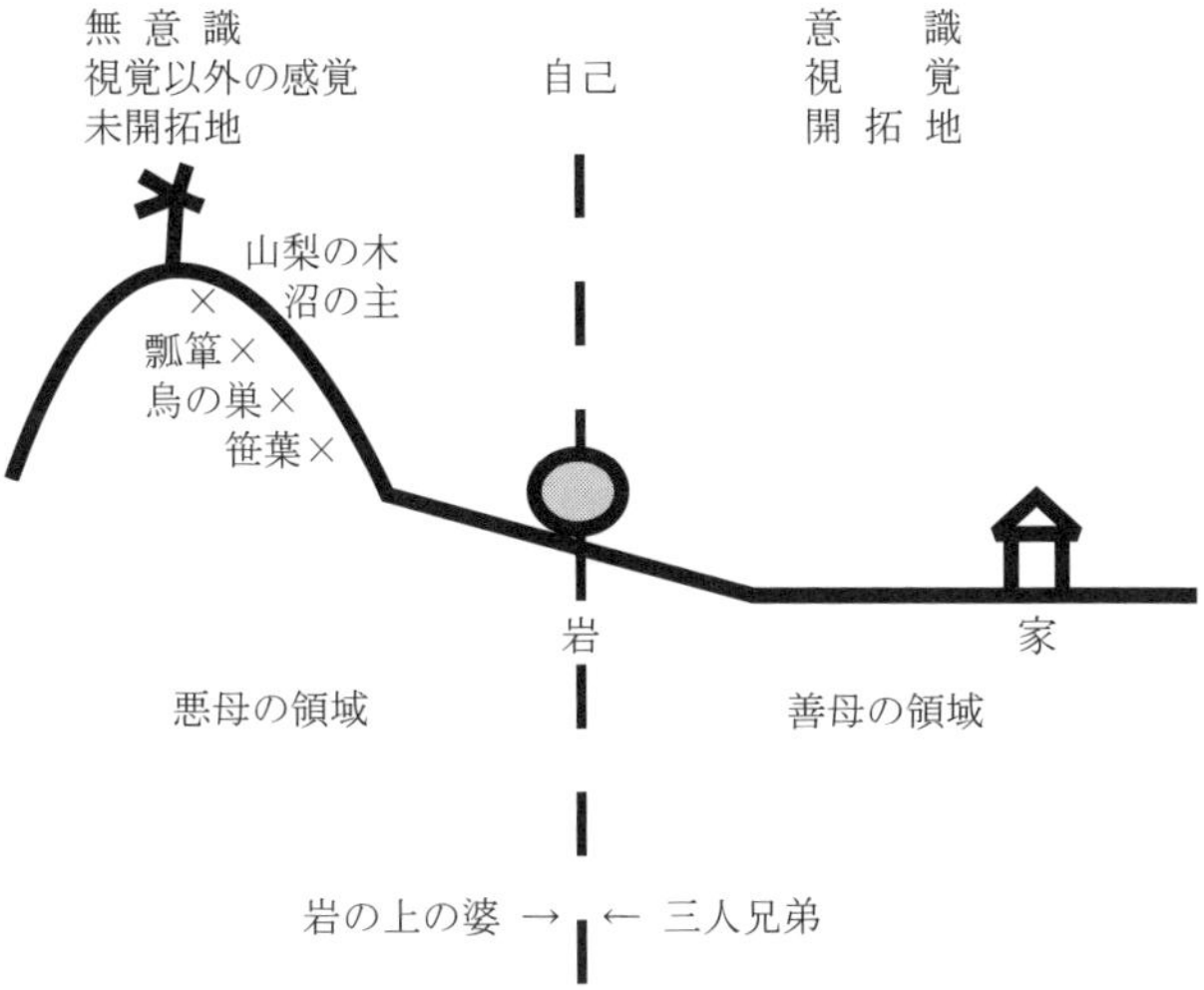

図3 「奈良梨採り」の心のなかの景観

化しているに違いない。

ユング派は、この意識と無意識の境を、心の中心と見据え、自己（self）と呼んだ。そして意識と無意識とのバランスを、この自己がとると考えた[4]。この岩の上の婆さまは、まさにこの役割を演じている。彼女は次々にやってくる子どもたちに、謎かけのようなアドバイスをし、その対応如何によって、子どもたちを目的地へ、あるいは危険な沼の主の許へと誘導するからだ。

さて、そのアドバイスだが、三本の股道で笹葉のがさがさという音を聴き、それに従って道を選べというのだ。いったい誰がそんなことを、まともに聴き入れるのだろう。テクストでは、太郎と次郎はその音を聴いたが、婆さまの忠告を忘れて、行ってはならない方向へ進み、沼の主に呑まれる。しかし現実社会の水準では、これは忘れたというより、笹葉の音の意味が理解できなかった、とすべきだろう。笹葉の音の意味を聴き取るなどは、現実世界における意味水準に適合しないからだ。

しかしここは、もはや意識界や人の居住地ではない。視覚以外の感覚を研ぎすませねば生きられない、無意識の世界なのだ。

テクストによると、三郎は利発であったため、無意識界の音を聴くだけの器量があったとある。しかし笹葉や鳥の巣、瓢簞の音をまともに聴く人間など、現実世界では誰も相手にしない、愚鈍な男にちがいない。河合隼雄は、世界の昔話のなかで、末っ子のものぐさな怠け者が成功する話をとりあげ、他人からみてものぐさな状態を、意識が無意識と出会って、新しい創造を成し遂げようとする、自己実現への高い準備状態、創造的退行と呼ぶ[5)]。この三郎の場合も、前章の「大工と鬼六」の、激流に橋を架けようとした、あの大工と同じ、創造的退行状態にあったのだ。両者ともこの境界に出没した、鬼や婆によって、この音の世界へと誘われる。すでにこの境界岩を目印に、私たちは心の奥底へと入りつつある。

さて、ここまでの過程で、私たちが学んできたことがある。それは、境界の岩を通過した後、人間の開拓地や意識界で軽視されてきた、視覚以外の感覚の重用である。そうでなければ、無事に目的を達成し帰還することが出来ないのだ。

そもそも、無意識の世界への訪問は、容易でない。下手をすれば、無意識界の住人たちに殺されるのだ。その帰還の困難さは、類話中のこの山の名称、奥山、化け物山、不戻山《もどらざん》、山奥の帰らじ沢、などから知ることが出来る。この話の太郎、次郎は、幸い助けられたが、その他の類話では、二人の兄が死んでしまうものもある。無意識界を旅するとき、私たちは、婆さまの言うように、自然の発する音を「心して」聴かなければならないのだ。

これら自然の発する音は、類話によると様々である。風で鳴る笹の葉や瓢簞の音、流れる川や滝の音など、自然景観の構成物から、鳥や牛などの動物までである。確かに私たちも、山を歩けば自然の発する、様々な音を聴くことが出来る。しかし問題は、これらを合理的に解釈するのではなく、そこからいかなるメッセージを、直感的に受け取るかにかかっている。その可否の鍵は、自然の出す音の側にあるのではなく、私たちの耳の側にある。なぜなら、三人兄弟とも実は同じルートを通って目的地についていていながら、三郎だけが聴くことができたからだ。そして彼だけが山梨の獲得に成功し、悪母を駆逐したからだ。発する音の側ではなく、私たちの問題なのだ。

実は、このような自然の音が語られる昔話、古今東西数多ある。ところがこのような話は、人間でないものが話をするばかげた話として、真っ先に公には相手にされなかった、典型的な昔話でもあるのだ。

そして第三の母は、沼の主として山奥にいる。山梨のたわわになる木の下に潜んで、彼らを呑みこもうと待っている。ここでも母性の否定的側面は、私たちの心の奥底深くに身を隠している。

この「奈良梨採り」の類話を丹念に読んでいくと、音ばかりでなく、その他の感覚に通じる要素も描かれていることに気づく。例えば、「食わず女房」でも見たように、心の奥底に潜む母性は、呑むという味覚に通じる感覚によって、その属性が強調される。またこの話のタイトルでもあり、旅の目的でもある山梨それ自身も、母親の病気を癒す味覚である。

太郎や次郎は、山梨の実を母に味わわせるために山のなかへと入り、山のなかの母に呑まれる。が三郎は、善母の病気を治すために旅に出、悪母を殺し、それによって得た山梨の実を善母に食べさせ命を救う。このように、無意識の世界で得た成果は、意識の世界に持ち帰っても、視覚によってではなく、味覚によって実を結ぶのである。

深層心理学流にいえば、善母（母性の肯定的側面）の病は、心のなかにおける、悪母（母性の否定的側面）の活動の活発化を意味し、悪母の死は、善母の再生を意味する。つまり私たちが、思春期をむかえ、大人になろうとする時、それを阻もうとする母性が無意識のなかで活発化する。その悪母を無意識のなかで象徴的に殺害し、あらたな年齢に相応しい母性を、心のなかで再生しているのである。その心の成長過程が、この昔話のなかに描かれているというわけだ。

味覚と聴覚に関してもう一つ注目すべきことがある。それは、山道で自然の発する音に耳を傾けることのできた三郎だけが、山梨の発する音も聴けたという点である。それまでの笹葉や烏の巣、瓢簞の音を無視し続けた太郎や次郎は、肝心なときの危険信号を聴き取ることができなかった。

ここで山梨が、聴覚と味覚の仲介役を演じていることに気づく。山梨の音のメッセージが、沼の主の存在を教え、化け物との格闘（刃で切ったりする場合もあれば、相撲をとる場合もある）につながり、勝利に導くからである。言い過ぎかも知れないが、この人間と自然との格闘、特に相撲などは、まさに身体と自然との直の触れあいといえないか。このことは、私たちが本当の意味で自然とつきあってゆくのには、やはり自然と素手で触れあう必要のあることを教えてくれているのかもしれない。

またこれら類話のなかには、鬼の棲家の婆さまに泊めてもらった主人公がいる。婆さまは鬼が帰って来ると、あの「ジャックと豆の木」のように、主人公を臼の下に隠してくれる。が鬼は「人虫くさい」と。やはり無意識界の住人は鼻がきくようだ。

これまで見てきた昔話でも分かるとおり、意識の世界の住人が、無意識の世界を訪問するとき、彼らは視覚以外の感覚を、その旅の要所要所で使うのである。もし、彼らがそれら視覚以外の感覚を使わなければ、彼らは元の世界へはもどれないのだ。

このように、昔話の主人公たちが旅する世界では、山や森の景観は口をきき、そこの住人たちはわれわれの匂いを嗅ぎわけ、われわれと格闘する。主人公たちは、それらに負ければ呑みこまれ、勝利すれば、その果実を現実世界に持ちかえり、味わうことができる。このように昔話で描かれる、視覚以外の感覚で知覚する景観を、心のなかの景観と呼ぼう。

3　心と交流する景観

このような昔話の、子どもから大人への心理的成長過程と、未開社会のイニシエーション（通過儀礼）の一般的形態とに、類似性を見いだそうとする人類学者がいる[6)]。確かに、未開社会のイニシエーションにおいても、多くの場合、成人儀礼をむかえた子どもたちは、人間の居住空間から一定の期間、聖なる森のなかへと移動させられ、そこで様々な恐怖を肉体的にも精神的にも味わい、心のなかの子どもを殺し（おそらく同時に過保護な母をも殺し）、大人として再生し、再度人間の居住空間へ帰還する[7)]。

このように昔話においても、通過儀礼においても、象徴的に日常空間と非日常空間との間を行き来することによって、私たちは「死と再生」の過程を達成させて来たのである。そしてこの昔話の場合、このような過程のなかで、主に味覚や聴覚による景観の知覚が、象徴的な仲介役を演じていた。心のなかだけでなく、現実世界の側においても、今まで図示してきたような、心と景観の交流は起こっていたわけだ。

昔話は架空の世界にある。ユング派の深層心理学者たちは、それを私たちの心のなかと解した。私たちはもう一つのタイプの物語を知っている。それはかなり昔話に類似している。しかし、決定的に異なるのは、語っている人たちにとって、それは、昔話のように架空の世界の出来事なのではなく、現実にあったこととして語られている点にある。したがってそれは、自ずから実在の場所と結びついて語られることになる。それを日本民俗学では、伝説と呼んで昔話と区別している。

表1　池田の民話一覧（『池田・昔ばなしと年中行事』より。51のみ『日本伝説大系』から）

番号	民話名	伝承地	場所（境界性）	話の分類
1	狐のしかえし	室町	川西加茂・伊丹	〈自然〉
2	狐の恩返し		池田山（五月山）のふもと（池田村北縁）＊	〈自然〉
3	関取・猪名川		池田、西光寺＊	〈地域〉
4	済の神	五月丘	下渋谷会館（下渋谷村北縁）呉服橋（池田村西縁）＊	〈地域〉
5	狸の問いかけ	上渋谷	自性院（上渋谷村北東縁）	〈自然〉
6	雀おどり（ヤットコマカセ）	西畑	秦野地区	〈自然〉
7	和泉式部の墓と狩りの話		無二寺（古江村北東縁）	〈中央〉
8	歯痛どめの地蔵さん	室町	本養寺	〈宗教〉〈記念物〉
9	夜泣き石		正光寺（宮前村東縁）	〈宗教〉〈記念物〉
10	「石橋」という名の石と孔		旧西国街道・能勢街道の交差点（石橋村北東縁）	〈中央〉〈記念物〉
11	身代わりの熊塚	新町	呉服橋（池田村西縁）＊西之口・仲之町・弘誓寺	〈自然〉〈宗教〉
12	玉坂の娘の悲恋		玉坂村・中山池（玉坂村南東縁）	〈自然〉
13	山門の白い竜	新町	大広寺（池田村北東縁）＊	〈自然〉〈宗教〉
14	「人とり岩」と「助け岩」	木部	絹延橋近辺（池田村北西縁）＊	〈自然〉
15	大広寺の血天井	新町	大広寺（池田村北東縁）＊	〈地域〉〈宗教〉
16	雨ごいの竜	新町	寿命寺（池田村西縁）	〈自然〉〈宗教〉
17	雨ごい石とみろくさん	西畑	奥池（畑村北東縁）＊	〈自然〉〈宗教〉
18	雨ごい和尚さん	新町	大広寺（池田村北東縁）＊伊丹・尼崎	〈自然〉〈宗教〉
19	「道分け」の水飲み場	上渋谷	西福寺の北の四ツ辻（畑村北縁）	〈中央〉〈自然〉
20	唐船が淵		中橋と絹延橋の間（池田村北西縁）＊	〈地域〉
21	石室の地蔵尊	東畑	善海山ふもと巡礼道（畑村北東縁）＊	〈宗教〉〈地域〉
22	衣掛けの松		五月山（池田村北東縁）＊	〈地域〉〈自然〉
23	星の御門		建石町の能勢街道、星の宮（池田村東縁）＊	〈地域〉〈宗教〉
24	ふくろうの鳴き声としんし張り	上渋谷	荒堀川淵の竹ヤブ	〈自然〉
25	塩増山大広寺の池	新町	大広寺（池田村北東縁）＊	〈宗教〉〈自然〉

26	接木の巧者「橘兵衛」		細河	〈地域〉
27	猪名川べりの追いはぎ	室町	権田堤（池田村南西縁）＊	〈自然〉
28	琴の松（神殿の松）	東山町	東山町と中川原の間の池田亀岡線（中川原村北縁）	〈自然〉
29	チン山のお稲荷さん移転の怪		旧市民プール南の小高い山（池田村東縁）	〈自然〉〈宗教〉
30	九頭龍神社の話		池田中学校の西＊	〈自然〉〈宗教〉〈地域〉
31	仁王さんの股くぐり	新町	久安寺（伏尾村西縁）＊	〈宗教〉
32	おわんど池と白へび	上池田	上池田の辻ヶ池公園（池田村東縁）＊	〈自然〉
33	長者とひげおやじ		池田	〈地域〉
34	土壷で行水		ダイハツ工場西一帯の竹ヤブ、狐藪（神田村西縁）＊	〈自然〉
35	おんばのほところ		城山町の杉谷川沿の道の竹ヤブ（池田村東縁）＊	〈自然〉
36	茶臼山の狐		接待池・巡礼道（池田村東縁）＊	〈自然〉
37	捨やんと青竹		奥池（畑村北東縁）＊	〈自然〉
38	池田城とお地蔵さん		城山町・建石町＊	〈地域〉〈宗教〉
39	中橋のまめだ		中橋のゴモク場（池田村西縁）＊	〈自然〉
40	ごちそうを欲しがるタヌキ	上池田	渋谷中学校、八王子川（上渋谷西縁）＊	〈自然〉
41	染殿井		呉服神社の東南、満寿美町（池田村南縁）＊	〈地域〉〈宗教〉
42	蛇が淵	室町	笠松天神の北側の谷川（畑村北縁）	〈自然〉
43	弁慶の泉		豊島南二丁目、西国街道＊	〈中央〉
44	めんも坂と牛追い坂		栄本町・建石町・法園寺前の坂道＊	〈自然〉
45	狐にばかされなかった話	神田	八坂神社（神田村北縁）＊	〈自然〉〈宗教〉
46	釣鐘を掘り出すと雨が降る		石澄滝（畑田村北縁）	〈自然〉〈宗教〉
47	蚊を封じた家		東畑村の庄屋	〈中央〉
48	日限り地蔵さん		大阪市南区三津寺筋	〈宗教〉
49	油かけ地蔵さん	室町	五月丘公園下（池田村北縁）＊	〈宗教〉
50	「金の鳥」古墳	西畑	善海山（畑村北縁）＊	〈地域〉
51	行基	西本町	寿命寺（池田村西縁）	〈宗教〉〈地域〉

凡例　〈自然〉＝〈自然と人間〉　〈地域〉＝〈地域の歴史〉　〈中央〉＝〈中央の歴史〉
〈宗教〉＝〈宗教建築物〉　〈記念物〉＝〈自然の記念物〉　＊原風景として現れる場所

さて、そこで一つの提案がある。昔話と伝説の間で、話の内容だけでなく、心のなかとされる昔話の場所表現と、伝説で語られる現実の場所に、なんらかの類似があれば大変面白い、と思うのだ。その類似が具体的に、実在の場所においてうまく示すことができるのであれば、私たちの心のなかのある部分と、現実に存在する場所とに、ある種の対応関係が見いだせるのかも知れない、それを試してはどうか、という提案なのだ。

私の手許にある伝説をみてみよう。一九九三～九五年にかけて、大阪府池田《いけだ》市の民俗調査をしたときのことである。このときの聴き取り調査では、あまり民話については成果をあげなかった。近代科学的合理主義の浸透した現代社会では、古い不思議な話などに、もう誰も耳をかたむけなくなったのだろう。たとえ覚えていても話す気にならない。しかしそれでも、聴き取り調査を進めて行くと、その話の場所や記念物が、今なお残っていれば、何気なく話題になる。ただし誰も自らが語る話を、民話だとは意識していない。

このように、聴き取り調査の成果は、あまり無かったのだが、幸い以前に池田市が記録したものが残っていた8)。さて、この記録にある五十話を一覧表にしたのが表1である。内容をすべて紹介はできないが、狐や狸に化かされた世間話や、雨乞いや霊験あらたかなお地蔵さんの伝説などが多い。場所はすべて特定されている。

これらの話のなかには、『日本昔話事典』や『日本伝説名彙』『日本伝説大系』に分類される、日本の各地で語られるような話も含まれている。いわばこれらは、代表的な専門書や事典に分類される、日本全国で語られていた、典型的な伝説や世間話なのである。

かつて私は、これら話を〈自然と人間〉〈地域の歴史〉〈中央の歴史〉〈宗教建築物〉〈自然の記念物〉の五つの領域に分類したことがある（表1の凡例）。なぜなら、話型の分類という、全国の民話を比較するための視点ではなく、池田市に棲む人々の目の高さから、民話の特性を抽出したかったからである[9]。
〈自然と人間〉と分類された話は、池田の人々と周囲の自然との関係の話である。狸や狐の話はここに入る。〈地域の歴史〉とは池田の歴史、例えば池田城にかかわるような話である。〈中央の歴史〉とは日本の中央の歴史に登場するような人物、和泉式部《いずみしきぶ》（表1の7）や三条実美《さんじょうさねとみ》（10）や弘法大師（19・47）や弁慶《べんけい》（43）が、池田とかかわる話である。〈宗教建築物〉とは池田のお寺や神社、地蔵などにまつわる話。〈自然の記念物〉とは、池田の特徴的な石や塚などの自然物が、話とかかわり記念物となっている伝説である。

このような視点で分類した結果が、表の一番下に略して示してある。このように分類してみると、〈自然と人間〉に分類される話が、最も多いことに気づく（〈自然〉三十話、〈宗教〉二十一話、〈地域〉十三話、〈中央〉五話、〈記念物〉三話）。話の多くが、池田の人々と自然とのかかわりに興味を寄せているわけだ。

これら池田の民話は、ほとんどが特定の場所の話なので、地図で確認することが出来る。そこで表1の民話の番号を、地図におとしてみたのが図4である。この地図は調査当時（平成八年発行）のもので、もうすでに民話が語られなくなった、近代化された池田の地図である。民話の分布をみると、阪急の池田駅よりも北側に広がっていることがわかる。しかし、この図からは〈自然と人間〉の関係は見いだされない。

つぎに図5を見ていただきたい。図5は明治十八年測量、同二十年製版の参謀本部陸軍部測量局発行の地図である。まだこのような民話が、「本当にあったこと」として語られていた時代の地図、といってよいだろう。そこに同じように、表1の民話番号をおとしてみた。するとかつての池田村の輪郭が、民話の分布を通して浮かび上がってくるではないか。つまり、人の棲む領域と自然の領域の接点に、不思議な出来事を中心とする話

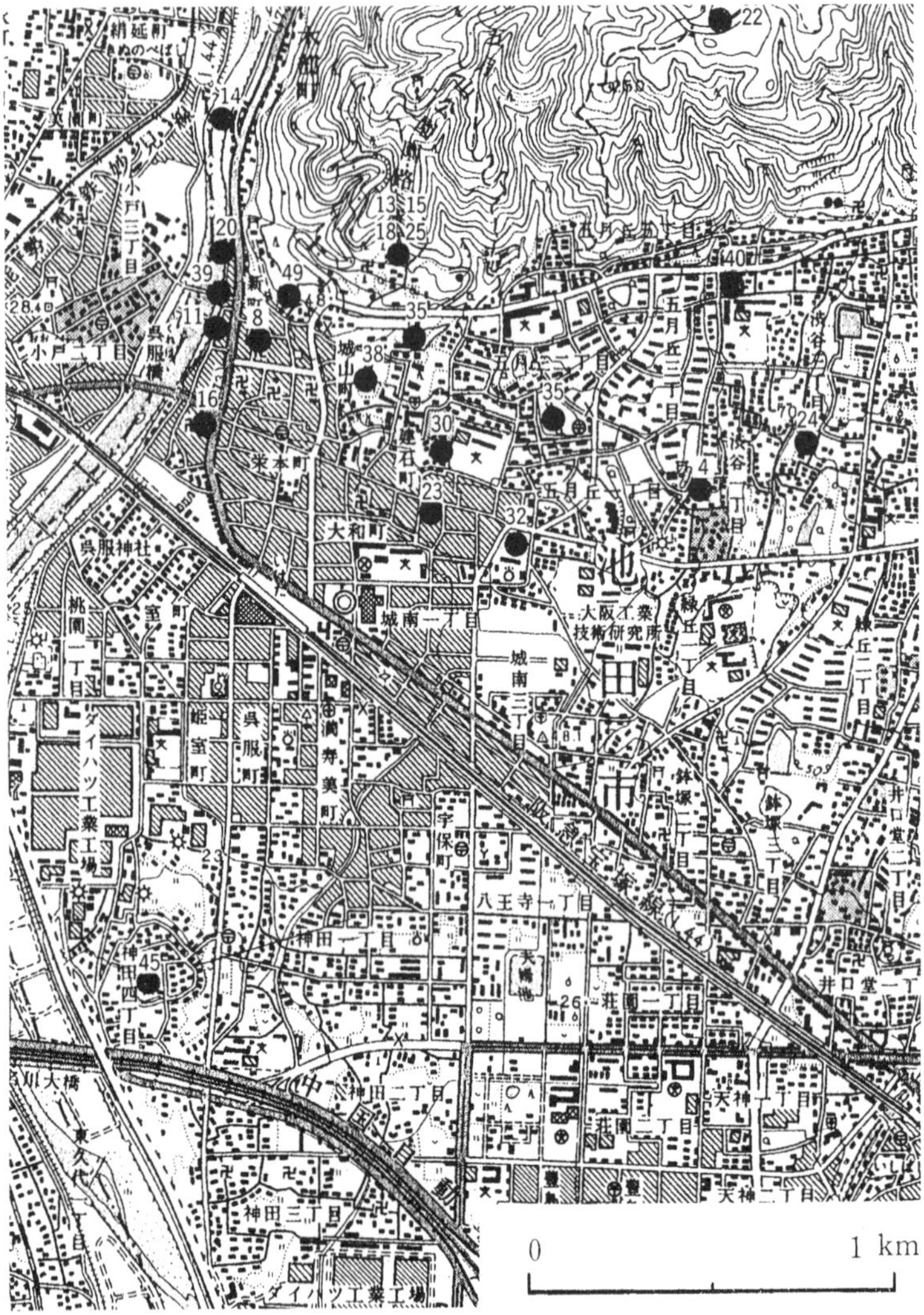

図 4　現在の池田市と伝説の分布

2 万 5 千分の 1 地形図「伊丹」より

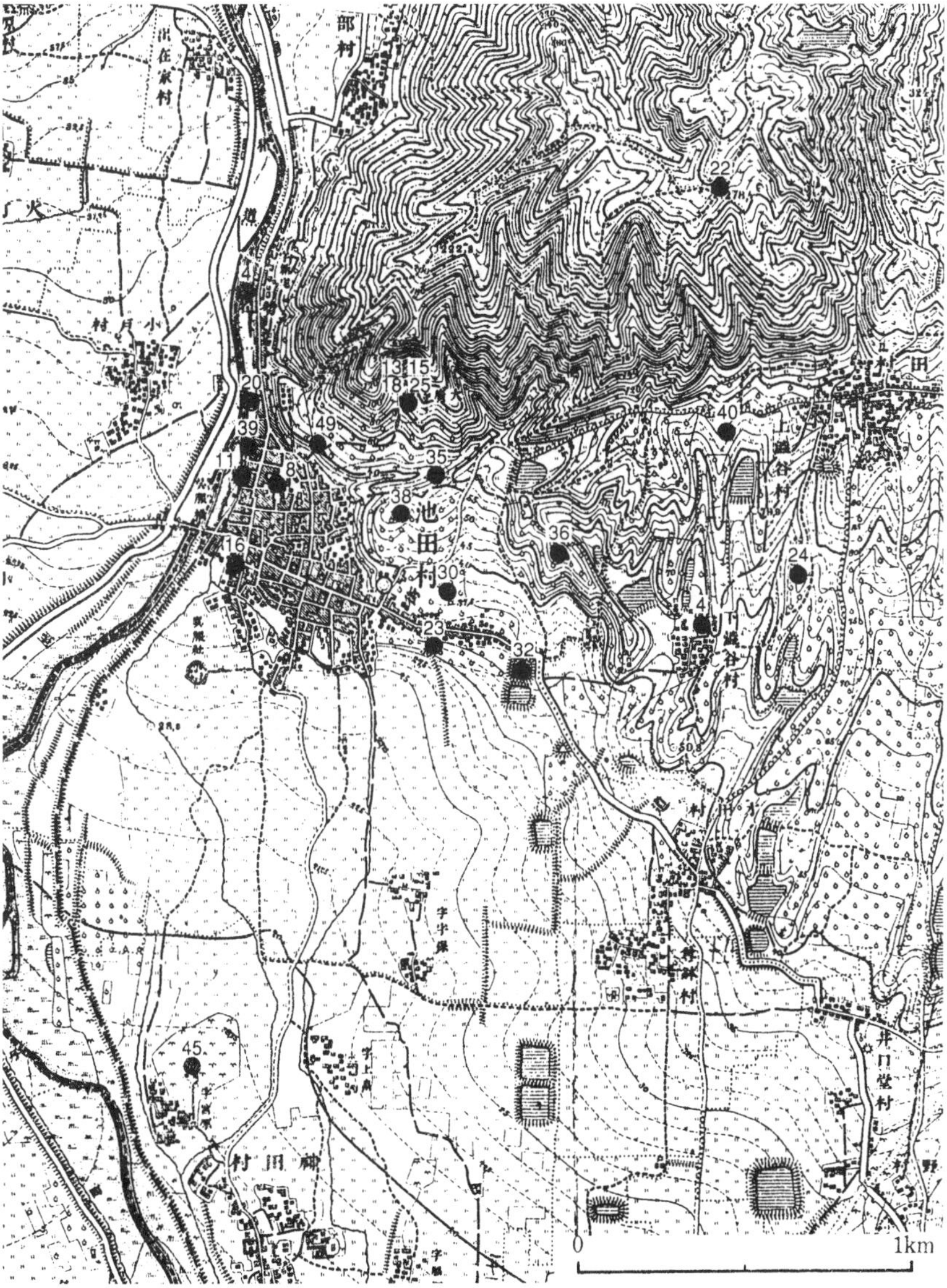

図５　明治期の池田市と伝説の分布

２万分の１仮製地形図「池田村」より

があったのだ。
　当時の池田の人たちは、どのように自然を見ていたのであろう。次の事例はそのようすをよく示している。

　宮の下から射場（綾羽二丁目）を通り北山の口（城山町）から杉谷川に沿って、接待池《せんだい》（現・五月丘小学校）の手前に出る狭い道がありました。杉谷川沿いは、竹やぶや大きい樹木がうっそうと茂り、昼でも薄暗い急坂でしたが、北の口や新町から畑方面へ行く近道で〝おんばのほところ〟と呼ばれていたのです。北の口のある店で畑村に急用ができたので、夕暮れ、小僧にこの道を教え使いに出しました。その小僧が竹やぶにさしかかると「ホーッ、ホーッ」と気味の悪い鳥の鳴き声が聞えて、風もないのに〝ザァー、ザァー〟とやぶがざわめいています。何となく恐ろしくなりました。

そして観音堂の下あたりに来たとき、にわかに雨が降るような音がして、上から砂が降って来ました。驚きとこわさで、いきせききって急坂を走り、もう少しで街道という大樹の下を通ろうとすると、白い提灯のような何か判らないものがフワリ、フワリと浮いて竹やぶに流れていきました。人魂《ひとだま》ではないかとキモをつぶし、目をつむって四つんばいになって、ようやく街道に出たそうです。この話から「わしも見た」「わしもそんな目におうた」という人が次々とあらわれて〝おんばのほところ〟には化け物がいるそうなと、うわさされていました。勇気のある人は、どうせ狐か狸やないかと、わざわざ肝だめしに行くようになりました。杉谷川の水害後、復旧と開発で今は住宅地となり、その跡形もありませんが、昭和初年ごろまでは青少年の肝だめしの道場でもありました。

この「おんばのほところ」（表1の35）という話は、まさに村人が主人公で、不思議な体験をする話である。その場所は、宮の下から射場（綾羽《あやは》二丁目）を通り北山の口（城山《しろやま》町）から杉谷川に沿って、接待池（現・五月丘《さつきがおか》小学校）の手前に出る狭い道である。杉谷川沿いは、竹やぶや大きい樹木がうっそうと茂り、昼でも薄暗い急坂であったが、北の口や新町から畑《はた》方面へ行く近道で急を要するときに利用されたのであろう。

図4では、この道にそって箕面《みのお》池田線が通っており、当時の状況は残されていない。つまり、近道でもなければ、薄暗い道でもないのだ。ところが、図5では、かつての西国巡礼《さいごくじゅんれい》道（中山《なかやま》・勝《かつ》尾《お》寺道）が畑方面から池田村に入る前に、現在の五月丘小学校あたりで南へいったん折れ、能勢《のせ》街道と合流した地点から西へと池田村へ入っているのがわかる。つまりこの話にあるように、北の口（城山町）から畑方面へ行くのに急を要した場合、能勢街道へ下って、西国巡礼道へ出て北上するよりも、この「おんばのほところ」を通った方が、かなり時間をかせげるのだ。そのことが図5から読み取れる。この話を聴いた人が、「わしも見た」「わしもおうた」と反応するのは、多く池田村の人がここを通った経験をもっており、気味の悪いところだと思っていたからだろう。またこの場所が、青少年の肝試しの道場であったとの伝承は、伝統的社会における、イニシエーション（通過儀礼）の場であったことをも連想させる。

このように、家屋の集中した領域を一歩出たところにある自然を、人々は恐怖の対象として畏れ、あるいは肝試しの場としていたのである。ここではこの一例しか示すことができないが、表1には村の縁での出来事を語る民話について、その詳細を括弧内に示した。このようにみると、非常に多くの話が、似たような場所での出来事を語っていることになる。

さてこのことは、私たちの視覚以外の感覚で知覚する、心のなかの景観と、どのようなつながりを持つのか。実は、自然のなかにある心的恐怖の対象は案外目で見ることはない。ほとんどの場合、音や匂い、何かが肌に触れるといった感覚で、私たちは認識している。先の「おんばのほところ」の場合も、昼でも暗い（目がきかない）竹やぶのなかの、鳥の鳴き声や、竹の「ザァーザァー」という音だったり、降ってきた砂が身体に当たることで、化け物の存在を知るのである。あの「奈良梨採り」の山の鳴らした音と極く似ている。

かつて池田村の人々は、それら心的恐怖を、居住地域を出たところ、つまり自然との接点となる場所で知覚していた。これは、今まで図示（図1〜3）してきた昔話の、人間と鬼の出会う場所でもある。不思議な出来事との遭遇は、昔話、伝説ともに、人間の棲家と自然との接点で起こる。そう私たちは知覚していたようだ。

これら感覚は、現代流に言えば錯覚であり、あらかじめ、その場所にたいする人々の恐怖のイメージがあったからだ、と言えるだろう。しかし民話から、こういったそこに棲む人々の場所のイメージを取りだす作業は、伝説を口承文芸研究の枠だけに閉じこめるのではなく、その時代の人々の、自然観や世界観といった、より学際的な領域を考えるのに有効だ。人は場所を視覚だけでなく、聴覚や嗅覚、触覚や味覚でも体験していることはすでに述べた。視覚が近代的でクールな感覚であるのに対して、その他の感覚は場所と精神的にも結びつきダイナミックでもある。民話に出てくる人と場所（自然）との関係は、まさにこのような感覚にもとづいているのである。

そう考えると先の二つの地図（図4・5）は面白い。なぜなら、この対照的な時代の私たちの感覚を、見事に物語ってくれるからである。近代化によって、私たちの棲む領域はどんどんと拡大し、自然を征服した。と同時に、自然の発する音はコンクリートで封じ込められ、現代の私たちは、その音を聴くこともできないし、聴く耳も持たない。図4と語られなくなった民話という現象は、みごとに一致する。図5は違う。そこには、民話が語ってくれたように、かつての自然の発する豊かな音が聴えてくるのだ。

先駆的なサウンドスケープ（音風景）研究を、『世界の調律』[10]で著したR・マリー・シェーファーは、ヨーロッパの都市における、教会の鐘のサウンドスケープを研究した。近代科学の産物である工場や車の騒音による、その音の届く範囲の縮小を地図で描いたのだ。その音の範囲の縮小という現象は、それだけを意味するのではなかった。音の範囲の縮小は、同時に人々の信仰心をも縮小させたのだった。ここで示した二つの地図は、このサウンドスケープを示している。開発によって、池田の自然と人々との接点がなくなっていったとき、民話を語り信じる、私たちの心もなくなってしまったのである。そのことをこの二つの地図は、雄弁に物語っている。

注

（1）関敬吾（一九七八）『日本昔話大成4』角川書店、三三五〜三三七頁。
（2）森省二（一九八八）「メルヘンの心理学」現代のエスプリ二五八、至文堂、一八頁。
（3）河合隼雄（一九七七）『昔話の深層』福音館書店、四九〜六九頁。
（4）河合隼雄（一九七六）『影の現象学』思索社、三五頁。
（5）河合隼雄（一九七七）『昔話の深層』福音館書店、八二〜八六頁。
（6）山口昌男（一九八二）『文化人類学への招待』岩波書店、一六三〜一六六頁。
（7）通過儀礼の一般的形態については、E・リーチ（一九八一）『文化とコミュニケーション』紀伊國屋書店、一五七〜一六二頁。具体的事例としては、例えば小川了（一九九二）「大人と子供─通過儀礼─」（米山俊直・谷泰編『文化人類学を学ぶ人のために』世界思想社）一六七〜一八〇頁。
（8）池田市広報公聴課編（一九八二）『池田・昔ばなしと年中行事』池田市。
（9）佐々木高弘（一九九八）「池田の民話」『新修　池田市史　第5巻　民俗編』池田市、六三二〜六四八頁。
（10）R・マリー＝シェーファー（一九八六）『世界の調律─サウンドスケープとは何か』平凡社。

第三話　昔話の触覚地理

1　樹の知恵――二人の旅人

さて、ヤハウェ神が作ったすべての野獣の中で、蛇がいちばん悪賢かった。蛇が女に言った。「まさか神は、園の木（の実）はどれも食べてはならぬ、などと言いはしなかったでしょうね」女は答えた。「ええ、園の木の実はどれを食べてもよいのです。ただ、園の中央にある木の実、これだけは決して食べてはならぬ、さわってもいけない、死ぬから、と神さまは言われました」。蛇は言った。「死ぬことなんか絶対にありませんよ。それを食べるとすぐ、あなたがたの目があき、善悪を知って神のようになることを、神はちゃんと知っているからですよ」。見ると、その木の実はいかにもおいしそうで、目を楽しませ、賢くなりそうに思われた。とうとう女はその実を取って食べた。そしてともにいた夫にも与えたので、夫も食べた。すると、二人の目があいて、彼らは自分たちが裸であることを知った。そこで彼らはいちじくの葉をつづって、腰に巻いた[1)]。

これは『旧約聖書』「創世記」の一節である。おそらく、最もよく知られた、世界樹の神話であろう。世界樹とは、簡単に言うと、世界の中心にそびえ立ち、天の神の声を、私たち地上に棲まう人々に伝える、そういった天と地を結ぶ宇宙軸（アクシス・ムンディー）のことである。仏陀が悟

写真1　ミャオ族の柱立祭
萩原秀三郎（2001）『神樹―東アジアの柱立て』小学館，15頁．

図6　菩提樹の樹下の仏陀
ロジャー・クック（1982）『生命の樹―中心のシンボリズム』平凡社，７頁．

図7　イスラム教の祈りの絨毯
ロジャー・クック（1982）『生命の樹―中心のシンボリズム』平凡社，57頁．

りを開いたのは菩提樹の樹下（図6）であったし、イスラムの祈りは、樹をデフォルメした柄の絨毯《じゅうたん》上（図7）でなされる[2]。諏訪大社の御柱《おんばしら》をはじめとする、アジアに広く見られる柱立《はしらたて》祭（写真1）もそうであろう[3]。ここまでの昔話で言えば、「奈良梨採り」の山梨の樹をはじめとする、笹の樹や烏や瓢箪のあった樹、「食わず女房」の男がつかまって助かった樹もそうかも知れない。聖書では、その樹の実を食べることによって、人の目が開いたとある。聖書にも味覚や視覚についての、私たちの表現を見いだすことができる。ここでの視覚も、やはり知の喩えなのだ。

その世界樹が、さまざまな地域や文化を超えて、世界中の口頭伝承のなかに見いだせる。そもそも聖書も、本来は口頭で伝承された神話であった。したがって、ユング派の深層心理学流に言うならば、ここで描かれる世界も、単に一宗教の思想なのではなく、私たちの心のなかでの、普遍的な事象とすることができるだろう。そしてここにもまた、場所表現を見いだすことができる。「園の中央にある木」とは、私たちの心の、どこを喩えているのか。そしてそのような場所は、現実に存在するのか。

一例を示そう。「二人の旅人（真実とうそ）[4]」（AT六一三）と分類される話型の昔話が、世界各地に伝承されている。タイトルにもあるように、二人の主人公が旅をすることから、物語がはじまる。二人は極端に違う性格の持ち主だ。一人は陽気で善人、もう一人は陰気で悪意に満ちている。ユング派の深層心理学では、このように対照的な性格を持つ、二人の主人公の物語が、紀元前十二世紀の、エジプトのパピルスにすでに見いだせることから、人間の心のありかたと、深く結びついているのではないかと考える[5]。人間の心のなかに存在する、相反するもの、それをユングは「光」と「影」と呼ぶが、それらが互いに補いあって、ひとつの全体性としての人格をつくりあげる、それを喩えているのだろうと。

この二人、なぜか意気投合して、旅に出ることになるのだが、旅の途中までは、悪の主人公の方が優勢だ。多くの場合、旅の途中で、食糧をめぐって取引が行われる。悪の主人公のパンと、善の主人公の目玉の交換である。味覚と視覚の交換が行われるわけだ。人間の感覚器官のうち、社会から「光」をあてられたのが視覚、「影」の世界に追いやられたのが、聴覚や味覚、嗅覚や触覚であることは、いままで述べてきた。ちなみに、ユングは意識を「光」、無意識を「影」と呼んだ。「光」の主人公は、目玉とパンを交換することによって、「影」の世界に入ってゆく。その場所は、ヨーロッパの伝承では森、西アジアでは砂漠、東アジアでは山。いずれも人間の手の届かない、未開拓地なのだ。

　視覚を奪われた「光」の主人公は、ここで秘密の会話を偶然聴くことになる。聴覚だ。ここで聴いた話の内容が、後に主人公を成功へと導くのは、「大工と鬼六」の場合と同じである。秘密の会話をしたのは、動物や悪魔や巨人であるが、その内容は、視覚を取り戻す方法、渇水状態にある町を水で潤す方法、そして王さまの娘の病気を治す方法など、大へん困難な課題を解決する知恵がほとんどである。

　「大工と鬼六」「食わず女房」「奈良梨採り」同様、主人公は未開拓地と喩えられる、無意識の世界をさまよい、視覚以外の感覚を使って、意識界に帰還し成功する。問題はその秘密の会話を聴く場所なのだが、そのほとんどが、特定の樹の下、あるいは樹の上と伝えている。そして、聖書と同様に、彼らはそこで目が開くのだ。

　この話型に分類されるグリムの昔話「旅あるきの二人の職人」(KHM一〇七)[6]は、非常に印象的な描写で始まる。

---

① 山と谷あいとは出あうきづかいないが、人間というものは、それも善玉と悪玉とはね、こいつ、とかくいっしょになるもんで

すよ。そんなわけで、あるとき、靴やの職人と仕立やの職人が、修業の旅の途中でいっしょになったことがあります。

心のなかの景観研究からみて、この話型のテーマである、対照的な性格を持つ二人の主人公の出会いを、風景に見立てている点が興味深い。つまり、人間の意識と無意識が、善玉と悪玉という人物に喩えられると同時に、山と谷という風景にも喩えられているからだ。

仕立やの職人は、「小づくりのきれいな男で、いかなるときでも陽気で気に斑《むら》が」ないが、靴やの職人は「じょうだんを聞きずてにできない男」で、仕立やの職人が冗談を言っても、「まるで酢《す》でも飲んだように、顔をしかめて、ちびっこのしたてやさんの首ねっこをひっつかみそうなけんまく」だ。この二人は、陽と陰の対立としても表現されている。そして二人は、より大きな仕事をしたいがために、より大きな都市を目指す。

②どこか都へはいると、ふたりはそこいらじゅう歩きまわって、仕事の口をさがしました。ちびっこの仕立やさんは、元気よくぴちぴちしているうえに、きれいな赤いほっぺたをしているものですから、だれでも、喜んで仕事をさせるどころか、うまくいくと、店を出る時に親方の娘さんが戸口で接吻のおみやげまでもたせてやることがありました。仕立やさんが靴やにめぐりあった時には、いつでもこちらのほうが荷物のなかに余計もっていました。ぶっちょうな靴やは顔をひんまげて、「悪党のでかいほど、幸運もでかいね」と、屁理窟を言うのですが、仕立やさんは笑って唄を歌いだし、自分のもらったものを、なんでもなかまの男に分けてやります。

このように陽の仕立やは、都市の人たちにも人気があり、仕事もうまくやる。一方、陰の靴やは、反対にどうも仕立やのようにはうまくはならない。なぜなら、陽の仕立やは、人の心の意識の側面を、陰の靴やは、無意識の側面をあらわしているからだ。そして、今まで見てきたように（図1〜3）、意識の世界を開拓地と、無意識の世界を未開拓地と喩えるのであれば、都市という場所で仕立やが活躍するのは、当然至極のことなのである。

2 触覚地理学からストーリー・パスへ

これまで感覚地理学は、私たちの感覚を、例えば五感というかたちで、過度に単純化したり分類化して研究を行ってきた。ポール・ロダウェイは、単純化されたり分類化された感覚を、もう一度、人間身体の内に統合しようとする。

例えば、サウンドスケープといえば、環境が出す音という一点に、焦点がしぼられる傾向にある。しかし、本来聴覚は、私たちの出す声と密接にかかわっている。高度の難聴で音声言語の習得が出来ないと、人は口がきけないのだ。彼は、狩猟採集民が見せる、鳥の鳴き声などの、巧みな物まねを例にあげ、この動物の声色も聴覚地理だと指摘する。つまり、自然とのかかわりを、ほとんど失った都市生活において、私たちは環境の出す音にもはや興味はない。だから私たちは、それらの音を聴く耳を持たない、と同時に、それらの出す音を真似ることも出来ないのだ。これは、文化的に私たちの聴覚地理が違っている例だ。この関係は、嗅覚と味覚の間においても生じる。鼻が利かないと、ワインは単なる水としか認識できないという。

そのなかで、ロダウェイが最も重視する感覚が触覚である。今まで触覚景観は、タッチスケープとされてきたが、タッチという言葉からは、もっぱら手で触れるという行為のみが連想され、そのことが研究対象を狭めてきたのだと指摘する。

本来、触覚つまりハプティック（haptic）とは、全身体を含む。つまり手だけではなく、頭の先から足の裏まで、すべての皮膚感覚をも含むものなのだ。彼は触覚地理学を、身体の移動能力を統合的に含んだ、ダイナミックな感覚としてとらえ、感覚地理学の基本的な部分を担っているとする。「地理的経験は、本質的に人間の身体にもとづいている。身体とともに始まり、終わるものなのだ。このことは、感覚地理学にとって最も基本的な実体なのである」と彼は言う。つまり、人は、視覚や聴覚、味覚や嗅覚を、一連の動きのなかで複合的に使い、環境のなかを移動する。それら感覚を統合的に、身体において支えているのが、触覚という感覚なのであると[7]。

彼は、特定の環境のなかを探査、移動する個人という、触覚地理の人間モデルを描いている。このモデルは昔話の主人公にうまくあてはまる。

様々な感覚を統合的に駆使しながら、特定の環境下を移動・探査する主人公。その彼を、ストーリー・パスとして描き出すことが出来る。ストーリー・パスとは、時間地理学のデイ・パスをもじった、私の造語である。ようするに、物語の進行に従って、主人公の動きを図化したものなのだ。

図8は、グリムの「旅あるきの二人の職人」のストーリー・パスである[8]。この図は今までの「大工と鬼六」や「食わず女房」などと同様に、意識と無意識が、どのような場所表現を得ているのかを、主人公の動きと共に図化したものである。図8には、「奈良梨採り」と同様に、意識と無意識の間に、自己（self）を設定した。

折れ線グラフのようになっているのは、二人の主人公の動きを表している。実線が「光」の世界の主人公である仕立やの職人で、破線が「影」の世界の主人公である靴やの職人である。本図の上と下にある目盛りは、無意識界の場合、左へゆけばゆくほど、深層へ向かうことを示している。同様に、意識界の場合は右へゆくほど、光輝くことを意味する。自己の領域では、同様に、左へゆけば、無意識界へ近づき、右へゆけば意識界に近く

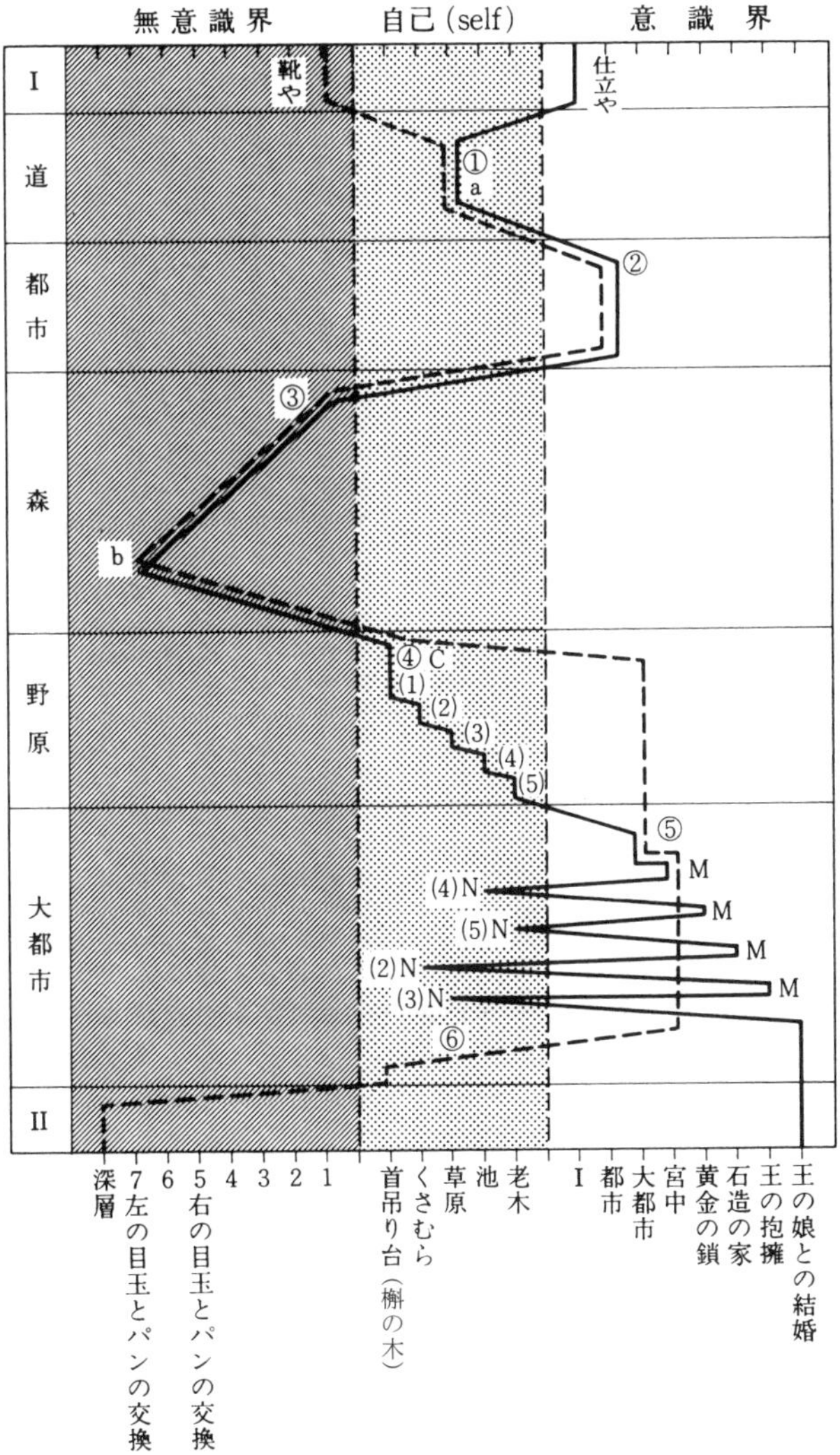

図8 「旅あるきの二人の職人」のストーリー・パス

なることを意味する。それらのレヴェルを、物語のなかで具体的な表現を得ているものについては、図の下に表記した。そして、縦の七つの分割は、物語の進行にともなう、場所の変化を示している。

この図は基本的には、「影」の主人公が無意識界に、「光」の主人公が意識界に、それぞれ別れている場合が、バランスの良く取れている状態を示し、それとは逆に、両者とも同時にどちらかに偏っている場合は、心が一面的になっている状態を示している。そして、それぞれの領域において対称的に光と影の位置が離れていれば離れているほど、より高い自己実現が成功していると見る。

物語は図の上から下に向かって進行してゆく。極端に性格の違う二人の主人公が、それぞれの領域から出て、道で出会う場面が前節の引用①であり、図の①でもある（以下も引用文と図の番号は対応する）。道は、二つの世界を結ぶ自己の領域にある。最初は共に都市に向かう。人間の居住区は意識の側にある。それが②である。

彼らは、しばらく旅を続けているうちに、今度は大きな森にゆきあたる。無意識の世界だ。ところが、この大きな森には二つの道があって、一つは次の都市まで七日もかかり、もう一つは二日でゆける道なのだ。

二人は、どちらの道が近道なのかを知らない。二人は、槲《かしわ》の木の下で七日ぶんのパンをもってゆくべきか、それとも二日ぶんのパンでいいのかを相談する。陰の靴やが「じっさい歩くみちのりよりも遠いものと思わなくてはならない、わしは、七日ぶんだけパンをもっていくことにする」と言ったのに対して、陽の仕立やは「七日ぶんも、駄馬みたいに、えんやらやっとパンをしょって、あたりの見物もしないのか。（中略）だいいち、つごうのいいほうの路が見つからないときまっちゃいないだろ。二日ぶんのパン、それでたくさんだ」と言って、めいめいが自分の思うだけのパンを買いこんで、森へと入ってゆく。

人間の心が陽だけの、つまり意識の側面だけの、一面的な状態となるとき、慎重さがかけるものなのかも知れない。逆に、「影」の靴やは無意識の世界をよく知っている。彼は的確な判断をして森に入ってゆくことになる。その大きな森は次のように描写されている。

---

③森の中は教会堂みたように森閑としていました。風も吹かず、小川の水音もしず、鳥もうたわず、葉のこんもりしげった大枝のあいだからは、日影ひとすじ射しません。くつやは一語も口をききませんでした。おもたいパンが背なかをおさえつけているので、苦虫をかみつぶしたような陰気な顔をつたわって、汗がたらたら流れました。それにひきかえて、仕立やさんのほうは、ぴちぴちしています。とびはねたり、木の葉をちぎって草ぶえを吹いたり、小唄をうたったりして、「天国の神さまは、わたしがこんなに浮き浮きしているのをよろこんでらっしゃるにちがいない」と考えたものです。

「影」の世界を象徴する、この大きな森は、教会堂に喩えられるとともに、生の感じられない、死の暗闇として語られる。まさにここは、心のなかの「影」の側面なのである。ここで二人の立場は逆転する。

　案の定、三日めになっても道は森から出ることはなく、仕立やはパンもなくなり、四日めには靴やにパンを一かけくれないかと頼んでみる。しかし、靴やはせせら笑って「貴公は今までいつも浮き浮きしていた。人間も屈託のある時にはどんな気がするもんだか、試してみるのもよかろう。それ、朝、べらぼうに早くさえずる鳥へ、日ぐれには鷹がつっかかるというぜ」と答える。この影の住人は、まるで今までの陽の側面を説教し、試練をあたえるがごときである。教会堂のような森という空間は、まさに内省にふさわしい場所なのである。そもそも教会堂とは、心のなかの、または森のメタファーとしての建築空間だったのかもしれない。

五日めの朝になると、仕立やは起きあがることができず、靴やの「今日は、貴公にパンを一きれくれてやる、だが、そのかわりに、貴公の右の目玉をほじくりだすよ」との申し出に、仕立やはしかたなく従い、自分の右目とパンを交換する（図の下に表記）。仕立やは、子どもの頃つまみぐいをしたとき「食べたいだけ食べて、苦しまなければならないだけ苦しむのさ」との母親の説教を、いったんは思い出すのだが、目玉は一つでも結構物は見られるとあきらめ、自分の不運を忘れてしまう。

しかし七日めの朝になると、また起きることができず、靴やの「わしが慈善をしてな、貴公にもう一ぺんパンをくれてやる。だが、無償でもらえるのじゃないぜ、そのかわりに、貴公のもう一つの目玉をくりぬくよ」との申し出を聴いて、今まで軽はずみな生活していたことを、神さまに懺悔《ざんげ》する。

両目を失った仕立やは、完全に視覚能力を失い、闇の世界へと落ち込んでしまう。仕立やは、死に直面して初めて、たった一切れのパンと人間の象徴である目を交換し、人間である前に一生物であることをいやおうなく体験させられたのである。もっと大きな集団レヴェルでいうのであれば、主に視覚で科学技術などを発展させ、一生物であることを忘れ自然破壊を繰り返して来た、人類の反省ともとれる。そして視覚の喪失は、他の感覚器官への依存を余儀なくさせる、もっと積極的に言うのであれば、聴覚や嗅覚、味覚や触覚を見直すということにもなるのだ。

3　世界樹で首を吊る——ユグドラシル

靴やは仕立やに杖をもたせ、森の出口までは連れてゆくが、野原の罪人の死刑につかう首吊り台の下に、仕立やを寝かしたまま一人でいってしまう。仕立やは朝めざめて、どこにいるか分からないでいると、首をくくられて死んでいるはずの、二人の罪人の秘密の会話が聴こえてくる。それは、首吊り台から垂れる露で盲人が目の穴を洗うと、なくなった目が生えかわる、という内容のものであった。そこで仕立やは、ハンカチに露をひたして目の穴につけた。すると、たちまち新しい目が出てきたのである。

首吊り台は、この伝承における世界樹である。なぜなら、ゲルマン神話の世界樹、ユグドラシル（図9）は絞首台をも意味する[9]からだ。ゲルマン神話の神オーディンは、知恵を得るために自らをユグドラシルに吊した。この神の死に様と、あのキリストのはりつけとの類似が指摘されている。影響関係にあったのだろうとも言われている。

さて、目が開いた主人公は、ここで次のような劇的な風景を見る。

---

④ほどなく、お日さまが山々のうしろからのぼるのが、仕立やさんの目に見えました。前のほうには、一面の平地に王さまのお膝もとの大きな都がひろがっていて、きらびやかな門がいくつもあり、なん百という塔があり、塔の尖ったさきについてる黄金の玉や十字架が、きらきら、きらきら、燃えるように光り出しました。立ち木の葉は、一枚一枚、はっきり識別がつきました。目の前を飛びすぎるいろいろの鳥や、空中に舞踏をしている蚊の群も見えました。こんどは、袋の中から縫針を一本とりだしました。そしてその針眼へ以前とまったくおなじように縫糸がとおせたので、仕立やさんは、うれしさに心がおどりました。仕立やさんはぺったりと膝をついて、くだしおかれたお恵みのお礼を、神さまに

申しあげ、朝のお禱りの言葉を口にしました。

——

実は、この「二人の旅人」に分類される伝承の多くが、ここで劇的な風景を主人公に見せる。その時でなければ見ることのできない、心躍らされるダイナミックな風景である。それは、目が開いた「瞬間の風景」と名づけてもよいだろう。それは森をでたところの「首吊り台」で目撃される。

図9　ゲルマン神話の世界樹「ユグドラシル」
ジョン・ミシェル（1982）『地霊——聖なる大地との対話』平凡社，44頁．

人が、このような瞬間の光景に意味を見いだすことについて、ユングは自伝のなかで興味深い指摘をする。それはユングが、東アフリカのエルゴン山中を旅行した時のことである。ユングは、エルゴン族の住民たちが、日の出の瞬間の太陽を、神として崇拝していることに気づき、「この日の出の瞬間のみ、太陽は「ムングウ」、すなわち神であった。紫色の西空にかかる新月の、はじめの微妙な金色の鎌形も、また神である。しかしそれもそのときだけであって、それ以外のときはなんでもない。」「朝の太陽の誕生は、圧倒的な意味深い体験として、黒人たちの心を打つ。光の来る瞬間が神である。その瞬間が救いを、解放をもたらす。それは瞬間の原体験であって、太陽は神だといってしまうと、その原体験は失われ、忘れられてしまう」と。

　そしてユングは、このことを科学的、合理的に説明することを恐れ、自然の夜という暗黒は、心的な根源的夜なのであり、太陽の昇る瞬間とは、光への憧憬であり、意識に対する憧憬であると言う[10]。

　この昔話の主人公の体験は、まさにこのエルゴン族の原体験に相当する。仕立やは、無意識という心の影の側面の、闇の世界にいて、意識の象徴としての太陽が昇る瞬間の、光を体験したのである。

　さて、この世界樹で首をくくった男たちから得た知、そしてその事によって開いた目とは、何を意味しているのだろう。確かに、「エデンの園」での出来事に似ている。聖書では、このことによって彼は楽園から追放され、土地を耕し、そこから糧を得、汗まみれになってパンを食べ、そして最後は土に帰る、そのような一生を余儀なくされた。

　このような神話から得られた知を、「神話の知」と呼ぶ。それに対立して存在するのが、「科学の知」だ。哲学者の中村《なかむら》雄《ゆう》二《じ》郎《ろう》は、「科学の知」が優勢になって来た近代において、「神話も魔術も近代世界ではあるべからざるもの、いかがわしいものとされたため隠れて見えにくくなったが、もちろん存在してた。それどころか、神話も魔術も表向き抑圧されたため、かえって歪んだかたちであらわれることになった[11]」と指摘する。

　また河合隼雄は、中村のこのような指摘が、深層心理学で考えている、時代の光と影、善と悪に相当するものと考え、「科学の知は、まったく対象化されたものに対しての知であり、神話の知は、そのものと、あるいはその人と自分とが関係し、自分もそのなかに入り込んだものとして考える[12]」と言い直し、現代人は「科学の知」ばかりに心を奪われているのではないか、と指摘し、このような心の一面化を是正するためにも、「神話の知」に注目してゆく必要性があると説く。

世界各地の伝承でも、同じような場所で目が開く。この図8では無意識の世界を抜けたところの、自己の領域となるが、世界の伝承でも同じ様なストーリー・パスを描くことができる[13]。前章でも述べたように、ユングによると、自己(self)とは意識と無意識をも含めた、心全体の中心に位置する。この型の伝承においても、人間の居住地と未開拓地の中間に位置する。そしてこの世界樹が、そこに立っている。聖書が「園の中央にある木[14]」といったのは、こういうことだったのだ。

注

(1) 前田護郎編(一九七八)『聖書』(世界の名著13)中央公論社、六二〜六三頁。
(2) ロジャー・クック(一九八二)『生命の樹』(イメージの博物誌15)平凡社。
(3) 萩原秀三郎(二〇〇一)『神樹』小学館。
(4) 小澤俊夫(一九七八)『世界の民話25 解説編』ぎょうせい、索引六六頁。
(5) 河合隼雄(一九七七)『昔話の深層』福音館書店、九一〜一一一頁。
(6) テクストとして、金田鬼一訳(一九七九)『完訳グリム童話集3』岩波書店、二五六〜二七四頁を使用した。KHMとは原書名Kinder-und Hausmärchenの頭文字をとった略号で、番号は一八五七年刊の決定版に付された物語番号。グリム童話には、このKHM番号をつけるのが通例となっている。
(7) P. Rodaway (1994) *Sensuous Geographies: body, sense and place*. Routledge.
(8) 詳しくは、佐々木高弘(一九九五)「昔話に描かれるメタファーとしての風景—AT613「二人の旅人(真実とうそ)」を事例に」『国文学年次別論文集〔国文学一般〕平成5年』朋文出版、二四九〜二六二頁を参照。
(9) A・コットレル(一九九九)『世界の神話百科 ギリシア・ローマ/ケルト/北欧』原書房、四八六〜四八九頁。
(10) A・ヤッフェ編(一九七三)『ユング自伝2』みすず書房、九四〜九八頁。
(11) 中村雄二郎(一九七七)『哲学の現在』岩波書店、一四八〜一四九頁。
(12) 河合隼雄(一九九三)『現代人と日本神話』日本放送出版協会、一一頁。
(13) 詳しくは、佐々木高弘(一九九四)「「二人の旅人」に描かれた「秘密の場所」—昔話に見る原風景」『比較日本文化研究1』風響社、四一〜六〇頁を参照。
(14) ちなみに、二人が森に入る前に、パンの相談をした

「槲の木」は、「影」の主人公にとっての、世界樹と考えられる。この昔話の「光」の主人公の世界樹は、森を抜け出たところの「首吊り台」であった。それに対して、この「槲の木」は森の入り口にある。それぞれの知恵の木が、対照的な場所に位置する点が興味深い。なぜなら、二人は対照的な人物だからである。ところが図8で見ると、双方の木とも、無意識の世界に近い、自己の領域、つまり同じ場所に位置する。この位置づけは、対照的な性格を持つ二人の主人公が、実は同一人物の光と影を表している、とする深層心理学的な側面と同時に、神話的な「園の中央にある木」という面においても、さらに興味深いのだ。

第四話　昔話の原風景

1

瞬間の風景――あるいはDEFの野原

ピイグ・デ・セルミータの方向に逃げ去った兄たちは、やがてコバの岩の大きな裂け目に出くわした。その裂け目は赤く輝く無気味な岩のなかに口を開けており、海に向かってつづいていた。兄たちはその裂け目を見たとき、なんと奇妙な裂け目なんだろう、と思った。さらに兄たちは上り坂になった恐ろしいベガスの森にきたとき、その木陰で休んで、ひと息ついていた。そこへ白い小馬が現れて、ベルナートを降ろすと、もうさっと姿を消してしまった。ベルナートが目前に現れたとき、ペーターとパウルはおどろいて、髪の毛が逆立った。

「いま、きたのか！」と、ふたりは同時に言った。「ああ、そうだよ」と、ベルナートが答えた。「どこからきたんだ?」「兄さんたちが僕を置き去りにしたところからだよ。一緒に行きたいんだ。そうしたら、兄さんたちの幸せに僕もありつけると思うのだ」卑劣な兄たちは、ひそかに考えた。「ほんとうに冗談じゃないよ！あいつのことなんて、かまっておれるか！エン・ゲラートに着いたら、やつがどこに寝床を見つけるか、様子を見てやろう」やがて、暗闇が迫り、兄弟たちは、次の日の朝まで待って、また旅をつづけるのがいいだろうと、考えた。ペーターとパウルは木々の下に寝床をとることにした。ところが、ベルナートは言った。「僕は木から落ちないように用心することができる。夜のあいだに何か悪い動物がやってきて、僕のからだをかじるかもしれんぞ。この木の上で寝ることにしよう！」そう言うと、ベルナートはもう木の幹によじ登って、だんだん、上のほうへと進んだ。どんどん上へ登った。こうして、ベルナートは小枝や大枝をうまく編み合わせて、快適な寝床を作った。やがて、いつもの習慣になっていた夕べの祈りと主の祈りを唱えると、父と子と聖霊の御名において十字を切って、横になって、寝つくのを待った。ペーターとパウルも同じようにした。ふたりはそれぞれ、一本の木によじ登り、できるだけうまく寝床をととのえると、すぐに深い眠りにおちた。ベルナートには、なかなか快適な眠りが訪れなかった。どんな小さな物音にも目を覚ますのだった。真夜中頃に、ベルナートは、だんだん近づいてくる足音とつぶやき声を聞いた[1]。

なんとも奇妙で印象的なこの風景描写、一見物語の進行と無関係のように思える。なぜここでこのような風景が語られるのだろう。この後、ベルナートだけが、樹下で話す巨人たちの秘密の会話を聴く。一つは、カプデペラという町の水脈を掘り当てる方法、もう一つは、アルタの町の修道院長の病気を治す方法、三つ目は、シウタートの王様と戦い、その娘と結婚し、王位を継承する方法。彼はこれら秘密を聴くことによって成功する。この秘密の会話の聴き取りと、先の奇妙な風景描写とに、何か関係があるのだろうか。ちなみに、「奈良梨採り」同様、彼も三人兄弟の末っ子であった。

地中海に浮かぶマリョルカ島（スペイン）、この地に伝えられた、この「七色の小馬」という昔話も「二人の旅人」（AT六一三）に分類される。

このAT六一三に分類される昔話が、共通して、対照的な性格を持つ主人公を語る点は、第三話ですでに紹介した。例えば、ウクライナでは「正義と不正」、パキスタンでは「善人の善行と悪人の悪行はいつもとんとん」など、個々の話のタイトルにも表現されている。

そのいずれの話においても、善の主人公は、木の上や木の下で、秘密の会話を聴き、後に成功をおさめる。その木が世界樹を意味し、そこから知恵が聴こえてくる。そして、それが聖書でいう「園の中央にある木」であり、無意識と意識の中間に位置する自己（self）の象徴ではないか、という点も第三話で話した。またそのとき見た風景を「瞬間の風景」としてとらえることの意義も。

第四話では、この「瞬間の風景」の意味を探ることとしたい。この奇妙な風景を。

ここでは再び、グリムの「旅あるきの二人の職人」を呼び出す。第三話では、善の主人公、仕立やが、首吊り台の下で秘密の会話を聴き、目が開いたとき、あの劇的で心躍るような「瞬間の風景」を見た、そこまで話した。つづけよう。

さて新たな目を持った仕立やは、大都市へ向かう。が、その前に森と都市とを区切る、あるいはつなぐ、両義的な野原という空間を通過する。そこで彼は様々な動物に出会い、会話を交わす。動物が人間の言葉を話す、という場面は、昔話の得意とするところである。が、またそれがゆえに、ばかげた話として、かたづけられる要因のひとつでもあった。しかし深層心理学では、この動物の声を、科学的合理主義で武装する以前の、人間の心の本性を、象徴化したものと考えた。この着想はまた、視覚のみを重視する、地理学の景観研究に異議を唱える、感覚地理学にも通じる。

この昔話で語られる、メタファーとしての野原[2]は、第四話のもうひとつの中心テーマなのだ。この野原での、善の主人公の聴く行為を、次のように整理することが出来る（括弧の番号は、やがて図8の番号と対応する）。

(1)首吊り台で死刑になって死んでいる者たちの会話→聴く→目の回復

(2)原っぱで乗馬しようと捕まえた小馬が許しを請う→聴く→許す→約束

(3)草原で食べようと捕まえたこうのとりが許しを請う→聴く→許す→約束

(4)池で食べようと捕まえた小鴨が許しを請う→聴く→許す→約束

(5)老木のなかのにあった蜂の巣の蜂蜜を食べようとすると蜂が許しを請う→聴く→許す→約束

いずれにも共通する特徴は、私たちの常識では、言葉を話さないものたちの、声を聴くという行為である。実はこの、「主人公が動物を捕らえようとして、その動物の許しを請う声を聴き、それに応じて逃がしてやる」という一連の行為群は、この話型以外の昔話でもよく見られる常套型なのだ。昔話の構造分析で有名な、ロシアのウラジミール・プロップは、多くの昔話に、この構造を見いだしていた。それを彼は、次のような記号で一般化した[3]。

D：贈与者の第1機能（ここであてはまるのは、D5「容赦してくれるよう頼む」）

E：主人公の反応（ここであてはまるのは、E5「頼みこむものを容赦してやる」）

F：魔法の手段の獲得（ここであてはまるのは、f9「動物が単に「いつ何時でも私はあなたのお役に立ちます」と言うだけ）

このDEFはセットで出てくる場合が多い。最も基本的な形態は、(1)の首吊り台の死者の場合であろう。つまり、死者が秘密の贈与者であり（D）、主人公がそれに従うことによって（E）、目玉が新たに生えて来る、という魔法の手段を獲得（F）しているからである。(2)～(5)では、「約束」と記したのがf9に相当する。この構造は

「七色の小馬」でも同じだ。

確かに、仕立やが（ベルナートも同じく）許した動物たちは、f9と同じことを言い、来るべき難題の解決への協力を、約束する。このDEFはプロップによると、G（目的とする場所への移動）、H（闘争）、I（勝利）、M（難題）、N（解決）へと続くのだが、すべての昔話で、これらが揃う訳ではない。この昔話では、Gで都市へと移動した後、MNへと跳ぶ。そしてその解決に際して、約束通り動物たちの援助が得られ、この野原という場所の重要性が、私たちの前に、初めて立ち現れてくるのである。

2　野原の聴覚地理

さて善の主人公の仕立やは、より大きな「光」を象徴する、王の座す都へとやってくる。理論通りなら、彼は大きな成功をおさめるだろう。

---

⑤都を歩きまわって親方をさがすうちに、まもなく、うまい住みこみの店が見つかりました。この人は、自分の仕事を底の底から本式にならっていたので、まもなく名高くなって、だれでもかれでも、新しい着物はこのちぃっぽけな仕立やさんにこしらえてもらわなければ気がすまないようになりました。一日一日と評判が高くなりました。で、「わたしの技倆はそんなに進むわけはない、それだのに、一日ましにつごうがよくなる」と、自分で言っているうちに、とうとう、王さまが、この仕立やさんを宮中のおかかえ裁縫師におとりたてになりました。

（引用文先頭の番号は、第三話同様、図8の番号と対応する。）

このように、「光」の世界の主人公は、その世界の喩えとしての都市では、とんとん拍子に成功する。しかし以前とは違い、自分の成功に浮かれきっているだけではなく、慎重に自分の技術を振り返るだけの、いわば成長面を見せている。

ところが、そう簡単には成功しない。同一人物の「影」であることを証明するかのように、「ところが、世の中はおもしろいもので、このおんなじ日に、せんのなかまのあの靴やが、やっぱり宮中のおかかえ靴やになったのです」。そして靴やは、目の回復した仕立やを見て、「あいつがおれにしかえしをしないうちに、こっちで、彼奴におとし穴を掘ってやらにゃならん」と策謀する。

この「影」の主人公の謀略が、「光」の主人公にとっての難題（M）となる。その難題を仕立やはどのように解決したのか。例えばこうである。「おやおや！　悪とうってやつは、自分のもってないものまで出してみせる。気むずかしやの王さまが、人間わざに及ばないことをわしにやれとおっしゃるようでは、わしゃ明日まで待つのは御免だ。今日のうちに都落ちをしよう」と、荷物をまとめて都の門のところまでゆく。そして、すこしは都落ちを残念に思いながら、野原で出会った鴨のいる池のところまでやってくる。

すると鴨には仕立やの顔がすぐわかって、どうしたのかとたずねる。仕立やは「えらいことになったのだが、話をきいたら、おまえだって不思議にはおもうまい」と身の上ばなしを聴かせる。そうすると、鴨は「たったそれだけのことなら」と簡単にその難題を解決してくれたのだった。

ウラジミール・プロップの構造で見たように、同じことが、その難題の性質にふさわしい動物に対応したかたちで、つぎのように四回繰り返される。

一つ目の難題は、池の底の黄金の冠を取りにゆくというものだが、これには池の鴨が。二つ目の難題、蜂の巣の蜜蠟で城の雛型をつくる、には蜂が。そして三つ目の難題、城の庭に噴水をあげる、には馬があたる。これは、庭を馬が三回まわると水が出るという、魔術的な方法によった。四つ目の難題、「王子を誕生させる」は、こうのとりが解決する。このように、難題ごとに、それにふさわしい動物が対応する[4]。

　これは人間の能力や本性を、動物に喩える方法で、これまた昔話の常套手段である。例えば、桃太郎に登場する、犬、猿、雉《きじ》の属性と、彼らが昔話のなかで果たす役割とが、私たちの知る典型的な事例である。

(1) DEF　(2) $D^5E^5f^9$
　　　　 (3) $D^5E^5f^9$
　　　　 (4) $D^5E^5f^9$
　　　　 (5) $D^5E^5f^9$　G　(4) MN（黄金の鎖）
　　　　　　　　　　　　　(5) MN（石造の家）
　　　　　　　　　　　　　(2) MN（王の抱擁）
　　　　　　　　　　　　　(3) MN（王の娘との結婚）

　そして、図8に照らしてみて、はじめて分かることなのだか、難問であればあるほど、そしてその解決が魔術的であればあるほど、同じ野原という空間でも、森、つまり無意識界の近くにいる動物、馬やこうのとり、が解決するのである。場所の描写も対応しているのだ。

　もう一つ、指摘しておかねばならない、仕立やのとった行為がある。それは、これら難題が生じるたびに、野原へとたち帰る行動である。そして難題を解決するごとに、王からの褒美が与えられていることも。そのたびに仕立やは、より一層、光り輝くのであった。図8からそのことが見てとれる。

　この野原からの物語の展開を、プロップの記号で表すと、上のような図式となる。括弧内の番号は、先の野原の各動物たちに対応する。またそれぞれのM（難題）N（解決）の後の括弧内には、彼の活躍に対する、王さまの褒賞が記してある（図8の記号にも対応）。

　ここで注目したいのは、都市において人間わざでは及ばない、つまり常識では無理と考えられる仕事を、「光」の世界の主人公が、野原の動物に聴いて、解決する点だ。これは何を喩えているのか。これは創造的退行と呼ばれる状態であろう。この創造的退行とは、意識が無意識と出会って、新しい創造を成し遂げようとする、自己実現への高い準備状態を言う[5]。つまり仕立やが、動物と出会って新しい創造を成し遂げようとする場面であり、それが都市から野原という、風景描写で喩えられているのだ。

私たちにとって、野原という風景は、人間の手の届かない深い森でもなく、といって人間の手垢で汚された場所でもない。自然と人間を、ここでは、森と都市を区切り、かつつなぐ場所なのだ。意識と無意識の中心にある場所と言ってよい。深層心理学では、この意識と無意識の間に位置する中心的存在を、自己（self）と呼び、両者のバランスをとると考えた。そしてそこに、心の本性の喩えである動物たちがいる。彼らは、意識界で難問を抱えた主人公を、それにふさわしい本性として、いつでも待機していて、いとも簡単に解決してくれるのである。なぜか。なぜなら仕立やは、彼らの願いを、聴く耳をもっていたからである。

3 たち帰りたい場所——原風景と昔話

さて、この主人公の、難題が生じるたびに訪れる野原とは、私たちにとって、いったいどのような意味があるのだろう。そこは、秘密の会話を聴いた樹のある場所でもあり、また「瞬間の風景」を体験した場所でもあった。

ここに原風景という言葉がある。一言ではいいにくいのだが、岩《いわ》田《た》慶治《けいじ》の言葉をかりれば、次のようになる。「美しい風景だ、珍しい風景だというのではなく、からだでその風景にぶつかる。ぶつかった自他の裂け目から原風景が誕生するのである。（中略）ぶつかって、ハッとして風景を見つめる。そのとき、見慣れた風景が生まれ替わったように新鮮に見え、そこに宇宙のリアリティーが宿っていることを感じる。このとき、風景が原風景になるのである。そのとき、風景の外にいる自分が風景のなかの自分になるのである[6]」。私は、これがまさに「瞬間の風景」だと思う。そしてまた「神話の知」でもあると。

それでは、私たちにとって原風景とはどのようなものなのか。ひとつは、自己を形成する場という特性を持つ[7]。私たちは、それを幼年期と青年期に体験するという。それがフロイトの第一次性徴期と第二次性徴期に相当するとの見解もある[8]。その体験が、その後の私たちの人生を左右するともされる。そのような重要な風景の経験なのだ。それはこの昔話の主人公にとっても同様だ。彼らはここで聴いた秘密の会話に、その後の人生を左右されるのだから。

まだある。原風景を体験した私たちには、再びその場に身を置きたいとの欲求[9]が、起こってくる。岩田は原風景を、「事あるごとにそこにたち帰り、たち帰ることによって自らを力づけてくれる風景」と評する。昔話ではどうか。仕立やは、難題が生じるたびに、野原へとたち帰る。そして難題を解決するのだ。図8のM（難題）N（解決）を見れば、その動きが手に取るように分かる。

原風景は、視覚以外の感覚によっても支えられている。岩田は「匂いの世界」と言い、星野・長谷川は、「風景・情景は匂いや音が加わることによって、たとえばスチール写真といったものからもっと立体的・ダイナミックなものに仕立てられるようである[10]」と原風景の動的な特性をとらえている。昔話においても、聴覚や味覚が重視されるのだ。

また、単に美しい風景というだけでないらしい。「ほぼ共通してみられることは、そこに小さい象徴の生きものがあらわれていること、その背景としての展望された自然、個性的な色と匂いの世界がひろがっていること、そしてこれら二つの要素を一つの風景にむすびつけている怖れ、驚き、不思議、あるいは衝撃の存在[11]」がある。この昔話の野原では、小さい動物たちが象徴的に立ち現れる。そして「七色の小馬」では、奇妙な風景への驚きが語られている。

樹も重要な要素となる。子ども世界の原風景調査によると、多くの人が、子ども時代に「秘密基地」を作った経験を持ち、それが原風景を構成するという[12]。「秘密基地」は仲のいい数人の子どもだけで形成される世界であるが、その場所は、樹の上や下が多いのだ。

このように、原風景の特性が、この昔話の「瞬間の風景」や野原、そして樹や感覚と一致する。原風景の研究は、主に個人の思い出を資料としてきた。ところが、このような集団性をもった、昔話にも見られるのである。作家の原風景を研究した奥野《おくの》建男《たけお》は、原風景が、ユング的な、人類に広く共通する、集合的無意識にまで深潜しているのであれば、「民俗学的な神話やフォークロアや、考古学的な土器や土偶や、文学、芸術や宗教、習俗伝承などの中に探る以外ないだろう」と言及した。この原風景が、確かに昔話にも見いだせるのだ。

原風景が、個人の思い出でありながら、集団性を持つとの指摘は、他にもある。例えば、岩田も「人間にとっての深層風景は、このように見てくると、古代人と現代人とを問わず、相似のもの、同定の可能なものではなかろうか」と推し量っているし、勝原《かつはら》文夫《ふみお》は「個人の〝原風景〟のなかには、純粋に個人的な原風景のほかに、〝国民的原風景〟とも呼ばれるべきものが重層的に共存し、〝国民的原風景〟の形成には国民的伝統も大きく影響する[13]」と考えたようだ。

原風景とは、自己形成過程のどこか重要な時に遭遇し、身体でダイナミックに知覚する。そういった、印象的で新鮮な風景なのだ。それが、先の開眼した仕立やが見た風景ではなかったか。そして「七色の小馬」で描かれた奇妙な風景でなかったか。

スティーヴン・キングは、彼の半自伝的作品、『スタンド・バイ・ミー[14]』の冒頭部分で「秘密というものは、語り手が不足しているからではなく、聞き取れる耳が不足しているからこそ、ひめやかに埋もれたままでいるのだ」と書いた。この秘密もまた原風景なのだ。作品では、それを少年たちは樹の上の秘密基地で聴く。そして恐怖の森へと、冒険の旅に出、そして帰還する。その空間移動は、昔話ともまたイニシエーション（通過儀礼）とも通じる。そして大人へと成長してゆくのだ。その旅で、やはり彼は印象的な風景を見る。

新潮文庫『スタンド・バイ・ミー』
スティーヴン・キング著，山田順子訳，1987年，新潮社

立ちあがろうとして右手を見ると、十ヤードも離れていない線路の枕木の上に、雌鹿が一頭立っていた。心臓が喉もとまでせりあがってきて、口に手を突っこんだら、心臓にさわれそうだった。腹と性器が、熱く乾いた興奮で満たされた。私は動かなかった。動きたいと思っても、動けなかっただろう。…雌鹿のことをみんなに話そうと喉まで出かかったが、結局、わたしは話さなかった。あれはわたしひとりの胸におさめておくべきことなのだ。今の今まで、この話は人にしゃべったこともないし、書いたこともなかった。こうして書いてしまうと、たいしたことではなかったような、取るに足らないつまらないことだったような、そんな気がしていることも書いておくべきだろう。とはいえ、雌鹿との出会いは、わたしにとってのあのときの小旅行での最高の部分であり、いちばんすがすがし

い部分なのだ。ふと気づくと、人生のトラブルに出会ったとき、ほとんどなすすべもなく、あのひとときに帰っている。

キングは聴く耳を持っていた。だから昔話の主人公のように、成功したのだろう。

4　実在する原風景

ところで、私たちの身のまわりに、このような風景が実在するのだろうか。

一九九三～九五年にかけて、大阪府池田市の民俗調査員をしていたときのことである。私は、市教育委員会の調査項目とは別に、担当するいくつかの地区で、原風景のアンケートを試みた。調査対象者は、明治から大正にかけて生まれた人たちである。

ところで原風景とは、いったいどのような姿をして、私たちの眼前に立ち現れるのだろう。岩田慶治の『日本人の原風景』には、「原風景というのは、われわれのこころに深く刻みこまれた風景であって、その多くは、ふるさとにおける幼年の日々に経験した忘れがたい風物の、あるとき、あるところの思い出にぞくするかと思われる。しかし、それはたんに昔の、幼年時代の記憶ということではなくて、それが今日にいたるまで忘れがたい風景として生きのこり、ときにはありありと蘇っているような風景でなければならない[15]」とある。

さて、池田市の原風景調査では、どのような話が聴けたのか。ここで詳しく報告することはできないが、おおよそ、次のようにまとめることが出来る。それは、単に過去の思い出なのではなく、現在や未来をも視野に入れたものであること。人間関係を写し出す風景であること。生を支える風景であること。私という全存在の表現であること、そして味覚や聴覚、嗅覚で知覚されていること、などである[16]。

例えば、ある老人は、村の過去の風景を思い出すうちに、その対照としての現在の子どもたちの遊びや教育制度が浮上し、昔は村の広場が子どもの楽園であったのに、今は管理が厳しく、子どもに自由がないと憤る。そして、こんなことでは……、と日本の将来をも憂慮する。また逆に、現在の高速道路や護岸工事された川を見て、古き良き時代の風景を思い出す老人もいる。現在の車や飛行機の騒音が、かつての閑静な風景の記憶を誘発させることもある。また孫の、テレビゲームに興じる姿を見たときに、思い出すことも。

これら風景は、今は無き友人や兄弟をも思い出させる。無くしたたくさんの友人に、もう一度会ってみたい、と答えてくれた老人もいた。

原風景は、苦しいときのよすがにもなる。従軍中に戦地で思い出し、生を支える役割を演じてもいた。このように、人を勇気づけるだけでなく、様々な感情を引き出す風景でもある。悲しくなったり、腹立たしくなったり、満足感にみちたり、あるいは、よくぞここまで生きてきたものだ、との思いも。

そして、多様な感覚が、これら風景を支えている。山のビワを取って、谷川の水で洗って食べると、冷たくて美味しかった、など木の実をとって食べる思い出は多い。山に入って小動物を追いかけたり、昆虫を採集する思い出、あるいは、川に入って、小魚やカニを捕る思い出も多い。蝉《せみ》の鳴き声や寺の鐘の音も、これら思い出を彩る。

また、樹も重要な要素である。なぜか多くの人が樹の思い出を語る。夏の暑い日に、神社の大木の下で、道行く人々が休んでいる風景。公園の大きな木で、ブランコをした思い出。大きな柳の木を陣地に、兵隊ごっこをしたこと。大きなグミの木があり、期せずして子どもたちがそこに集まって遊んだなど、樹の記憶は多い。それら樹が、簡単に伐られてしまうことを嘆く人たちもいる。

この樹の思い出については、岩田自身も『日本人の原風景』のなかで、私の原風景として述べている。樹の原風景は、何か私たちにとって重要な意味をもっているのだろう。

もうひとつ興味深い調査結果がある。これら原風景で呼び出された場所の多くが、民話で語られる場所と一致しているのだ。それらを第二話の表1に、※印で示した。例えば、第二話で紹介した「おんばのほところ」は、次のような原風景として語られている。

杉谷川をスガタンと呼びました。その流れは昔はもっと少なかったです。今も昔もあまり変わっていません。おんばのフトコロは、細いあまり人に知られていないところでした。昼でも、この辺りに畑を持っている人の他は、通らない淋しい小道でした。池田城への間道とも聞いています。この道は、大広寺の下に通じてました。犬をつれての散歩の往復に、杉谷川にかかる小橋を通るとき、昔のことを思い出します。

はるけきも生きてきたものぞ、と。思い出の原点ですね。

やはり民話の樹も原風景として語られる。池田で伝承されている「衣《きぬ》掛《か》けの松」(図4・5の22)も、池田の人たちの原風景に登場する。

従軍中はよく思い出しました。復員で石橋駅から箕面川の鉄橋を渡って五月山が見えてきたとき、生きていることを実感しました。昭和二一年の七月一日のことです。池田生まれのわれわれには、五月山が原風景です。衣掛の松が車中から見えました。

この「衣掛けの松」は、呉織《くれはとり》、漢織《あやはとり》の伝説であるが、一般的には、このような松は不変、長寿の象徴として神聖視され、神の依り代《よりしろ》として認識されてきた。そしてまた、「羽衣《はごろも》説話」との類似に思いを馳せたとき、この松が天と地を結ぶ、世界樹であったことに気づくのだ。

そういった場所は、これまで図示してきたように、人間の居住区と自然との中間に位置する。それは、図8でいえば、自己の領域に属し、聖書でいえば、園の中央に位置する、そういっていいだろう。つまり、このような場所が、私たちのまわりに、確かに実在したのだ。

池田のある老人が語った、原風景を思い出したときの印象的な言葉がある。「またなつかしい所に行って昔を思い出し、苦しさをのりこえて行くようすがにしたいと思った事、たびたびです」。また別の老人は言う。「風景や情景は、すべて私自身であると思います」。

最後に、これは池田の老人の思い出ではないが、樹についての素晴らしい思い出と、知恵が得られるので紹介しておこう。ある作家の思い出である。

祖母について数多くある思い出の、後のほうのものですから、私は七、八歳だった、と思います。戦争の間のことです。祖母はフデという名前でした。そして私だけに秘密を打ち明けるように、名前のとおり、自分はこの森のなかで起こったことを書きしるす役割で生まれて来た、といいました。もし、祖母が、帳面といっていたノートにそれを書いているのなら、見たいものだ、と私は思いました。なにか遠慮があって、それを遠廻しにたずねてみると、いいえ、まだはっきり覚えているから、という答えでした。もっと年をとって、正しく覚えていることが難しくなったらば、書くことにします。あなたにも手伝ってもらいましょうな！　とも祖母はいいました。本当に、それを手伝いたいものだ、と私は思いました。そうでなくても、祖母の話を聞くことが好きだったのでした。祖母は覚えていることをいかにも自由に生き生きと話す人なのです。話すたびにいろんな廻り道をしながら、私もよく知っている土地の場所や家や人の名を、あの大きな椿の茂みのあるところとか、あの家の三代前のサエモンという人とか、そして調子に乗ってくると歌うように話し続けます。その話のひとつに、谷間の人にはそれぞれ「自分の木」ときめられている樹木が森の高みにある、というものがありました。人の魂は、そのとです――根もと、というこ「自分の木」の根方――から谷間に降りて来て人間としての身体に入る。死ぬ時には、身体がなくなるだけで、魂はその木のところに戻ってゆくのだ……私が「自分の木」はどこにあるだろうか、とたずねると、これから死のうという時、ちゃんと魂の目をあけていればわかるでしょうが! という答えでした[17]。

注

（1） 小澤俊夫編（一九八六）『世界の民話 29 マヨルカ島』ぎょうせい、一三三～一三四頁。

（2） ポーティウスは、「認知しにくい心象世界というものは、人間の心が感覚世界をメタファーに満ちた景観に変換するときに生ずる」と指摘する。米田巖・潟山健一訳編（一九九二）『心のなかの景観』古今書院、vii頁。

（3） ウラジミール・プロップ（一九八七）『昔話の形態学』白馬書房。プロップは、膨大なる数のロシアの昔話を比較分析することによって、次の様な結論にいたった。一、昔話の恒常的な不変の要素となっているのは、登場人物たちの機能である。その際、これらの機能が、どの人物によって、また、どのような仕方で、実現されるかは、関与性をもたない。これらの機能が、昔話の根本的な構成部分である。二、魔法昔話に認められる機能の数は、限られている。三、機能の継起順序は、常に同一である。四、あらゆる魔法昔話が、その構造の点では、単一の類型に属する。プロップはその機能が三一からなると見たが、それは常にどの昔話でも揃うわけではない。

（4） これら動物と役割の、シンボリックな意味については、マリー＝ルイズ・フォン・フランツ（一九八一）『おとぎ話のなかの影』人文書院、を参照。

（5） 河合隼雄（一九七七）『昔話の深層』福音館書店、八二～八六頁。

（6） 岩田慶治（一九九〇）『花の宇宙誌』青土社、二六三頁。
（7）関根康正（一九八二）「原風景試論」『季刊人類学』一三―一、講談社、一八八頁。
（8）奥野健男（一九七二）『増補　文学における原風景』集英社、五六頁。
（9）高橋義孝（一九七八）「「原光景」と「原風景」」『思想』六五三、岩波書店、三五頁。
（10）星野命・長谷川浩一（一九八二）「幼少期の原風景としての風土」『人類科学』三四、五三頁。
（11）岩田慶治（一九七七）「日本文化の深層」『諸君』九―一一、文藝春秋、一六一頁。
（12）寺本　潔（一九九〇）『子ども世界の原風景』黎明書房。
（13）勝原文夫（一九七九）『農の美学』論創社、Ⅲ頁。
（14）スティーヴン・キング（一九八七）『スタンド・バイ・ミー』新潮社。
（15）岩田慶治（一九九二）『日本人の原風景』淡交社、六頁。
（16）佐々木高弘（一九九八）「池田の原風景」『新修　池田市史　第5巻　民俗編』池田市、六一六～六三二頁。
（17）大江健三郎『「自分の木」の下で』朝日新聞社、二〇〇一、二〇～二一頁。

Part II

伝説

このあたりにはそのような貴重な伝説がたくさんあるのだ。地方色ゆたかな物語や迷信は、こういった辺鄙な、長いあいだ人が住みついていた僻地でもっとも盛んになるのだが、アメリカのたいていの町や村を形づくっているのは移りゆくひとびとなので、その足の下で踏みにじられてしまうのだ。そのうえ、ほとんどどこの村でも、幽霊に元気をつけるものがなにもないのだ。幽霊が墓にはいって、先ず一眠りして、寝返りをうつか、うたないうちに、まだ生存している友だちは近所を去っていってしまう。だから、幽霊が夜なかに出てきて徘徊しても、訪ねてゆくべき知合いが残っていないのである。

（ワシントン・アーヴィング『スケッチ・ブック』新潮社、一九五七（原書は一八一九～二〇）、二二六頁。）

しかし昔話がおいおいに研究せられて来ると、いかに内容では縁の深いものがあろうとも、その成立ちから見て伝説はハナシでなく、その世に伝わっているのはコトであって、コトバでなかったことを感ぜずにはいられない。

（柳田國男『口承文芸史考』（『柳田國男全集』第八巻所収、筑摩書房、一〇三頁）、一九三五。）

第五話　映画から伝説へ

1　首なし騎士の伝説から
——映画『スリーピー・ホロウ』

　ある人たちのいうのには、これはヘッセからアメリカに渡った騎兵の幽霊であり、独立戦争のとき、どこかの小ぜりあいで、大砲の弾丸に頭をうちとばされたもので、ときたま村の人たちが見かけるときには、夜の闇のなかを疾走し、あたかも風の翼に乗っているようだということだ。その亡霊のあらわれるところは、この谷間だけに限らず、ときには近所の街道にも及び、特に、そこから遠くないある教会の付近にはよくあらわれるのだ。じっさい、この近傍のもっとも信頼すべき歴史家たちのなかには、この亡霊についての噂を集めたものがあり、彼らが比較検討したうえで言明するところでは、この騎士の死体はこの教会の墓地に埋葬されているが、その亡霊は夜な夜なもとの戦場に馬を駆り、頭をさがすのである。亡霊が夜明け前に墓場へ帰ろうとしているのだということだ。これがこの伝説的な迷信の大意であるが、この迷信が材料になって、この幽霊が出る地方にはいくたのふしぎな物語ができあがった。この亡霊はどの家の炉ばたでも、「スリーピー・ホローの首なし騎士」という名で知られている[1]。

　ここ数年、亡霊や妖怪、魔術や異界を描く映画が目立つ。一九九九年に公開された『スリーピー・ホロウ』という映画もその一つである。首の無い騎士が馬に乗って、スリーピー・ホロウというニューヨーク近郊の村に出没し、村人たちの首を切断し、そしてその首を奪ってゆく。原作となったのは、一八一九年に刊行されたワシントン・アーヴィングの『スリーピー・ホローの伝説』で、右にあるのはその一部抜粋である。そしてそこにあるように、この小説は伝説を原典としている。アメリカでは誰もが知る、名を馳せた伝説らしい。

伝説という民話の一ジャンルは、このように、亡霊や妖怪を語るものが多い。それが近年、流行する映画の土台となっている。伝説とは、いったいどのようなものなのか。

伝説の特徴は、昔話と比較されて、次のように指摘される。

①伝説は真実にあったと信じられてきたのに対して、昔話は真実のものとは言えず、「あったかなかったかは知らぬ」ものとして、むしろ虚構の含まれるものとして叙述されてきていること。

②伝説は特定の時代、人物、地域と結合し、かつ特定の事物を証拠として伝えるのに対して、昔話は「昔」「ある所」「ある人」などと一般的、不確定な時代、人物、地域によって叙述されること。

③伝説は叙述に一定の形式をもたず、さまざまな方法によって、真実性を主張するのに対して、昔話は一定の叙述の形式により、空想の世界にはばたいていること[2]。

伝説と昔話は、このように比較されて、はじめてそれぞれの特徴が浮かび上がってくるのだが、逆に言えば、それほど内容に差はなく、極めて近い関係にあると言える。しかしそれは、外部に佇む研究者の眼差しであって、語る側にとっては大きく違う。昔話は嘘の話であるのに対して、伝説は真実性を主張する「本当の話」だからである。当事者にとって、この差は大きい。

この伝説の当事者、つまり語り手たちの立場からすれば、以下のような差異も指摘できる。彼らにとって伝説は、本当にあった過去の出来事の記憶であり、記述されなかった、口承の歴史なのだ。であるから、出来事が中心になる。たいていそれらは、不思議な事件だ。つまり妖しい怪が、座の中心を占めることになる。それに対して、昔話はその怪に遭遇し、それを克服する主人公の心内や行動、つまり人間の心の葛藤や勇気、そして愛や悪意に感心が集まる。

かくして昔話は、聴衆の目を主人公の行動に惹きつけ、その他の要素をすっかり洗い流し、純粋にストーリーだけが発達する。それに対し伝説は、様々な証拠物という荷物を背負い、ついに動けなくなり、地域に土着する。そのようなことから、伝説はストーリーよりも、時代や人物、場所の特定に重きを置き、昔話は、「むかしむかし、あるところに、おじいさんとおばあさんが……」となる。

伝説は、私たちの過去にあった本当の出来事を語る。だから当然形式はない。私たちだって、毎日あった出来事を人に語る。形式なんてない。昔話は、ストーリー重視だから、人によって、その筋がちょくちょく変わったのでは困る。だから語りは、自ずから形式的になる。しかし、依然、内容は酷似しているのであった。

つまり大きく違うのは当事者の態度なのだ。研究者から見れば、同じ様な話でも、語り手たちから見れば、全く違うものなのだ。したがって私たちは、昔話とは異なる眼差しを、伝説に注がねばならない。

このように考えてくると、映画で語り直すのには、伝説の方が都合いい。いくらでも、変化を加えることが可能だからだ。伝説には、いくつも解釈があっていい。その点は、やはり歴史なのだ。

とはいえ、なぜ私たちは今、映画でこのようなものを語り直そうとするのだろう。そして、大へん多くの人たちが興味を持つのだろう。

実際のこのような古い伝説は、今消えかかっている。私が調査に訪れるような村落では、これら伝説は「バカバカしいもの」として、子どもたちに向かって語られなくなり、消滅しかけている。なのに、映画や小説では、大へん多くの若者たちをとらえている。なぜか。

もちろんメディア媒体の違いは大きい。村の古老たちは、口をそろえて言う。「今の子どもは、こんなバカげた話よりも、テレビやコンピューター・ゲームの方に関心があるから、聴いてくれへんよ…もう私らでこの話も終わりやね」と。私もそう思った。だから出来るだけ多く記録に残そうと、頻繁に調査地へと出かけた。

近ごろ、違う、と思うようになった。なぜなら、変わったのはメディア媒体や表現レヴェルなのであって、その伝える内容そのものではないかからだ。

2　首切れ馬の伝説へ
——日本のとある村落社会の伝説

映画『スリーピー・ホロウ』でも、その騎士はヘッセンの兵士だった。アメリカをイギリスの支配下に置こうとする、ドイツの王たちによって送り込まれた、アメリカ独立戦争時の戦士であった。しかし彼の目的は、政治でも、報酬でもなく、殺戮そのものにあった。その騎士が敵に追われて落ちてゆく。とある森へと逃げ込んだとき、そこに二人の幼い少女がいた。騎士はすかさず口の前に人差し指を立て、小声でシーッ……。ところがその時、少女の一人が、持っていた木の枯枝を折る。その音が深閑とした森のなかに響き渡った。追っ手たちは聴き逃さなかった。音が追っ手を呼び込み、騎士は首をはねられてしまう。首は追っ手たちによって、その森に埋められた。その亡霊が、十八世紀の世紀末にスリーピー・ホロウという、オランダ人入植者の村に出没する。その少女は、スリーピー・ホロウの者だったのだ。
私は、日本のとある村落で語られた、似たような伝説を手許に持ち合わせてる。紹介しよう。

戦国の世のことである。石井《いしい》町徳里《とくのさと》の在に与作という水のみ百庄がいた。或る夏の夕方、鎧《よろい》、具足《ぐそく》に身をかためた落武者が「一晩だけかくまって呉れ」と入ってきた。与作はあとのたたりを恐れて断った。まもなく追手の武士が現れ、その武士は討ちとられ首を切られた。与作はいつしかこの事を忘れていた。ところが秋になって不思議なことが起こった。村の田んぼは一斉に稲穂が出揃ったが、与作の田は穂が一本も出ないのである。村人たちの間で落武者のたたりだという噂が広まり、与作ともども落武者の供養を行ったという。時は流れ明治の中頃、札の辻の北の街道一帯で変な噂がたった。丑みつ時に首切《くびき》れ馬が通るというのである。一番最初にみつけたのは豆腐屋の平助で、夜中にふと目をさますと、鎧武者の金具の音がするので不思議に思い、戸のすき間からのぞくとびっくりした。ぴかぴかの金具のついた鞍を置いた首のない馬が、西の方から東へゆっくり歩いていった。平助に続いて次つぎにみたという村人が出て村中噂となり、村の古老達が集まって昔徳里で首を落とされた落武者の亡霊だという。

私は、この伝説を、とある村落で実際に古老から聴き取った。もっと正確に言うと、古老が記述したものをいただいた。古老は、村の歴史を調べる地元の歴史家、いわゆる郷土史家だったのだ。
伝説というものは、いくらでも解釈できることは先に述べた。だから、いくつもの解釈をともな

った、ヴァリエーションが存在する。このとき私は、そのヴァリエーションを、丹念に採集してまわっていた。古老は言った。他にも似たような話があるが、それらはみんな嘘、しかし、これには自信があります、と。彼は地元の郷土史家である。だから、伝説の収集をし、子どもの頃から聴いていた伝説と、他家、他集落のそれとを比較できる。そうでなければ、生まれ育った家の伝説を信じるしかないのだ。ところが彼は、幼少のころ聴いた伝説を信じない。そして他集落のこの伝承を支持するのであった。最初に引用したワシントン・アーヴィングの、首なし騎士に対し、真実を追究しようとする、「この近傍のもっとも信頼すべき歴史家たち」の態度と、いかにも似ている。この態度は昔話にはない。

私は、この態度が重要だと思っている。昔話にはない、この伝説に対する人々の接し方にである。ところが、今までの伝説研究には、このような視点がなかった。

私たちが、日本民俗学における伝説の研究史をふりかえったとき、多くの研究が、伝説をコトあるいはハナシという、二つの視角から見つめてきたことを知らされる。まず柳田國男《やなぎだくにお》がコトの側面を強調し[3]、その後の研究がハナシの側面に焦点を当てた[4]。コトの側面とは宗教的側面、ハナシの側面とは文芸的側面のことを言う。ところが近年、例えば、伝説を「宗教としてとらえることは研究を不自由にする[5]」という主張や、「口承文芸の枠を越える伝説の複雑な特質[6]」など、伝説研究の、これら二つの側面からの脱却がうたわれ始めている。

なぜか。その主な理由を、民俗学者の斎藤純《さいとうじゅん》は、従来の伝説研究の問題点を指摘しながら、次のように言う。「各地の伝説の比較から、伝説の原型や影響関係、形成過程、伝播者、宗教勢力の消長などを読みとる研究において、テキストと伝承者とのかかわりが、十分明らかにはされていない」のだと。

私たち研究者は、伝説を得るために、伝承されている土地を訪れ、伝承者から伝説を聴き取り、そして研究室に持ち帰る。そして集めてきた伝説をあれこれと分析してきたのだが、どうも採取した伝説とその所有者である伝承者との関係を置き忘れてきた、というわけだ。

もう少し詳しく、斎藤の指摘を見てみよう。伝説の宗教的側面、コトからの研究では、伝播者の活動、つまり宗教勢力の展開や布教といった点に目を注ぐのだが、そのような研究においては次のような問題点が生じる。

①土地ごとに伝承してきた人々の伝説への関与が低く見られ、土地の伝承者とは、かつて存在した原型の不完全な痕跡を保持する者という印象を持たれる。

②また伝承地も伝播者の活動を推定するインデックスという役割しか持たされなくなる。

伝説とは、宗教者が各地を布教しながら、ばらまいて歩いたものだ、とする前提がある。その前提に立てば、各地に分布する伝説は、確かに、かつて存在したある宗派の活動を跡づける資料となろう。そのとき、研究者にとって数ある伝承地は、その宗派の活動の索引集にすぎない。と同時に、伝承者もその宗教の原典から見れば、まことに不完全な痕跡、あたかも割れた一片の土器の所有者と見なされる。

同じことが、文芸的側面、つまりハナシの研究でも生じる。伝説の原型や形成過程を考える文芸的側面からの研究では、

③原型の再構成や形成過程の跡づけがモチーフの機械的な離合集散という印象を与えてしまい、その背後の人間の心性や活動が見えない。

④そしてこれらの結果、伝承資料が原型の痕跡とされてしまう[7]のである。

ここにも想定された完全な土器がある。そしてあちこちから集めてきた破片を、研究室でパズルのように、組み立てている民俗学者がいる。そのような場では、伝承資料は破片にすぎない。その破片をなぜ長い間、ある伝承地に棲む、ある伝承者が持ち続けてきたのか。彼らは、それは問わない。

もしそれが、単に完全な土器の破片でしかないのなら、彼らは破片を後生大事に抱えて生きてきた愚か者となる。また、かつて完全な形があったのなら、割れた原因は彼らにある。これは土器での喩えだが、伝承で言えば彼らの記憶の問題となろう。古くは民俗学者が、伝承者を一級、二級などとランク付けていたのはこのためだ。

私たちも、ある出来事に遭遇したとき、それを記憶する、そして語る。後に、その場に居合わせた人たちが、再び会ってその事について話し合ったとき、食い違う。彼らの記憶に問題があるのか、それとも他に理由があるのか。

人の知覚は、人それぞれの感覚や価値観やイメージによって異なる。対象が目の前にあっても関心が無ければ、その存在にだって気づかないものだ。なぜ土器の破片を、彼らが後世まで伝えようとしたのか。それは、彼らが出来事をそう知覚したからである。彼らにとって、それは破片なのではなく、完全な土器なのだ。場合によっては、出来事の生起そのものを否定する者もいる。なぜ彼は、その出来事をなかったと主張するのか。痴呆なのではなく、彼には意図があるのだ。斎藤の言うように、その背後には人間の心性や活動がある。

おそらくここにも、人文系学問に及ぼした近代科学の影響がある。一つは、真実は唯ひとつ、とする前提。そしてもう一つは、因果律。場所から伝説を引き剝がし、実験室に持ち帰り、最初の原型、つまりかつてあった真実を探すべく、因果律で考える。今ある状態は変わり果てた姿であって、もとの形は唯ひとつなのだと。もうそこには、伝承者や伝承地、時代や場所や人物、といった泥や塵は洗い落とされてない。また人の記憶を疎んずるところもある。記述されたものは確かだが、記憶は不確かだという。ここにも視覚の優位がある。

アーヴィングは言った。幽霊は友達がいなければ、訪ねる先がないと。伝説研究も、伝承者や伝承地がなければ、訪ねるべきところがないのだ。

3 映画と伝説の共通点
――『スリーピー・ホロウ』と首切れ馬

伝説研究は昔話研究に比べて、発展しなかった。理由は色々と指摘されているが、いずれも、近代科学の対象にそぐわないとされたからだろう。ある者は、「科学的分類法を確立するためには、伝説はその資料の量が無限といえるほど膨大であると同時に、あまりにも無形式に過ぎて学問対象になり難い[8]」と、そしてある者は、「伝説のばあい……、どうしても特定の地域・場所・時期・時代、そして登場人物の固有名詞が語られることになる。話をなんらかのかたちで真実性をもったものとして定着させたい、そいういう意図がはたらくんでしょうね。固有名詞、たとえば何時代の何天皇のころの物語というふうにつくりあげてしまう。したがって、伝説には歴史的真実として語ろうとする意図がつよいということになる。ところが皮肉なことに、そのために虚構であることが暴露してしまう[9]」と。

これらの意見には前提として、近代科学の世界観がある。嘘など研究してどうなるのかと。しかし、何度も言うように、その判定は外部に佇む研究者の視点なのだ。そんなものは、伝説の意味を問うとき、何の役にも立たない。

私は、学生たちに、どうして最近、幽霊や妖怪を描く映画が流行るのでしょうと、問うたことがある。多くの学生は次のように答えた。「現実が厳しいので、逃避したいのでしょう」と。確かにそうかも知れない。しかし、それなら、恋愛映画や戦争映画でもいいじゃないか。でも彼らには、その存在は逃避先としてしか写らない。真面目な議論の矛先にはならないのだ。ここでも、幽霊や妖怪など、存在すらしないものを云々する価値は認められない。

しかし、価値というものは、立場が違えば、すぐに寝返る。むかし調査地で、ある老人に話を聴いているときのことだった。その老人が語りだしたのは、典型的な日本の昔話だった。私は聴き始めて、すぐに話型を分類することが出来た。しかし、話を終えた老人は、私に向かって念を押した。これは民話じゃなくて、本当の話じゃよ、と。迫力があったのか、この言葉が私の頭に数年こびりついた。もちろん伝説に分類されることは、頭では分かっている。しかし、なぜなんだろう。おそらくよそから入ってきた、この典型的な昔話を、なぜ彼らは真実としなければならなかったんだろう。語り手の立場を考えるようになった。

語り手の立場とは、彼が所属する社会の通念や考え方、価値観といった、人やモノや場所などのあらゆる関係性を巻き込んだ、大きくまとめれば世界観、コスモロジーを意味する。キリスト教社会がイスラム社会の真実を否定することは簡単である。しかしそれでは、彼らの立場は理解できないだろう。無神論者が宗教者の態度を現実逃避というようなものだ。世界観が違うのだ。

映画もしたがって、見る側、つまりそれを受容した社会の視角から見つめる必要がある。映画のなかの幽霊や妖怪も、訪ねる先があるから、つぎつぎ制作されるのだから。

もう少し、『スリーピー・ホロウ』と首切れ馬の共通点を探してみよう。人々の接する態度、見る側、聴く側、それを受容した社会の側からの共通点を。

ストーリーの類似性は先に少しみただろう。戦の落武者が、村人のある行為によって追っ手に討たれ、首を切られる。その後、時が経って、その村に首なし騎士や首切れ馬として出没する。いずれもヘッドレスの状態で。映画では、相続争いにかかわって、悪事を働いた村人の首を、首なし騎士が切断してまわった。私が得た伝説のなかには、相続争いで出没したり、悪事を働く村人の首を切断する首切れ馬もいた10)。人々は、似たような原因やきっかけがあれば、似た形態の妖怪を生みだし、似たような行動をとらせるようだ。

つぎに時代であるが、両者とも、独立戦争や戦国時代という、時代の大へんな変革期を話の発端としている。そして話は時を移す。映画では、一七九九年、伝説では明治時代。アメリカの独立戦争は一七七五年にはじまり八三年に終わる。映画では一七七九年に首を切られたとあるから、二〇年後に呼び出されたわけだ。伝説では、戦国時代から明治時代まで三〇〇年ほどの間をあける。しかし映画の場合、公開された年を勘案すると、一九九九年、これまた世紀末だが二〇〇年以上たったことになる。細かいことはいい。問題は、社会状況である。時代の変革期であることは、間違いない。世紀末はそのことを象徴している。

もう一つ大きな共通点がある。それは近代と関係がある。一七世紀からはじまった市民革命、一八世紀は理性の世紀と呼ばれ、一八世紀後半には産業革命が起こる。そのような時代を背景として、アメリカの独立戦争も起こる。そして一七九九年のこの事件、ニューヨークの警察は、科学捜査を村に持ち込むが、そこで待ち受けていたのは首なし騎士の妖怪だったのだ。科学対妖怪の構図がここにある。科学からすれば、妖怪は迷信だ。

日本の伝説も似ている。戦国時代も当然、時代の変革期であるが、明治は西洋近代が日本に導入された時代だ。そんな時代に、首切れ馬が登場するのは単なる偶然か。おそらく違うだろう。なぜなら明治になって妖怪の撲滅運動が日本で展開しているからだ。各地に存在する言い伝えを、迷信と断罪し、追放しようとした運動が。つまりここ

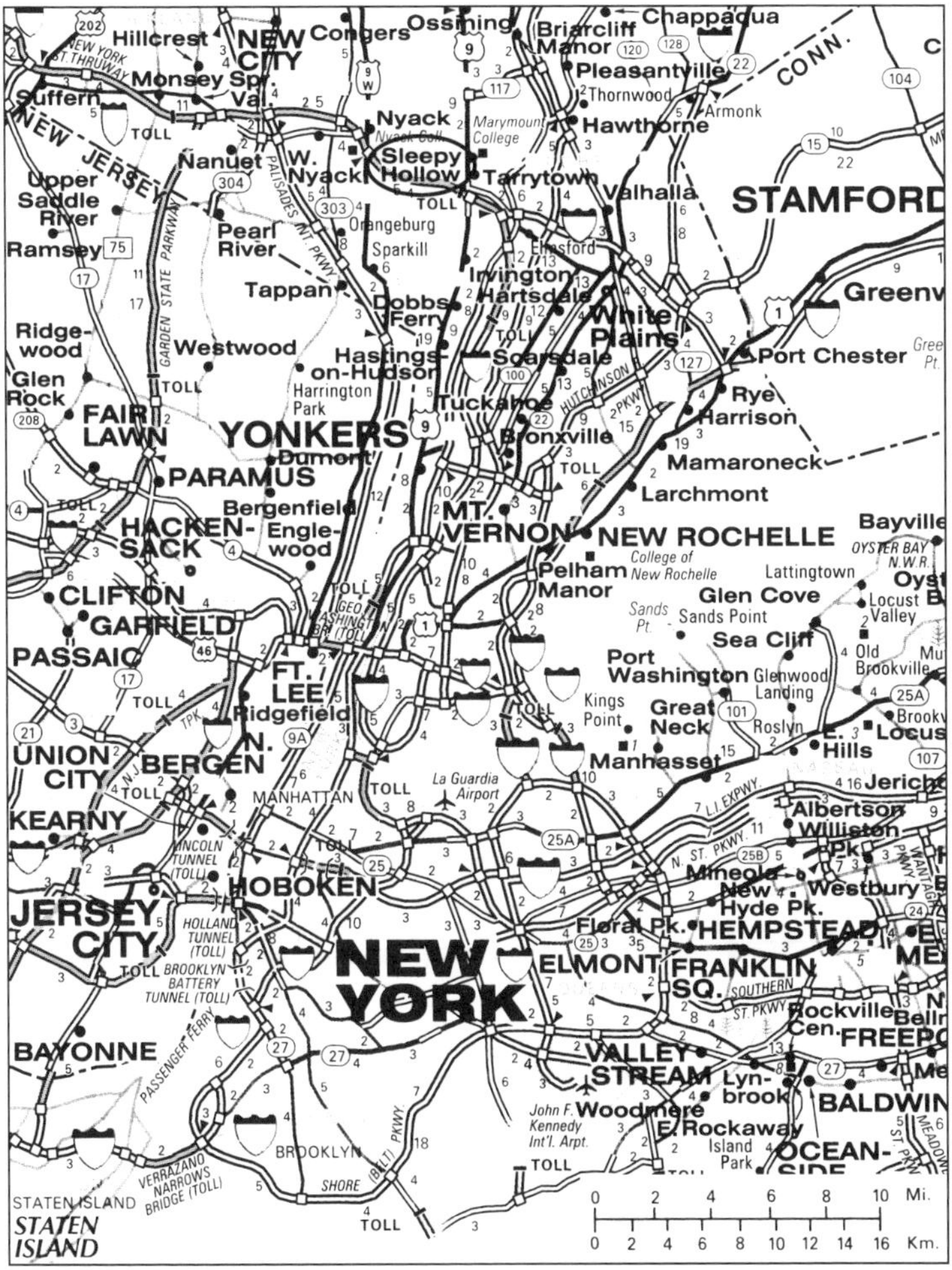

図10　スリーピー・ホロウ村の位置

地図上端付近の楕円の囲み

でも、近代対妖怪の構図が浮かび上がってくるのだ。

これも共通点だが、そんな折りに、村の長老たちが集まって、協議する。そして昔の事件が呼び起こされ、その祟りだとする。押し迫る近代と、それにとまどう、あるいは抵抗する、村人たちの姿、そういった生々しい時代の状況が、両者に描かれているのだ。

場所も興味深い。スリーピー・ホロウは今も実在する村である。ニューヨーク近郊とあるように、ハドソン川を北上したタリータウンのすぐ北に隣接している（図10）。伝説は、徳島県石井町で採取された。石井町は徳島市の西に隣接する、やはり都市近郊農村である。近代の場所と、前近代の場所、その境に出るのだ。

象徴的な場所も類似する。樹である。首なし騎士は、西の森にある「死者の木」から躍り出る。首切れ馬は、阿波《あわ》の北山の麓にある大樹の陰から、ぬっとあらわれる。樹はここでも、二つの世界をつなぐ場所らしい。ただし、ここでは「あの世」と「この世」の。

さて、なぜ今なのか。これら共通点から見れば、今おそらく私たちも、このような変革期にいるからだ、ということが言えるのだろう。

私たちの間で、二〇〇一年から大流行したのが『千《せん》と千尋《ちひろ》の神隠《かみかく》し』である。海外でも数々の賞を受賞し、二〇〇三年のテレビ放映では、四〇％以上の視聴率を得た。大へんなことだと言ってよい。神隠しとは、古くから日本社会で使われてきた言葉で、ふっと人がいなくなる現象を指す。かつて人々は、それを神が隠した、つまり異なる世界へと隠されてしまった、と考えたわけだ。

ところが私たちはそうは考えない。自ら疾走したのか、誰かに拉致された、あるいは人知れず亡くなったのか、そう考えるだろう。なぜなら、様々なコトや場所や人との関係性を、近代科学的な世界観で考えるからである。異世界へなど、行くはずがないのだ。しかし、かつての日本人はそうは考えなかった。世界観が違ったのだ。

私たちはもう神隠しの世界観にはいないはずだ。なのにどうして、と考えるのは私だけだろうか。ひょっとして、私たちの身のまわりで、世界観を変えるような、何かが起こっているのだろうかと。

映画では、小学生の女の子「千尋」が、成長していく過程を描いている。その過程で、作者は異界を訪問させた。そこにはよろずの妖怪（神々？）がいた。なぜ異界を訪問し、小学生を妖怪に遭遇させたのか。そして人々はなぜ受け入れたのか。単に現実逃避ではあるまい。

千尋はなぜ、神隠しにあったのだろう。私が注目したのは、映画の最初に描かれる、引っ越しである。大人にとって引っ越しは、そう大したことではない。なぜなら、移動能力の優れた現代社会において、そしてそれを存分に利用できる大人にとって、また肥大化し多様化した現代社会の、社会関係や人間関係は、引っ越しくらいで、びくともしないからである。しかし子どもは違う。引っ越しで、場所から引き離された千尋は、すべての人間関係、社会関係を失う。そしてまったく新しい関係性のなかに入ってゆかねばならない。その不安は、子どもの頃に似たような体験をした者にしか、分からない。いや大人になったらそれも忘れてしまうだろう。

この、人の場所からの離脱は、当事者の世界観に影響を与える。近代が私たちに広めたものは、実は人と場所との分離だったのではないか。それを千尋は一人で体験した。そして異界を訪問し、妖怪に遭遇する。これは、先の伝説や映画と同じ構図なのだ。彼女は、異界で名を奪われる。それは「大工と鬼六」でもそうであったように、異なる世界観による支配を意味する。

なぜ多くの人たちに受け入れられたのか。映画では私たちが当事者だ。だから自身の状況はよくわからない。しかし伝説から映画を見たとき、浮かび上がってくるものがある。それは、今私たちが、異なる世界観による支配を受けつつあり、場所から切り離されるような状態にあるからなのだと。

注

(1) ワシントン・アーヴィング（一九五七）『スケッチ・ブック』新潮社、一九四～一九五頁。
(2) 稲田浩二他編（一九九四）『日本昔話事典』弘文堂、六一八～六一九頁。
(3) 柳田國男（一九三五）『口承文芸史考』（『柳田國男全集』第八巻所収、筑摩書房）、一〇三頁。柳田國男（一九五〇）『日本伝説名彙』日本放送協会。
(4) 三浦佑之（一九八九）「伝説の言葉―〈物〉に向かう表現―」『日本伝説大系』別巻一、みずうみ書房、二三五～二五四頁。
(5) 斎藤純・小池淳一（一九九一）「歴史を取り戻すために―「伝説」という問い―」『〈口承〉研究の「現在」―ことばの近代史のなかで―』筑波大学歴史・人類学系日本民俗学研究室、六〇頁。
(6) 岩瀬博（一九九〇）『伝承文芸の研究―口語りと語り物―』三弥井書店、九五頁。
(7) 斎藤純（一九九二）「伝説研究の動向」『日本民俗学』一九〇、一二三～一二四頁。
(8) 荒木博之（一九八九）「伝説研究の課題と展望―世界の視座から」『日本伝説大系』別巻一、みずうみ書房、九～三五頁。
(9) 小澤俊夫・桜井徳太郎・宮田登（一九八二）「〈座談会〉伝説と昔話」『歴史公論』八〇、一〇～三四頁。
(10) 相続争いと首切れ馬の関係については、佐々木高弘（二〇〇〇）「記憶する〈場所〉」『記憶する民俗社会』人文書院、一〇一～一五三頁を参照。

第六話　伝説の場所

1　人と場所の分離
——映画『もののけ姫』から

さて困ったことになった。かのシシは遥か西のくにからやって来た。深手の毒に気ふれ、身体は腐り、走り走る内に呪いを集め、タタリ神になってしまったのだ。アシタカヒコや、皆に右腕を見せなさい。アシタカヒコや、其方《そなた》には自分の運命《さだめ》を見据える覚悟があるかい？「ハイ、タタリ神に矢を射る時、心を決めました」。その痣《あざ》はやがて骨まで届いて其方を殺すだろう。誰にも運命は変えられない。だが、ただ待つか、自らおもむくかは決められる。見なさい、あのシシの身体に食い込んでいたものだよ。骨を砕き、はらわたを引き裂き、むごい苦しみを与えたのだ。さもなくばシシがタタリ神などになろうか。西のくにで何か不吉な事が起こっているのだよ。その地に赴き、曇りない眼《まなこ》で物事を見定めるのなら、或いはその呪いを断つ道が見つかるかもしれぬ。「大和との戦に敗れ、この地に潜んでから五百有余年、今や大和の王の力は萎え、将軍共の牙も折れたと聞く。だが、我が一族の血もまた衰えた。この時に、一族の長となるべき若者が西へ旅立つのは定めかもしれぬ」。掟に従い見送らぬ、健やかにあれ[1]。

これは、映画『もののけ姫』の冒頭部分、蝦夷《えみし》の少年がタタリを受け、その解決策を探るべく、村の長であり巫女《ふじょ》である婆の助言を得、西へと旅立つ場面である。人が生まれ育った場所から離脱する、そのような場面からこの物語もはじまる。

この映画も中世から近世への、いわゆる時代の変革期を描いている。時代の変革期は、同時に人々の世界観の変革期でもある。人と人、そして人とモノ、場所などとの、様々な関係性が一度崩壊し、そしてまた、時間をかけて新たに構築される、そういった時代なのだ。

なぜ「もののけ」姫なのか。「もののけ」とは、「モノの怪」と考えられる。つまりモノに、怪が宿っている。怪とは魂や精神と解してもいいだろう。ようするに、モノには魂がある、とする世界観なのである。これまた今の私たちから言えば、異なるコスモロジーなのだ。なぜなら、近代科学の世界観では、モノはモノであって、いかなる魂も、精神も、そこに息づくことは、あり得ないからである。だから、「もののけ姫」というタイトルには、近代科学的世界観に抵抗する姫（つまり人）という意味が込められている。

とはいえ、ときに私たちは、モノをモノとして扱わない、そのような性癖を残している。例えば、大事な人から貰った贈り物、祖父や祖母の形見、幼い頃の思い出がつまったぬいぐるみなど、簡単には捨てられないモノがある。不要なら捨てればいいのに、そうはいかない。かつて、ご飯粒を残すと、「一生懸命作ったお百姓さんのことを考えなさい」とか、「世界にはご飯が食べられない人たちが大勢いるのよ」などと怒られた時代があった。この言葉には、モノの背後に人がいる、モノは単なるモノではない、そのような意味が込められている。今日の日本は、残飯を大量に出す。もうこのような世界観を背景としたお説教は、通用しなくなっているのだろう。

前近代的な社会に、長期滞在する文化人類学者も言う。調査地の食卓に毎日並ぶ食材には、作った人の顔があると。なぜなら、そのような社会では、食材の多くは周囲の人々から贈られるからである。野菜には向かいのお婆さんの、果物には隣のお爺さんの、魚には知り合いの漁師の、鶏肉や豚肉には長い間飼っていた友人の。残せない、という気になる。今私たちは、ほとんどをスーパーで買ってくる。食べ物の向こうに顔はない。残しても、捨てても、悲しむ顔はないのだ。今の価値観で言えば、むしろ、無理に食べるよりも、体重の管理の方が重要だ。

近代科学は、モノから精神を切り離した。そのことが飛躍的に科学を発展させ、その考えが、私たちの日常生活にまで浸透した。つまり世界観を変えたのだ。哲学者の中村雄二郎は、近代科学は、場所から人を自立・離脱させたとも言う[2)]。場所は人と人、人とモノとの関係を構築する土台であった。なぜなら、人もモノも場所を離れては存在し得ないからだった。そんな当然とも思える世界観をうち破ったのが、近代科学だったというわけだ。

「もののけ」は、そんな変革期に出る。モノから魂を切断した人たちに対して出る。ご飯やモノを捨てようとしたとき、「もったいないお化けが出るよ」と言われたように。

映画『もののけ姫』でも、そうだった。中世から近世への過渡期、山奥の森に棲む神々が司る世界観は、近世的合理主義へと取って代わられようとしていた。森の神々の世界観を抱く蝦夷の少年、森を切り開くタタラ衆、そして侍たちに、天《てん》朝《ちょう》側の妖しげな人々。過渡期ゆえに、様々な世界観の所有者たちが、せめぎあう。

場所の描写もそれらを表象している。蝦夷の集落は、広場を中心に家屋が円形に並び、外壁は無く森に抱かれている。集落には巨木がそびえ、鹿の角が掲げられている。集落を見下ろす洞窟には、シャーマンである長がいる。巨木を世界樹、山の洞窟を世界山のシンボルとして見るなら、まさに神話的集落景観と言っていいだろう。このような集落景観は、一般的には狩猟採集民のよう

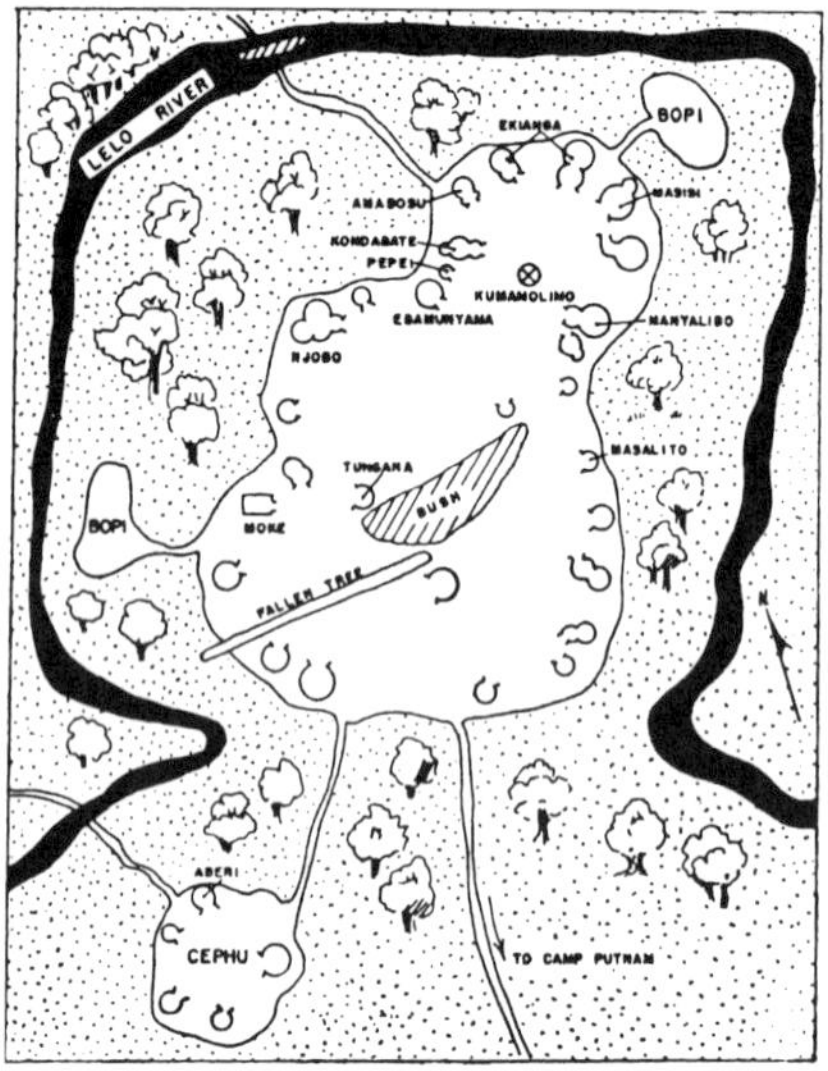

図11　ムブティー・ピグミーの住居配置図
馬蹄形の凡例は住居を示す
ダグラス・フレイザー（1984）『未開社会の集落』井上書店，21頁．

な、土地所有のない、比較的平等な社会に見られる（図11）。

　タタラの集落は、まるで城のように、高い壁を作り、自然と隔絶している。このような集落景観は、土地所有の大小が身分差を生み出す、農耕社会や社会的分業化が発達した社会に見られる文化景観なのだ（図12）。二つの極にある世界観は、人と自然、人と人、人と場所との関係を場所に表象する。

　その関係は象徴的にも場所化される。深山の森の大神である鹿神（シシガミ）は、頭に世界樹を抱き、森の世界樹にも宿る。その象徴は、木霊（コダマ）としても描かれる。木霊に対する、蝦夷の少年とタタラ衆との態度の違いは際だっている。少年は木霊を森の繁栄の印と喜び、タタラ衆は、ものの怪として恐れる。世界観の違いは、人々の環境知覚にも反映される。樹をどう見るかは、ここまで様々な、昔話や伝説、映画の事例で示してきた通りである。ある時は神の声が聴こ

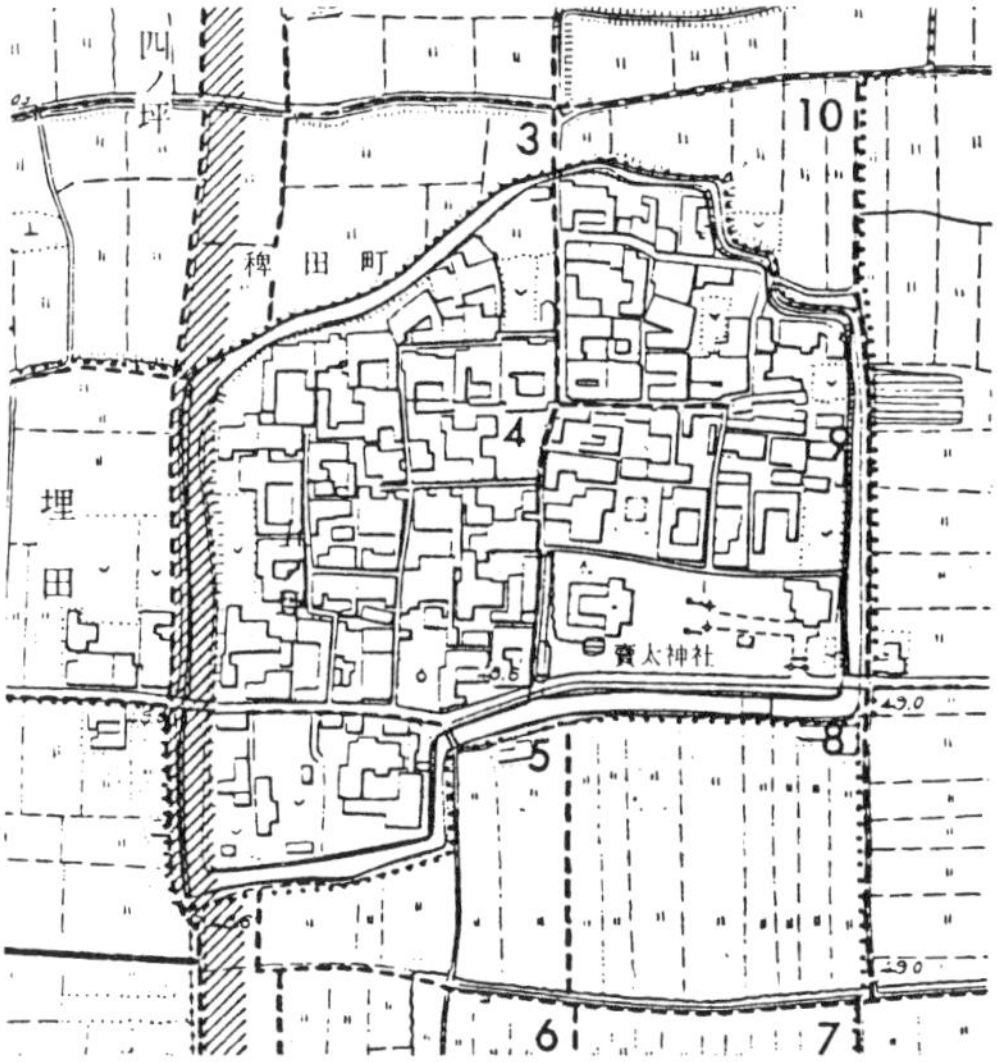

図12　奈良盆地の環濠集落
（大和郡山市稗田）
藤岡謙二郎他（1990）『新訂歴史地理』大明堂，87頁.

え、そしてある時は、「あの世」へ通じる、そういった神話的場所なのだ（図9）。

その神の首を切断する。この行為は、モノから魂の、場所から人の、切断を象徴化している。それがタタラ衆の世界観なのだ。天朝側はそれを裏で操った。かつて天皇は、そのような神を抱いて世に出たにもかかわらず、切断を陰で指揮するのであった。世界観の変革期が、神の首の切断をめぐって象徴的に描かれている。

その神が首を探して、彷徨う。蝦夷の少年と「もののけ姫」は、神の首を天朝側から奪い、神に返上しようとする。切断された首を返す、まさにモノに、怪を返す作業なのだ。それが今、人々に最も受け入れられた映画の一つだったのだ。

『スリーピー・ホロウ』の首なし騎士も、自らの首を求めて彷徨った。それは、鹿神と同じく、近代的世界観に対する、ある種の抵抗を意味したのだろう。伝説の首切れ馬も、実はそうだったのだ。語る人々は、そのようなメッセージを、首切れ馬に託していた、と私は考えている。

2　場所のセンス——時代の変革期に

世界観は文化景観に表出する。蝦夷の広場を囲む円形の集落形態と、世界山、世界樹のシンボリズムは、タタラ衆のそれとは対照的である。どのように家を造り、部屋を割り、整えるか、そしてその集合体としての集落を、どのように形成するか。どこに道を通すか、人々が集まる場所は、耕作地は、作業場は、そもそも集落はどこに配置するのか。これらのアイディアは、人と場所との相互関係から生まれた、生活様式としての固有の文化に支えられている。このように文化を背景とした、場所に対する人々の態度や行動を取りしきる感覚を、「場所のセンス」と呼ぶ。

例えば、家具の配置を考えてみよう。どこにテレビやソファー、食卓を置くのか。その配置のアイディアは、皆同じく備わっているように思えるが、他家を訪問したとき、微妙な違いに、とまどったり、感心したりすることがある。友人の下宿は雑然として整理されていないが、何か落ちつく。あるいは、整然と整えられた部屋の方が、居心地が悪い場合もある。おそらくそれは、部屋の主と訪問者の感覚の問題なのだろう。つまり同じ「場所のセンス」を持っている、あるいは持っていないかなのだ。

服のセンスや音楽のセンスは、個人個人で異なるように思えるが、そこにも背景に文化がある。私たちが、いくらヨーロッパやアメリカのファッションや音楽を真似ても、何かが違うものだ。それと同じように、外国人の家を訪問したときに、家具の配置に驚くことがある。テレビやソファー、食卓の位置に、戸惑うとき、私たちとは、人と人、人とモノとの接し方が異なっているのだ、と思う。世界観が違うのだ。そしてそれが「場所のセンス」にあらわれているのだと。

ところが、「場所のセンス」なるものは、なかなか意識されないようだ。なぜなら、私たちは、自身の、あるいは自文化の「場所のセンス」で整えられた場所に、常に身を置いているからである。あまりにも当たり前すぎて、気づかないのだ。しかし空気と同様、無くなってはじめて、その存在の重要性に気づく。阪神大震災で自身の場所を失った人たちが、場所の回復だけでなく、自身の精神的回復も出来ずにいる。都市の防災や再開発が目的で、伝統的建造物が解体されるとき、人々が見せる過激な反対行動も、人と場所が精神的につながっていることを示している。このように「場所のセンス」とは、自身に、場所との関係性の切断が生じるような危機が、降りかかってはじめて意識されるものなのだ。

転居は、その一つの典型であろう。慣れ親しんだ場所と関係性が切れる。異なる場所で、かつてあった世界を正確に復原するのは容易でない。再度家具を配置するとき、何度も並び替えて、居心地の良い場所を作ろうとするとき、私たちは、はじめて「場所のセンス」を意識し、そして世界の再構築のために、その力を使うのだ。

地理学者のケント・C・ライデンは言う。「場所のセンス」とは、人々が、その場所が何であるかだけでなく、自身と、環境の様々な要素とを、それらの関係性のなかで読み解く能力なのであると[3]。カオスと化した世界を、自身のコスモスへと創りかえる能力なのである。

ところが場所が整えば、また「場所のセンス」は忘れ去られる。このように私たちは、常に場所を整えてきた。しかし必ずまた崩壊の時がやってくる。それを私たちは恐れてきた。

地理学者のイーフー・トゥアンは、そのような恐怖を次のように言う。

恐怖の風景。それは自然の力であれ人間の力であれ、混沌（カオス）を生み出す力が無限ともいえるほどの形となって現れたものだ。混沌を生み出す力はありとあらゆるところに存在するし、その力を防ごうとする人間の試みもまたあらゆるところに見ることができる。ある意味で、人間の手になるもの——物質的なものであれ精神的なものであれ——は、どれも恐怖の風景を構成する要素だといっていい。なぜなら、人間の作り出したものはすべて混沌を封じこめるためのものだからだ。こう考えると、大人の伝説も子供のおとぎ話も、あるいは天地創造神話や哲学体系も人間精神がつくりあげた避難所だといえる。われわれはこの避難所に逃げこむことで、たとえ一時であれ、未知の経験や懐疑が加えてくる絶え間ない攻撃を逃れてくつろぎを得ることができるのだ。

同じように、住居、耕地、都市などの物質的風景も混沌を封じこめている。住居はなかの住人を雨や風から護るための要素であり、それは人間の無力さをつねに思い起こさせる。耕地は人間が自然からもぎ取った土地だが、少しでも努力を怠れば自然はふたたび耕地を元の混沌にもどしてしまう。概していえば、人間が地上に設けた境界線—生け垣、城壁、あるいはレーダー網など—は、どれも自分に敵対する勢力を寄せつけまいとするものである。境界線はあらゆるところに設けられているが、それはとりもなおさず、あらゆる場所に脅威が存在するということだ。隣家の犬、泥靴をはいた子供、よそ者、狂人、外国の軍隊、病気、オオカミ、風、雨などなど、われわれはいたるところで脅かされているのである[4)]。

こういった、世界観にもとづいて構築された場所や風景を脅かす恐怖、それはやはり世界観が崩壊したときにやってくる。それが首なし騎士や「もののけ姫」だと考えるわけだ。『千と千尋の神隠し』で、少女が引っ越しのときに、異界を訪問し、よろずの妖怪に出会ったのは、このような理由があったのだ。

文化人類学者の小松和彦《こまつかずひこ》は言う。「すなわち、人間を取り巻く環境は、自然であれ人工物であれ、恐怖つまり「警戒心と不安」の対象に変貌する可能性を含んでいるのである。その恐怖心が人間の想像力を動員して超越的存在を生み出し、共同幻想の文化を作り上げ伝承する。恐怖に結びついた超越的現象・存在——それが「妖怪」なのである[5]」と。

3 伝説の時間と場所

人々が妖怪を想像するのは、世界観が崩壊するときだ。したがって、その妖しい怪を語る伝説は、そのような変革期に誕生する。

民俗学者の関敬吾《せきけいご》は、昔話と違って伝説は、戦争や洪水、火災のような異常事件を主題としていると述べた[6]。またアメリカの都市伝説を研究した民俗学者、ジョン・ハロルド・ブルンバンは、伝説には、人間行為や社会状況に対するより深い批判が、隠喩的に、そしてシンボリックにほのめかされている、と指摘した[7]。伝説は異常事態に生まれ、その時の人間の態度や社会を批判する。そのような状況では、大なり小なり、人々の世界観は破綻しつつある。

しかし、現在の私たちは、そのような伝説を、異なる時間のなかで眺めている。もちろん、同じ時間に居合わせることもある。しかし、そのような場合、前にも述べたように、私たちはそれを真実として語り、聴くため、民話の一ジャンルとは認識していない。伝説として受け止めるには、異なる時間、社会に身を置かねばならないのだ。

異なる時間とは、伝説の発生後のことであるが、時代の変革期を経、安定期である場合もあるし、何百年もたった、やはり時代の変革期ということもある。その間、伝説は昔話と違って変容す

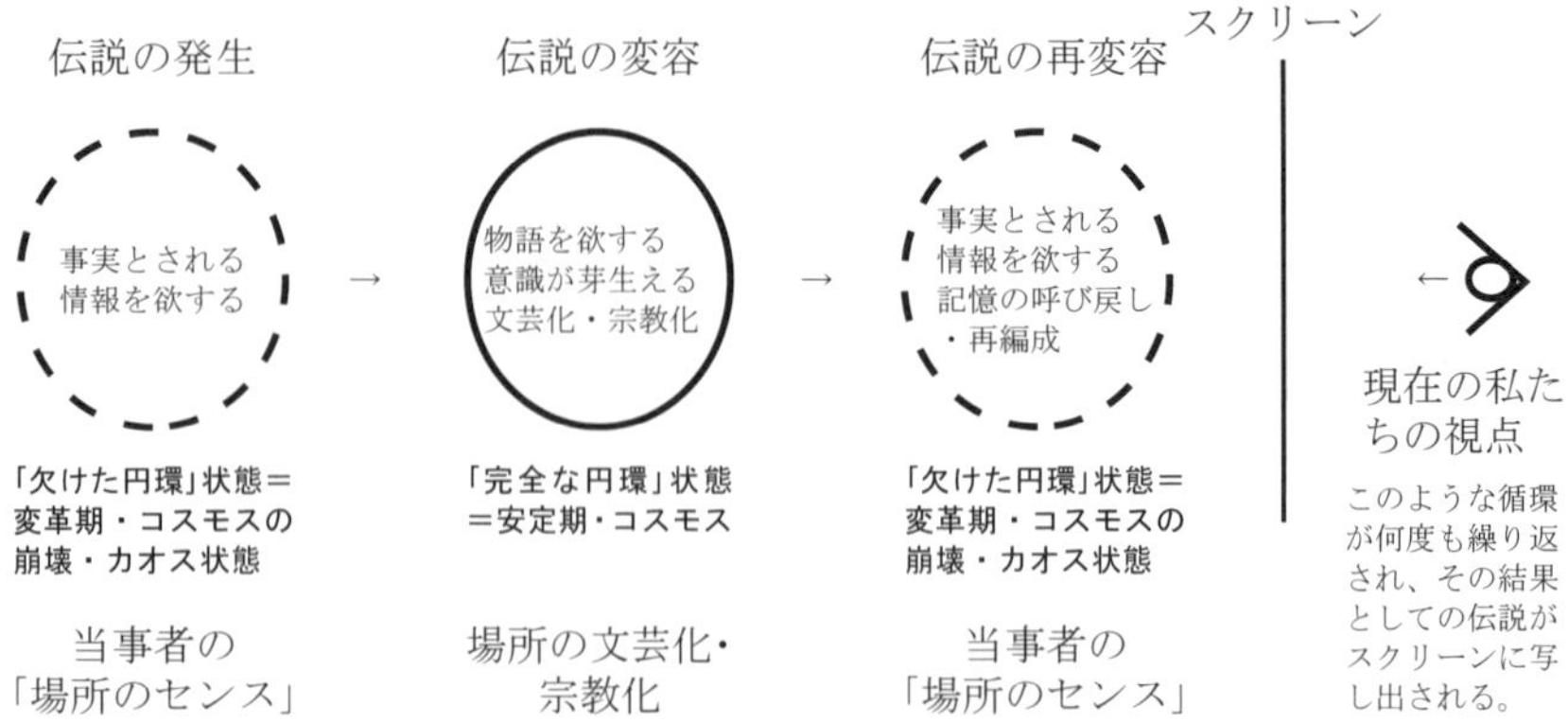

図13　伝説の変容と現在の私たちの視点

る。どのように変容するのだろう。図13を使って説明しよう。

文芸評論家の辻邦生《つじくにお》は次のように考えた。物語というものは、人々が安定しているときに生まれるのではないかと。不安定なときは、物語を楽しむような状況にない。彼はその不安定な状態を、「欠けた円環」と呼んだ。社会はその欠落部を補おうと、様々な情報を獲得しようとする。その後、人々の努力により、社会は「完全な円環」状態になる。人々はそのような状態になったとき、物語を欲する意識が芽生えるのだと[8]。

ここには当事者の視点がある。私たちも阪神大震災を経験した。このような「欠けた円環」にある時、人々はあらゆる情報を欲しがる。そしてどのようなばかげた情報をも、信じたくなる。うわさに振り回されるような状況だったのだ。関東大震災では、あるうわさから、悲劇が起こっている。世界の各地で起こる暴動も、そのようなうわさに端を発する場合があるのだ。

このようなうわさも、社会が安定さえすれば、その正否を見抜けるようになる。妖しい情報に飛びつく必要がないからだ。むしろ私たちは、事実とされる情報よりも、人々を感動させるような、虚構の物語を欲するようになる。

伝説は、このうわさに極めて近い。なぜなら両者とも、真実性を主張する妖しい話だからだ。そしてそれらは、社会が「欠けた円環」状態にある時に誕生する。ところが安定期に入ると、物語化する。文芸化と言っても良いだろう。柳田國男は伝説はハナシではなくコトであると結論付けたが、その後の民俗学は、むしろ文芸だとした。伝説には、確かに文芸的要素がある。

しかし、伝説の真のメッセージを読み取ろうとするのなら、当事者の立場を理解しようとするのなら、その社会がまさに欲していた情報、真実と受け入れてしまった状況下の、伝説を見なければならない。文芸化した伝説の研究には、そのような問の答えを用意できない。

であるなら、やはり柳田國男の言うコト、つまり宗教的側面の研究が有効なのか。それも恐らく違う。そのような逼迫した状況で生まれた伝説に、宗教の入る隙間はない。もっと生活に密着した、経済や社会にかかわる問題に、人々は必死になる。宗教的な説明ももっと後になってからのことだろう。

それでは、どのような視角から眺めれば、伝説が生まれた状況に近い、当事者の立場が得られるのか。私は、伝説で語られる「場所」にあると思っている。文芸化や宗教化を受けにくい「場所」に。なぜならこの「場所」は、時代の変革期にしか意識されない、彼らの「場所のセンス」によって選び出されているからである。

ところで、伝説にとっての場所は、昔話との対比において、その存在価値を主張する一つの砦である。にもかかわらず、いままでの伝説研究において、あまり顧みられることがなかった。もちろん場所に焦点をあてていると思われる研究もある。が、多くの場合、民間信仰の説明のための場所であったり、ミヤや墓、祠のある場所を取上げたもので、場所そのものというよりも、宗教的側面に興味が向けられる[9]。本来、墓や祠といったモノは、場所の上に付せられた宗教的印にすぎず、厳密に言えば場所とは別のものだ。にもかかわらず、宗教的印をさして場所と言っている論考が多い。

また文芸的側面を重視する研究においては、場所はとりあげられても、話の原型に対して、伝承ごとに変化し選択される、付随的な要素として片付けられる傾向にある[10]。これらの場所に対する態度が生みだした問題点は、第五話で斎藤純が指摘した点と多く重なる。つまり、伝承を支えている伝承者と、場所の直接向合った姿が、従来の研究からは浮び上がってこないのである。そのことが、斎藤の先の指摘、つまり従来の研究からは、伝承と伝承者の関係が明らかにされない、という問題の根本にあるように思われるのだ。

宗教的、あるいは文芸的な側面ではなく、「場所」を伝説を見つめる際の軸と仮に設定した時、従来の伝説研究とは違った視角が生まれてくる。それは、その場所と、そこに棲む人々の関係という側面である。そこでは第一に場所があり、そして人々がいる。そしてその次に、コトとハナシがあるのだ。この視角から見れば、選ばれ、変化するのはコトとハナシの方であって、場所ではないのである。

かつて柳田國男も峠や淵、などの場所で伝説を分類した[11]。しかしここでいう「場所」は、柳田の言うような、抽象的な場所ではない。伝承者や伝承にとって、もっと個人的で具体的な「場所」なのだ。

「場所」とは、人文主義地理学が盛んに主張してきた「主体にとっての意味で満たされた場所」をさす[12]。この分野では、「主体からみた空間」という視点が重視され、

①主体によって経験された空間「生きられ

る空間」の呈示
②主体にとっての意味や価値を包含した「場所」の呈示
③過去および想像上の景観や場所の復元とそれに賦与された意味の解読
④①〜③の成果を、アメニティー豊かな景観づくりに応用すること

が研究目的としてあげられる[13]。

ここでいう「主体」とは、伝承者、「意味で満たされた場所」とは、伝説で語られる場所なのである。伝説のような、伝承者の主観的な場所の認識を含む資料は、ここであげられた②や③の研究目的にとって、有効な資料となる。また従来の地理学では、景観や風景を視覚が優越する、静的な対象として見る向きがあったが、この「場所」は、そこに棲む主体が視覚以外の感覚（触覚・聴覚・嗅覚・味覚）をも通して、直接経験される動的な感覚の世界だとも言える[14]。

この感覚の世界を、「場所のセンス」と呼ぶのだ。先にも紹介したように、これら「場所のセンス」には、個人的にも、また文化的にも差異があらわれる。ケント・C・ライデンは、民間伝承には、その地域の人々の「場所のセンス」が内在しているのだという。そしてこれら人々の「場所のセンス」が共有され、蓄積されたものが、民俗知識なのだと。

4 文芸化され宗教化される場所
――フィールドワークから

私はかつて、次のような調査をしたことがある。それは、記述されたあるひとつの伝説を手に、記述された場所を訪ね、そこに棲む人たちが、いかようにその伝説を語ってくれるのか、それを確かめる調査である。その結果私は、一方に記述された伝説、もう片方に語られた伝説群を手にすることが出来た[15]。まずは、記述された伝説から紹介しよう。それは次のようなものだった。

石井町西覚円の堤防より石井警察署に通ずる道は、たくさんの地蔵さんやほこらのある古い道である。この道は北へ吉野川をこして板野郡上板町の大山寺にいたり、南へいくと地蔵ごえで入田町の建治寺にぬける道である。この道は昔から「魔の道」といわれておそれられている。魔物がおるとか、首切り馬が走るとかいわれ、この道を通っていたら神隠しにあって行方不明になることがたびたびあった。そんなときは村人が寄って、鐘や太鼓で「だれそれかえせかえせ」と、いなくなった者の名前を呼んで道を歩くと出てくるといわれている。また、この道を歩いていて狸に化かされたという話も多い。ごく最近では、三十年前に狸の化けた大入道にあい驚かされた人がいる[16]。

私はまず地図上で、地名を確認した。一般的な地図で確認できる、この記述された伝説の地名や場所は、「石井町西覚円《にしがくえん》」「石井警察署」「板野《いたの》郡上板町《かみいた》」「大山寺《おおやま》」「入田町《にゅうた》」「建治寺《こんじ》」である。それらを手がかりに現地へ入った。

まずは町役場へゆく。一万分の一の白地図を手に入れ、教育委員会を訪ねる。で、記述された伝説を提示し、詳しい場所を聴いてゆく。だいたいの場所が判明すれば、次に聴き取り調査に応じてくれそうな人を紹介してもらう。二、三人も紹介してもらえれば、後は次々とインフォーマントが見つかるものだ。

この伝承は、徳島県石井町の伝承である。したがって、ここでは石井町内の、大山寺と建治寺を結ぶ「魔の道」とされる一本の道沿いに、そこに居住する人たちが、どのように伝承しているかを聴いていった。

石井町内の「魔の道」が通過する地区は旧七ヶ村(図14)で、北から、西覚円・高原《たかはら》・大万《だいまん》・重《しげ》松《まつ》・城之内《じょうのうち》・石井地区になる。西覚円では八人中二名、高原では一二人中一〇名、大万では八人中五名、重松では八人中八名、城之内では六人中三名、石井では九人中六名、トータルで五一人中三四名が、この伝承のヴァリエーションを所有していた。それ以外の人たちは知らないと答えた。

　この伝承の中心的位置にある「魔の道」であるが、場所は同一でも「魔の道」と呼ぶ伝承者は、意外と少ない。二人しかいなかった。もうひとつ重要と思われる、この道の基点となる「大山寺」と「建治寺」であるが、これも二人だけが、「大山寺」のみを伝承していた。しかもその内のひとつは記述された伝説とは、場所も内容も違っていた。ちなみに大山寺と建治寺の住職も知らないと答えた。

図14　石井町の「魔の道」沿いの旧村

　反対に、多くの人たちに共通していたのは、その場所に「首切れ馬」が走るという点である。彼らはその場所を「カドヤ小路」「モリヤ小路」「オカヨ辻」などと伝承していた。これらは、記述された伝承と同じ場所である場合も、違う場合もある。多くの場合、いずれも伝承者の居住地の、目の前の場所であった。これらはすべて民俗地名である。一般的な地図には載っていない、伝承者たちだけに通用する地名である。またその民俗地名すらない場所もある。そのような場合、彼ら伝承者たちは言う。「あそこ」「誰々さんのところの角」と。場合によっては、私をその場に連れて行って、「ここ」と。

　記述された伝説と語られた伝説では、明らかに場所が違う。何が違うのか。記述するという行為には、人を目の前にして語るのとは、違う配慮が働く。印刷物となって、見知らぬ多くの人たちが読むことを考えると、より異なる配慮が必要となる。少なくとも「ここ」や「あそこ」とは書けない。名もなき一本の道を、衆目の目印となるような箇所をあげて分節化する、そのような配慮が必要だ。

また話を面白くしようとする、あるいは多くの人たちも共感できるような、何か意味を生じさせるような演出も必要だ。名もなき道を、「魔の道」とするような。そこを歩けば「神隠し」にあうと。そしてその道は寺と寺を結ぶのだと。

伝説は変容する。いくらでも解釈があってもいい。だからここでどの伝承が正しいとか、間違っているとかを、指摘しているのではない。記述された伝説と語られた伝説では、明らかに違うと言っているのだ。私の結論はこうである。まずひとつ、記述された伝説は、語られた伝説群と比較したとき、特殊な位置にあるということ。ところが、やっかいなのは、この特殊な伝説が文字化されることによって、一般化してしまう点にある。なぜなら伝説集などの出版物に掲載された伝承は、その地域の代表的な伝承と認知されがちだからである。もうひとつ、場所も文芸化され、そして宗教化されているのではないか。なぜなら「魔の道」を伝承していた二人は、郷土史家と元宗教者（修験道）だったからである。

しかし、地図上で見ると、記述された場所と語られた場所は、ほぼ同じ場所なのだ。従って場所が問題なのではなく、両者の表現に問題があるということになる。表現レヴェルで文芸化したり宗教化しているだけで、場所は変化してないのだから。

この場所を見いだせば、時代の変革期の真のメッセージが浮かび上がってくるのではないか。それは、現在の私たちの目から見れば、ひとつの伝承のなかで混在化している。しかし、このように聴き取り調査によって得られた伝承から、表現レヴェルにとらわれることなく、文芸化も宗教化もされていない場所を見分けることができる。従来の民俗学は、むしろこの「魔の道」や寺に注目してきた。つまり文芸化し宗教化した部分を対象としていたのである。もちろんそれも確かに伝説の属性ではあるのだが。

注

(1) 宮崎駿(二〇〇〇)『もののけ姫1』徳間書店、八三～九三頁。
(2) 中村雄二郎(一九九二)『臨床の知とは何か』岩波書店。
(3) K.C. Ryden (1993) *Mapping the Invisible Landscape: Folklore, Writing, and the Sense of Place*, University of Iowa Press, p. 72.
(4) イーフー・トゥアン(一九九一)『恐怖の博物誌』工作舎、一六～一七頁。
(5) 小松和彦(一九九三)『妖怪学新考』小学館、三一頁。
(6) 関敬吾(一九八一)「伝説の民俗学的解釈」『関敬吾著作集3』同朋舎出版、二三五～二五九頁。
(7) ジョン・ハロルド・ブルンバン(一九八八)『消えるヒッチハイカー』新宿書房、三五頁。
(8) 辻邦生(一九九〇)「小説の光景―フィクションの位置と記述の映像化の意味」『思想』七八八、岩波書店、七～一八頁。
(9) 波平恵美子編(一九九一)『伝説が生まれるとき』福武書店。
(10) 伊藤清司(一九八九)「伝説と神話―「嫁殺し田」の場合―」『日本伝説大系』別巻一、みずうみ書房、一五九～一八一頁。
(11) 柳田國男(一九五〇)『日本伝説名彙』日本放送協会。
(12) 山野正彦(一九七九)「空間構造の人文主義的解読法―今日の人文地理学の視角―」『人文地理』三一―一、四六～六八頁。エドワード・レルフ(一九九一)『場所の現象学―没場所性を越えて―』筑摩書房。
(13) 山野正彦(一九八五)「人文主義地理学」『最近の地理学』大明堂、二四〇頁。
(14) J.D. Porteous (1990) *Landscapes of the Mind: World of Sense and Metaphor*, University of Toronto Press.
(15) 佐々木高弘(一九九七)「伝説のドキュメント―徳島県石井町の「首切れ馬」伝説より」『京都文化短期大学紀要』二六、三五～一一四頁。
(16) 湯浅安夫編(一九七七)『名西の伝説』小山助学館、一〇七～一〇八頁。

第七話　変容する語り・変容しない場所

1　宗教化する語り

昔は、病害虫の防除は、専ら神仏の加護に頼った。虫送りの行事は、県内各地の米作地帯に古くから行われてきた習俗である。石井の尼寺内谷・利包・城ノ内・重松、浦庄では、下浦・諏訪その他高川原でも行われた。地区によってサナボリ送りと言ったり、サネモリ送りといっていたようである。古い言い伝えによると、サネモリ送りというのは、昔、木曽義仲が兵をあげた時、武藤別当実盛が戦って稲の株につまづいて馬が倒れた。その時、手塚の太郎光盛が斬りかかり、あわれな最後を遂げた。その恨みが、稲の虫になって害をするようになったので、その霊を慰め、虫送りをするようになったという。『名西郡誌』によると、藩政時代には、この虫送りに藩庁より、祈禱料が支給されたということが記載されている。虫送りの例として、尼寺内谷の虫送りは、土用の入りの夕方、国府町の早渕を出発した虫送りの列が、鮎喰の土手を南へ進み、東矢野、矢野を経て、現在、変電所のある所へ進んでくると、尼寺内谷の人たちが国府町の人と交替した。こえまつと割竹でこしらえた、松明《たいまつ》を手に持って「サネモリさんのお通りじゃ、先のけ、先あげ、先さがり」とはやしながら、鉦と太鼓をたたいた。その年の当家が先達になって、溝添・岡花・尼寺・内谷を松明を燃やしながら、虫送りをしたという。こうした例は、城ノ内・重松・下浦・諏訪へと伝えていった[1)]。

稲の害虫を駆除する薬品が普及するまで、全国の稲作農村で、このような虫送《むしおく》りの宗教儀礼が行われていた。特に西日本では、実盛《さねもり》の伝説としてその由来を伝承していたようだ。

ここにあげた事例は、第六話で紹介した「魔の道」の伝承が記述された、石井町の虫送りである。この伝承は、平安末期の武将実盛が討たれ、その原因となった稲に、虫となって祟りをなす、という怪異を描いている。武将が討たれ、その原因となったものに祟る。このようなモチーフは、第五話で示した、首なし騎士の映画や首切れ馬の伝説に近しい。時代の状況も似ている。ここでは、平安末期から鎌倉への過渡期、首なし騎士は、アメリカの独立戦争と世紀末、首切れ馬は、戦国時代と明治時代、そのようなコスモスが崩壊する時代状況が、似ているのである。

第六話では、伝説が生まれ、語られていくうちに、時代の変化に従って、伝承も変容していくのではないか、その点を図13を使って説明した。そしてその変容は、ひとつは文芸化、もうひとつは宗教化する、とも述べた。私たちは現在、そのような変容した伝説を手にしている。そのなかから、伝説が生まれた頃の内容を見いだすことが、聴き取り調査によってのみ得られる「語られた伝説」と、伝説集などにある「記述された伝説」とを比較することによって可能ではないか、とも。

次の伝承は「語られた伝説」である。

私の家は札の辻のところにあったんですわ、ここへ来るまで。本條《ほんじょう》というところがあって、むかし戦で落武者というか、侍大将ではないけど相当な人がね、負けた、もちろん敗軍やけどね、その大将らしき人が助けをもとめて来たらしいんですわ、ここの百姓屋へ。そやけど、なんちゅうかあれを恐れて、その人を助けなんでね、まもなくその人は首を落とされたらしい。ほでその時に、たまたま稲の収穫の時期でね、なんか出とった穂が、急に全部この在所のね、稲がまっ白になって、白穂《しらほ》ちゅうんじゃけど、まっ白になったちゅう話を聞いてね。まもなくほれが……、またそれが札の辻にうつるんやけどね。首の無い馬がね、この札の辻をあっちこっちしよるちゅう話を子供の時に聞いたわけですわ。その馬に落武者が乗っていたので、関連があるんじゃろう。落武者の乗った馬のカチャカチャいう馬具の音がして、ほんで町の人が恐る恐る見てみたら、首の無い馬だったという話なん。札の辻あたりを徘徊したと聞いてます。それで馬がおらんようになるためと、五穀豊饒のために、祠さんがあるところで、わぬけをして、札を焼いて、その焼いた札といっしょに太鼓をたたきもってね、この西の方に小さな飯尾《いのお》川ちゅう川があるんやけどね、そこに、わしら子供の頃、ドンチリガンっていいよったけどね、太鼓と鉦とそんなんたたきよって、行列つくって向こうへ焼いたやつを捨てに行きよりましたわ。ま、それも首切れ馬の供養と、前段の落武者の供養と含めてね。旧暦の六月三〇日あたりにやったと思う。怖かったのを覚えていますわ、暗い道やったからね。オカマンという店の真向かいあたりにパーマ屋さんがありますわ。そこに六地蔵ってお地蔵さんがあったんです。その首切れ馬が通るかなんかでね。それとたぶん自殺者もあったんでないかと思うけどね。地蔵さんがありました。それが国道が出来て、今度、地福《じふく》寺という寺にもってきとんやけどね。うちのお爺さんちゅうのがね、新聞記者みたいなことしよってね。子供あつめて話をするのが好きでね。ほで五、六人集めては、晩暗うなって気持ち悪い話ばっかりして…、ほな皆これ一応聞いてね、ばーっと走っていによったわ（笑）。

この伝承は、第五話の首切れ馬伝説に似ている。それは、地元の郷土史家が採集し、記述したものだった。私は、その伝承をどこから入手したのかを教えてもらった。そして再度私が聴き取ったのが、この伝承なのだ。つまり、第五話で紹介した首切れ馬伝説の元になったのが、この伝承だったのだ。

何度も言うが、伝説は人から人へと渡り歩くうちに、その時その時の解釈を受け入れ、変容する。したがってここでも、当然いくつかの点で異同が起こる。特に大きく違うのは、この伝承には、宗教的な要素が入っている点である。

ひとつは、旧暦の六月三〇日に行われるドンチリガンと呼ばれた、焼いた札をもって鉦や太鼓をたたいて歩く行列である。この行列は明らかに、虫送りの行事である。その行事が、首切れ馬と落武者の供養のために行われると伝承されている。確かに虫送りの実盛と、ここでの落武者の伝説は似ている。討たれた武将の祟りが稲に害を及ぼすのだ。それがどうも首切れ馬の伝説とも合体している。

もうひとつの宗教化は六地蔵《ろくじぞう》である。そこに首切れ馬が走るという。この地蔵、現在は地福寺に移されている。地福寺の住職に聴いてみた。

首切り馬ちゅうのはご存知？　こらあこれの寺のすぐそこの南側の国道の交差点。あのあたりを六地蔵っていう地名なんですわ。それは、その辻に、ここの寺へもう今は持って来ていますけんども、六地蔵堂ちゅうのがあってね、それにまつわる民話ですけどね。まあ今のこの国道一九二号線、この辺りは、非常に、まあ四尺道くらいの狭い道があったんです、昔ね。ほんでそんな狭い道ではあるけれども、徳島の方から池田とか、あるいは北の板野郡の方なんかへ行くのに主要な道になっとたわけです。で、まあ通りは、わっりゃいあったわけですけどね。夜な夜な、その首切り馬が通るという噂がたって、で、あるまあ、肝っ玉の太い人が、戸をちょっと開けて、のぞっきよったところ、なるほどシャンシャンとこの、馬の首を、まあ持ったような格好で、武士がですね、東へ行ったり西へ行ったりしよったと。これは、どこぞ敗惨の兵の魂が、こらあ、うかばれとらんのだろうというので。で、ひょっと思いついて、その六地蔵さんをそこへ勧請したと。それでそれ以後、その首切り馬も通らんようになったし、その辺りを六地蔵と言うようになったという、まあそんなとてつもない話ですけどな。それから、あのこれは民話にはつながらんとは思いますけども、なに、そのさっきも葬式いうてきたけども、その葬式の列やらが、この南北に通っとる道を、あんまり通ったらいかんちゅういわれがあるんじゃな。というのはその首切り馬が出るという。ほだけん、そういう話とごっちゃになっとるんかもしれんけどね。この裏の通りが南北の通りですんで。この寺の裏の道ちゅうのはね、しかし、こらなんですよ、明治、いや大正、昭和の頃になって、これ出来た道でね。これはやっぱり寺の前の道がこの北へ行く主要幹線であったわけなんですね。それがその結局、徳島本線という鉄道がついて、そしてここにその石井駅ゆう駅が出来て、それの構内に、この道がちょんぎられたわけですわな。ほんでこうポイントから外へこうもうて、迂回してこう、出て行くような道をつくったん。それの延長がこれ、この裏の道になっとるわ

――けでね。で、これは最近できた道なんですわね。

ここでは、六地蔵を勧請したことによって、首切り馬が出なくなったとしている。また、葬列がこの六地蔵の辻を南北に通ると、首切り馬が出るという伝承も付け加わる。この場所における葬列通過の禁忌《きんき》である。いずれも語りに宗教的要素が加わっているといって良いだろう。

2 文芸化する語り

首切れ馬の伝説を調べてゆくと、この妖怪が様々な、元は別と思われる話を巻き込みながら、走っているように思われてくる。

例えば、昔話のモチーフ「機織《はたお》り」と首切れ馬がいっしょになっている事例が、徳島県内にいくつかある。

那賀《なか》郡鷲敷《わじき》町中山では、大晦日になると、千棒ヶ瀧から一人の姫が、首切れ馬に乗って、里へ出ると言われている。しかも姫は、馬の背に跨がったまま、糸を紡いでいるという[2]。

また阿南《あなん》市桑野《くわの》町川口では、やはり大晦日の晩に、左片袖の大振袖に扮装した姫が、首切れ馬に跨がって山を下りる[3]。

さらに同町山口では、世にも美しい姫が、不思議にも一人で住んでおり、その姫が一匹の栗毛の、色も艶々しい駿馬を愛して飼っている。それだけでなく、ときおり馬に乗って淵にゆき、水に入れるという。その姫に恋をした村の若者が、姫に告白するのだが、無視されてしまう。男は馬に嫉妬し、いつものように、馬に乗って駆け出そうとする姫の片袖をつかみ、山刀で馬の首を切り落としてしまう。それ以来、首切れ馬に乗って、片袖の無い着物を着た姫の姿が、淵に現われるとの噂が立ち、その姿を見たものは、必ず大病に冒されて死ぬという。村人たちは協議して、淵を乾かして、姫の正体を見ようとすると、淵から片袖の着物をくわえた大蛇が、背後の山に登ってゆき、頂上にとぐろを巻いて、くわえた片袖をぬっと突出したまま動かなくなったという。そしてその山を袖ヶ岳という[4]。最後のところは、「九頭竜《くずりりゅう》山《ざん》」の伝説に似ており、ここでも他の話と首切れ馬がいっしょになっているように思われる。

その他にも、鳴門《なると》市大麻池谷《おおあさいけのたに》の、土御門《つちみかど》上皇の火葬場から、首切れ馬に乗った土御門上皇が出没する[5]とか、板野郡上板町佐藤塚《さとうづか》の、村に入ってきたお遍路のおばあさんを、よってたかっていじめ、そのおばあさんが水門の前の川へ身投げをしたところ、そこから首切れ馬が出没する、という伝承がある[6]。特にこれらは、話の内容と首切れ馬出没の原因とが、文脈上においてほとんどつながらない。にもかかわらず、首切れ馬が出るのである。

このようにこの首切れ馬伝説は、様々な他の話といっしょになって伝承されているようだ。私は、先の石井町での調査中、このような別の系統の話と合体し、新しい伝承が誕生する経緯を、かいま見たことがある。それは次のような伝承からはじまった。

> 町史編纂のときに、この話は出たりしよったんですが。あの私は、この民俗担当でなかったんで、話をしよるんを横で聞きよったぐらいで。なんか石井に、Aちゅうお医者さんがあるんですね。あそこのご先祖の関係して、なんか札の辻に首切りの馬が出るとかなんとか。編纂室で雑談をしてるときに聞いたような気がします。

そう言ってこの事例の伝承者は、『石井町史』を出し、伝説を捜しはじめた。が載っていない。彼はこのことを初めて知って驚いていた。彼の棲む尼寺《あまでら》に、首切れ馬の伝承がないかとたずねると、この旧尼寺村では、首切れ馬の話は聴いたことがないという。彼はその理由を、経済圏で説明

した。つまりこの地は、国府《こくふ》町（徳島市）の経済圏で、買物もすべて国府町に行く。石井の方に行ったのは、小学校ぐらいで、生活圏は全く国府町。だから首切れ馬の話は、町史編纂室で初めて聴いたと。
　彼は、「その首切り馬の伝説は、編纂室の雑談で耳に残っとるくらいで、それはその、Aの家に強盗が入って、その強盗にまつわる伝説らしい」と言うが、詳しいことは分からない。そこで当時、民俗編を担当していたBさんを紹介してもらった。

　民俗編では、伝説をカットしました。あまり原稿が出てなかったのではないでしょうか。首切れ馬の原稿は出ていましたよ。Aも今は大きくなっていますけどね、そのところに強盗が入って、ほしてそこの主人が、なんちゅう言いよったかな、追い出したように言うてましたね。ほて、その時に、首切れの馬が走ったような伝説だったですね。重松っていうところに入る、立石《たていし》ちゅうところがあるんですね。そこで、これと話は別やと思うんやけど、あの、血を洗った洗い場があるんやゆう話やったですね。山路《やまじ》の方へ走っていった、山路とは前山の方です。Aからそっちへ行ったという何でしたね。見たのは、強盗を追い出したAではなく、窓を開けてそれを覗いて見た人だったと記憶しています。この天神《てんじん》では首切り馬の話はありません。

　彼女は、その原稿を書いた人を記憶していなかった。仕方なく、石井町役場の倉庫に残っている、原稿の山を見たりしたが、ついに出てこなかった。そこで役場の人に紹介されたのが、第五話の落武者の伝承を記述していた、郷土史家だったわけである。ところが、札の辻という場所は同じ

だが、どうも話が違っている。Ａや強盗の話は出てこない。そこで、誰からこの話を採集したのかをたずねると、この話は郷土史家の棲む重松の伝承ではなく、旧石井村の伝承であるという。その事例が前節で最初に紹介した、この郷土史家の記述した伝説の元の伝承にあたるわけだ。そしてその次に紹介した、地福寺の住職の話も。若干の異同はあるが、これらとほぼ同じ系統の話であったわけだ。

しかし、依然としてＡや強盗の話は出てこない。そこでもう一度、先の郷土史家を訪ねて、Ａに入った強盗の話を聴いてみた。すると次のような話を語りはじめた。

Ａ病院に泥棒が入ったんです。その泥棒は何もとらずに逃げるわけですが、しばらくして石井の山路にまた泥棒に入ったわけです。そしたらそこの、農家だったんですけど、昔は侍だってね、あの、槍をもっとん。その槍でプスッと泥棒を逆に殺してしまったんです。そして、裏の竹藪にその死体を埋めとったんです。ほったらそれをＡ先生が聴いて、その死体をくれっていって、もらうわけです。そして、あの立石の橋がありますわね、あの上手が船つき場だったんです。昔は道路より水運の方が便利だったから。そこへ死体をもっていって、解剖するわけですよ、Ａ先生が。そして死体をバラバラにして、骨だけにして、あの組み立てるつもりで。確認はしておりませんが、先代くらいまでは、骨を組み立てたやつが、標本として残っていたという話です。首切り馬とは関係ありません。

どうもＡの話の出所はこれらしい。このＡは、実は六地蔵の辻といわれる交差点のすぐ近くにある。おそらくＡの話と、六地蔵の首切れ馬の話が、いっしょになったに違いない。

これら二種類の伝承の、細部をみたら分かるとおり、両者には、いくつかの共通点がある。例えば場所。先に述べたように、首切れ馬が出没するのは六地蔵の辻、または札ノ辻である。Aの話でも、この二つの場所が語られている。また山路という地名や、立石橋での解剖と血を洗った話も一致する。

また、首切れ馬の目撃者のようすも同じである。郷土史家の首切れ馬の話では、「一番最初にみつけたのは豆腐屋の平助で夜中にふと目をさますと鎧武者の金具の音がするので不思議に思い戸のすき間からのぞくとびっくりした」、その元とされる話では、「落武者の乗った馬のカチャカチャという馬具の音がして、ほんで町の人がおそるおそる見てみたら首の無い馬だった」、地福寺の住職の話では、「肝っ玉の太い人が、戸をちょっと開けて、のぞっきよったところ、なるほどシャンシャンとこの、馬の首を、まあ持ったような格好で、武士がですね、東へ行ったり西へ行ったりしよったと」。B女史の話では「見たのは、強盗を追い出したA先生ではなく、窓を開けてそれを覗いて見た人だったと記憶しています」と語られる。この目撃の様子は、他の伝承では聴けないところから、出所は同じであると思われる。

Aの話と、六地蔵の首切れ馬の話は、どこで合体してしまったのだろう。その合体の場とは、町史編纂室での雑談の場である。この石井町の町史編纂は、外部から研究者を招いて行うものではなかった。歴史や民俗に詳しい、町の古老たちに依頼して行っている。つまりここの町史編纂室は、そういった地元の古老たちの、雑談の場にもなりえたのである。

よくみると、この六地蔵の首切れ馬は、どうも最初から色々な話と合体しているようだ。郷土史家の記述した、落武者の話と六地蔵の首切れ馬の話も、明治になって村の古老が関連づけたとあるし、その元となった事例では、ドンチリガンの行列という、宗教儀礼と合体して語られる。また、地福寺の住職の話では、葬列と関連づけられ、そして最近では、編纂室で古老たちがAの話とくっつけた。映画『スリーピー・ホロウ』でも、村の古老たちが、殺人事件と首なし騎士の伝説を合体させる場面が描かれている。伝説とはこのような場で変容する。この町史編纂室も、まさに恰好の、語りの場であったのだ。

3 変容しない場所

首切れ馬の伝説は、大きく分けて二種類ある。ひとつは、首切れ馬に偶然遭遇した体験談や、出没する場所だけを語る、簡単で短い伝承。もうひとつは、別の話と合体し、比較的複雑な物語をもつ伝承である。前者をコト、後者をハナシと分類してもいいかもしれない。今までの伝説研究が、このコトとハナシの側面からなされてきた所以がここにある。

しかし実際の語りは、ここまで見てきたように、様々な要素が入り複雑である。昔話に比べて研究が遅れる原因もここにある。

伝説という語りは、まことに複雑である。昔話と違って、形式がないため、どこから始まって、どこで終わったのかも明らかでない。それは、これまでに紹介した事例を見ても分かるだろう。したがって、一見余分と思われる語りも多く含まれている。しかし、語りの場に居合わせると、人と人が語り合う、その全てが切り離すことのできない、全体としての語りと感じられる。だから、ここでは、なるべく語り全体を記述しようと努めた。

実はここに、「記述された伝説」と「語られた伝説」の一番の違いがある。「首切れ馬」伝説そのものの内容は、その部分だけを取り出して、両者をながめてみれば、そう変りはしない。語りのなかから「首切れ馬」伝説の部分だけを事例としてあげれば、記述された伝説との区別はそう明確ではないのだ。

図15　旧石井村の「首切れ馬」と虫送りの伝承地（1/25,000）

しかし逆に、膨大な量の語りのなかから、首切れ馬だけを引き離したとき、そこに残ったものがあった。それは語り手とその伝説の関係であった。それは、その出没するといわれた場所に対する、語り手自身の印象深い思い出でもあった。語り手たちの話を聴いていると、伝説をきっかけに昔の記憶が、彼らの眼前に、ありありと蘇ってくるのを目撃することが出来る。ここで紹介した伝承は、すべて村落のアウトサイダー、つまり部外者である私に向かって語られたものだが、部内者が二人以上いれば、伝承を介して蘇る昔の記憶は、共有され増幅される[7]。

このように伝説は、語られてゆくうちに、交わされてゆくうちに、そこに棲んでいる人と伝説の密接な関係が浮び上がってくる。その人と人、人と記憶の中軸に座するのが、あの「場所」なのではないか。

先に、変容する首切れ馬伝説の事例をいくつか示した。宗教化したり、文芸化したりしているが、中心には常に場所があることに気づく。

一番最初に示した「ドンチリガンの行列」は、先に指摘したように、虫送りの行列に極めて似ている。しかし、それだけではない。この伝承と合体した首切れ馬の徘徊場所が、まさにこの地域の虫送りの行列のルートと一致するのだ。

聴き取り調査によると、伝承地である旧石井村の虫送りは、土用の入りの夕方、石井村の東端にある、円徳寺《えんとく》の本尊前での、坊さんの読経から始まる。その後、その坊さんを先頭に、村人たちが高張提灯を持ち、笹の葉で田の虫を払いながら、鉦、太鼓を叩いて、「サナボリさんのお通りじゃ」と言って歩く。ここでいうサナボリさんとは、実盛(サネモリ)のことであろう。その歩くルートは、円徳寺を出て、本條を通り、現在は国道一九二号となった道を、東から西へと通り、立石橋で笹を拝んで焼き、川に流す(図15)。その際、途中にある地蔵や祠を拝んでいったらしい。

さて、次に首切れ馬が徘徊するとされる場所である。第五話で紹介した郷土史家の記述した事例では、札の辻の北とある。その元となった事例では、札の辻のあたり、六地蔵があるところ、とある。目撃したとされる豆腐屋はこの六地蔵のある辻、つまり札の辻の一つ北の辻にある。この辻のある道は、現在国道一九二号となっている。この道を西から東へと首切れ馬が徘徊していたというわけである。

このように、この首切れ馬の徘徊ルートは旧石井村の虫送りの行列のルートと重なる。つまり話だけでなく、場所も一致しているのだ。この明治の中頃の首切れ馬騒動を、村の古老たちは、その徘徊する場所を手掛かりに、虫送りの行事、そしてその由来となる実盛虫の伝説、さらに戦国時代の落武者伝説、これらを村の協議で合体させたのではないか。

さらに地福寺の伝承である。この事例では、葬列が地福寺の裏の南北の通りを通ると、首切れ馬が出るので通らない、といういわれが新たに合体することになる。話者は、敗惨の兵と葬列通過の禁忌の二つの話が「ごっちゃになっとるんかもしれんけどね」と言う。この地福寺の裏の南北の通りは、六地蔵の辻で先の首切れ馬と虫送りのルートである現国道と交差する。つまりこの伝承においても、六地蔵の辻を基点に先の首切れ馬の伝説と、葬列通過の禁忌が合体しているわけである。

そして最後に、Aと強盗の話との合体である。Aは国道一九二号線沿いの六地蔵の辻の近くにある。解剖した場所、血を洗ったとされる場所、そして虫送りの行列の終着点、それらはいずれも立石橋である。近年の市史編纂室においても、町の古老たちは、場所を中心に、伝承の合体劇を演じてみせたのだ。

このように、この首切れ馬の伝説は、別の系統の話や、儀礼、禁忌行動ともいっしょになり変容する。しかしその中心には、常に首切れ馬が徘徊するとされる場所がある。現石井町域には、首切れ馬の徘徊場所と虫送りの行事の場所が一致する伝承が、旧重松村と旧尼寺村に、葬列が通過してはならない場所と一致する伝承が、旧下浦《しもうら》村および旧上浦《かみうら》村に残されている。

このように伝説は変容するものなのだが、一貫して変わらないものがある。それは場所である。その場所は、様々な言葉で表現されるのだが、地図上で見れば、不変なのだ。

このような「場所」の視点の伝説研究への応用は、伝承において語られる場所という点とともに、語りの場という点においても、近年の口承文芸研究における領域拡大の主旨と呼応するように思われる。

例えば、民俗学者の武田正《たけだただし》は、口承文芸による伝承世界は、祖先の精神世界を形成するとの認識から、モチーフよりも、語りというパフォーマンスによって、聴き手と語り手が構築する、よりトータルな世界であるとする[8]。この武田の、聴き手と語り手によって構築される精神世界、民俗知識としての伝承世界というとらえ方は、ここでいう伝承者たち、つまり当事者同士が向合って、多様な感覚を駆使し経験する「場所」でもある。

また、このような伝承世界のとらえ方は、ポール・ロダウェイの言う、「口承の地理（oral geography）」と「場所のセンス」との深いかかわりを思わせる[9]。ロダウェイは視覚を優位に考える文化を文字文化、聴覚を優位に考える文化を口承文化とし、それぞれの文化に属する人々の「場所のセンス」の違いを論じている。

ロダウェイに従うと、本来、口承文化に属している口承文芸を文字化したとき、視覚を優位に考える文字文化に傾斜してしまうことになる。そうすると、口承文化に属する人々の「場所のセンス」が、文字では表現できず、文字資料から落ちてしまう可能性が出てくる。

ここで注目している、文芸化も宗教化もしていない場所とは、地名として語られるというよりも、「あそこの場所知っているか」「ああ、あそこね」という、当事者同士の暗黙のやりとりのなかで構築される伝承世界である。このような場所のやりとりも、文字化できない感覚の世界に属するのだ。

また近年の民俗学では、古い伝説だけでなく、現代伝説にも注目している。それは、「トイレの花子さん」とか「口裂け女」などの新しい伝説である。そのような現代伝説研究では、「現在」や「ことば」という問題にも焦点を当てている。そこには、広く伝説の背後にあって支えている、土地に住む人々の感覚、認識、行動[10]から民俗知識や世界観、価値体系といった、ひとつの全体世界までをも汲み取ろうとする姿勢がある。

このような「現在」や「ことば」といった問いは、伝説を「口承文芸研究という領域のみの問題として位置づけることは、本来この問題が持ちうるはずの問題を矮小化してしまう[11]」、と言われるように、従来の「口承文芸研究」における「類型」を前提とした、「テキスト中心主義」や「資料収集主義」と対立する視点で、もともと言語で表現しきれない、「場」の厚みをどう言葉で表現できるかにかかっている。

これを民俗学者の重信幸彦《しげのぶゆきひこ》は、「言葉」を「場」のコンテクストのなかでとらえようとする態度、と主張する[12]。また従来の口承文芸を、民俗の一部であるとのとらえ方を批判し、「人と人、人とモノの関係を織り上げていく根本的な道具である言葉の問題として「現在」をとらえていく地平」を見いだそうとする。また、先の斎藤純も千葉徳《ちばとく》爾《じ》の風土としての伝説資料のとえ方から、伝説が生活を中心に組織された、自然・社会・歴史的存在としての特性を持つのではとし、地誌学あるいは生態学的な分野を成立させる可能性を示唆する[13]。

こういった動きは、いままで現代伝説や世間話といわれるものが、低次元の説話としてしか顧みられなかった[14]ことへの、不満から浮び上がってきた、「断片」としての伝承や、「現在」という問いへの再評価をも含んでいるのだろう。これらはいずれも、「場所」という視角から、すくい上げることが出来るかもしれない。

注

(1) 石井町史編纂会編（一九九一）『石井町史　下巻』徳島県名西郡石井町、八六二〜八六三頁。
(2) 横山春陽（一九八〇）『阿波伝説集』歴史図書社、二四四頁。
(3) 伊川光司（一九六七）『阿南の伝説』小山助学館、一〇〇頁。
(4) 崎美津子（一九三三）「阿波伝説怪談首切れ馬」『郷土研究　上方（復刻版）3（下）』三三、八九六頁。
(5) 新井新也（一九一一）「首切れ馬の傳説」『人類学雑誌』二七―三、一七三頁。
(6) 上板町誌資料調査会編（一九六一）『上板の伝説とわらべ歌』徳島県板野郡上板町教育委員会、一七頁。
(7) 佐々木高弘（一九九七）「伝説のドキュメント―徳島県名西郡石井町の「首切れ馬」伝説より」『京都文化短期大学紀要』二六、三五〜一一四頁。
(8) 武田正（一九九一）「語りの異化効果と相乗効果―昔話の聞き手の立場から―」『〈口承〉研究の「現在」―ことばの近代史のなかで―』筑波大学歴史・人類学系日本民俗学研究室、一〇〇頁。
(9) P. Rodaway (1994) *Sensuous Geography: Body, Sense and Place*, Routledge, pp. 82〜114.

(10) 飯島吉晴(一九九七)「現代伝説研究の課題」『口承文藝研究』二〇、一四五~一六二頁。
(11) 重信幸彦(一九九四)「方法としての「はなし」へ―「現在」を問うために―」『口承文藝研究』一七、一一八頁。
(12) 重信幸彦(一九八九)「「世間話」再考―方法としての「世間話」へ―」『日本民俗学』一八〇、一~三五頁。
(13) 斎藤純(一九九四)「「伝説」という言葉から―その可能性をめぐって―」『口承文藝研究』一七、一三八頁。
(14) 武田正(一九九三)『昔話の現象学―語り手と聞き手のつくる昔話世界―』岩田書院、三三五頁。

第八話　見えない景観

1　場所という事実

> 昔から阿波の国には、橋を架けるときに人柱を入れて架けると橋が強くなるといういい伝えがあった。この人柱は、架橋工事にとりかかったときから一番最初にここに通りかかった人を、人柱にたてることに決まっていた。石井町本条の、現在の国道一九二号線に架かっている「渡内橋」が、昔かけられたときに、工事の人夫が人柱をたてようと待ちかまえているときに、初めて通りかかったのが綿打屋であった。それきたとばかりに捕らえられて、あわれ人柱に立てられてしまった。このような人柱のいわれから、この橋を「綿打橋」といわれるようになったと伝えられている[1]。

生きた人を埋めて、橋を架けたとする伝説は、日本各地で伝承されている。もちろん、そのような事実はなかったと考えられている。しかし、人々はそのような出来事が、かつて本当にあったかのように語る。橋という場所が、そのような出来事をひきつけるのかもしれない。なぜなら、橋という場所も、二つの世界、天と地、あるいは、この世とあの世の接点と認識されていたからである。

この「渡内橋《わたうち》」（写真2）は、先の首切れ馬が出没する、国道一九二号線に架かっている（図15）。私の聴き取りでは、渡内橋の下から、糸を引く音や、機を織る音が聴こえてくる話もあっ

写真２　渡内橋

た。また、この橋に産女《うぶめ》が出る、との伝承もある。産女とは、死んだ産婦の霊で、通る人に赤子を抱かせる妖怪である。私が聴いたのは、「この渡内橋を夜中に通ると、産女に赤子を抱かされ、それがあまりに重く、気づくと石になっている、その石を捨てると、赤子を捨てたな、と怒って追いかけてくる」という話であった。このように、見えないのに音が聴こえてきたり、妖怪が出没するという伝承からも、この橋が、人々にとって、二つの世界の接点として認識されていたことを思わせる。高入道《たかにゅうどう》が出る話も聴いたが、これは、ここと違う橋であった。

　また、蜘蛛《くも》が淵《ふち》と呼ばれる伝説も聴いた。この伝承は、この淵で釣りをしていた男が、淵の底に棲む蜘蛛に引きずり込まれる、という恐ろしいものである。その淵で戦争中、脱走兵と家族の心中事件があった、との話も関連づけられて、伝えられている。このような淵も、水界と陸界の接点であることから、二つの世界の境界、とも考えられていたようだ。

このように、この徳島県名西《みょうさい》郡石井町には、数多くの伝説があり、妖しい怪異があったとされる場所が豊富に伝えられている。

先にも述べたように、このような場所は、大きく言えば、二つの世界の接点であり、したがって、怪異の立ち現れる象徴的な場所である、とまとめることも可能だ。このような象徴的な場所は、世界中の様々な神話や昔話においても、似たような出来事の起こる場所として認識されているからである。

しかし、伝説の場合、さらに具体的に、それら場所の性質を探ることが出来る。なぜなら、伝説にはナマの語り手が目の前に存在し、彼らはその伝承を、過去に本当にあった出来事として認識しているからだ。もちろん、彼らが本当にこれら場所を、二つの世界の接点として認識していたかどうか、また本当にそのような怪異があった、と信じているかどうか、それは疑わしい。しかし伝承してきたという事実は、ゆるぎない。

そしてもうひとつの事実がある。それは、そのような怪異が起こったとされる場所の存在である。妖しい怪異はなかった、としても、その出来事が発生したとされる場所が、事実として残るのだから。なぜ彼らによってその場所が、怪異が起こったところとして選ばれたのだろう。そのような問いから、第八話をはじめよう。

2 存在しないものの分布図

二〇〇〇年の八月上旬、昆明《くんみん》市にある雲南大学で、中国歴史地理国際討論会が開催された[2)]。私は、その席で「二十一世紀に向けての、歴史地理学の可能性」について、意見を求められ、おおよそ次のようなことを述べた。

欧米・日本でも、民話の聴き取り調査を、地理学者自身が行うことはあまりない。民話は、現在に生きる人々が、記憶にもとづいて、何世代にもわたって語り継いできた、彼らの過去である。したがって、記述された文献や、道具や家屋といった、物質的証拠を持ち合わせていない。これらは、いわば物質的には存在しない、無形の民俗文化なのである。それがゆえにこれまでは、一段価値が低いものとして、地理学の世界では認識されてきた。欧米の地理学においても、これら民話は、同様の扱いを受けている[3]。

私は、聴き取り調査で得た、この民話の一つである伝説を、分布図として整理してみたことがある。調査集落で語られる、妖怪伝説の分布図を。そもそも分布図は、例えば工場のような、そこに実在するものにもとづいて、作成されるのが常である。ところが、妖怪は、人々の空想の世界の産物であり、実在するものではない。つまり、私は、実在しないものの分布図を作成したことになる。

さて、そのような存在しないものの分布図が、成立しうるのか。私は成立しうると思う。それは、共同体の、内部の語り手たちにとってのみ存在し、私たちのような、共同体の外部にいる者にとっては、存在しない、いわば「見えない景観」――インビジブル・ランドスケープ[4]――の分布図として。

私は、このとき、座に一瞬、「実在しないものの分布図など、作ってどうするのだ」といった意味の、嘲笑の雰囲気がただよったのを、覚えている。しかし、会議終了後、マサチューセッツ工科大学で、少数民族の歴史を研究する、M・L・バーマン（M.L. Berman）から、「君の言ったことは、ミッシングリンクだ」と言われた。

彼がミッシングリンクだ、と言ったのは、私がその後、次のような意見を述べたからである。実在しないものの分布図、という虚しい成果を、その他の土地情報と、照らし合わせることによって、見えてくるものがある。それは、場合によっては、古代の土地情報であったりするのだと。ところが、現在を生きる当の伝承者は、そのことを、露とも知らない。彼らは、意識せずに、その口頭伝承を通して、古代の土地情報を語っていることになるのだ。そうであるのなら、その口頭伝承の記憶は、個人を超え、時代を超え、古代の土地情報でさえ、伝えうるものなのではないか。口頭伝承が、失われた、土地と人々との結びつきを、語っていたのだと。

さて、その虚しい分布図だが、ここでは、先の「人柱《ひとばしら》」と「首切れ馬」伝説の分布図を見てみよう。そこに、いかなるミッシングリンクが見いだせるのか。

ところで、今まで伝説を研究してきた、民俗学や文化人類学が、分布図を作ってこなかった、というわけではない。しかし、彼らの分布図の多くは、その伝承を語っている集落の分布図であった[5]。つまり、この型の話は、ここで伝承されています、という分布図なのである。これは、伝承者の分布図だから、確かに存在するものの分布図になる。

私は、もうひとつの分布図を作成した。それは、出来事が起こったとされる、場所の分布図である。そして私が注目したのは、この分布図の方なのであった。

図16・17が、伝承者の分布図である。つまり、実在するものの分布図。図18・19が、出来事のあったとされる、場所の分布図、つまり、実在しないものの分布図である。これら伝説で語られる出来事は、私たち現代人が、おおよそ信じることの出来るものではない。つまり、生起しなかった出来事の、場所の分布図になるわけだ。しかし、彼らは口をそろえて「これは、民話じゃなくて、本当にあった話なんですが…」と、奇怪な話を、場所とともに語る。

彼らにとっては、信じられる何かが、あるらしい。なるほど、民俗学は言う、伝説というジャンルを支えてきたエネルギーは、彼らの真実性の主張にあると。彼らだけに見える、あるいは感じられる景観が、そして、私たちには、見ることも、

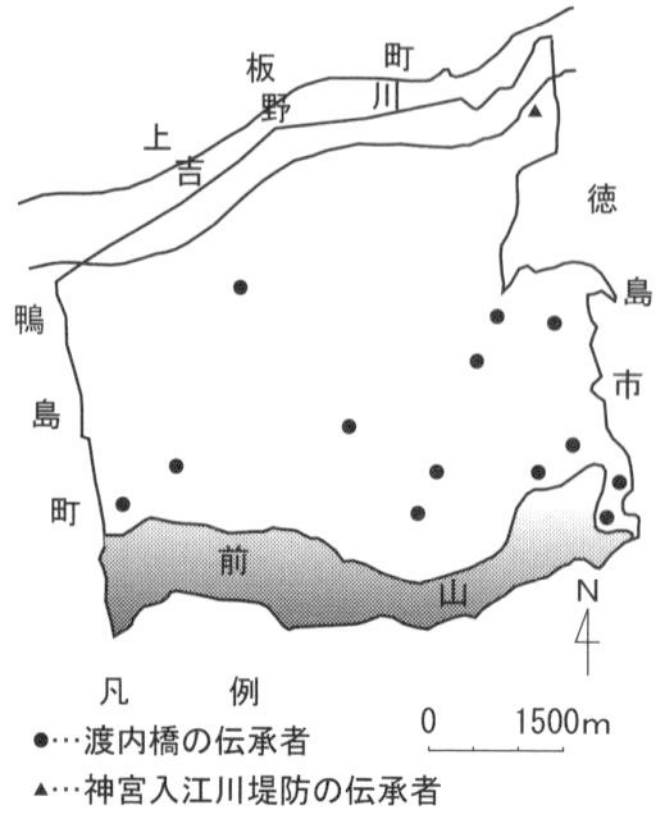

図16　石井町「人柱」の
伝承者の分布図

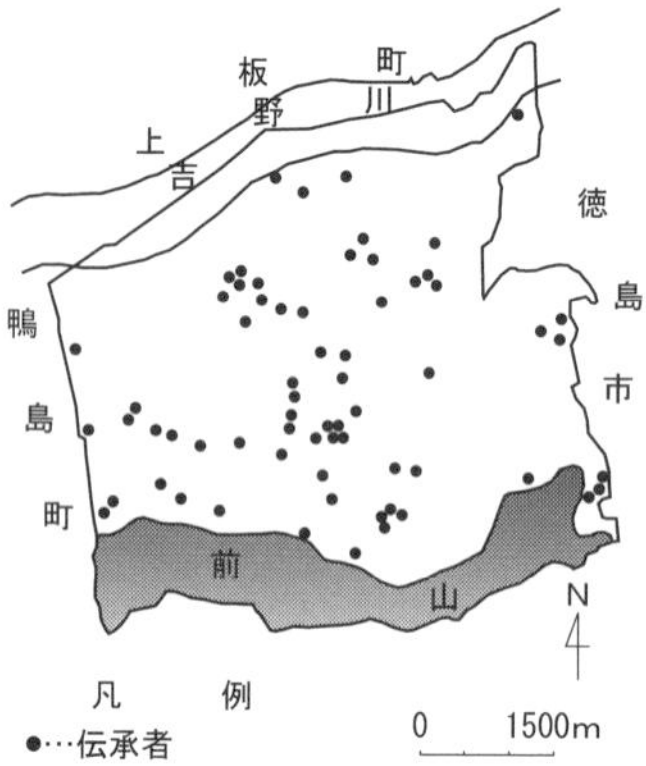

図17　石井町「首切れ馬」の
伝承者の分布図

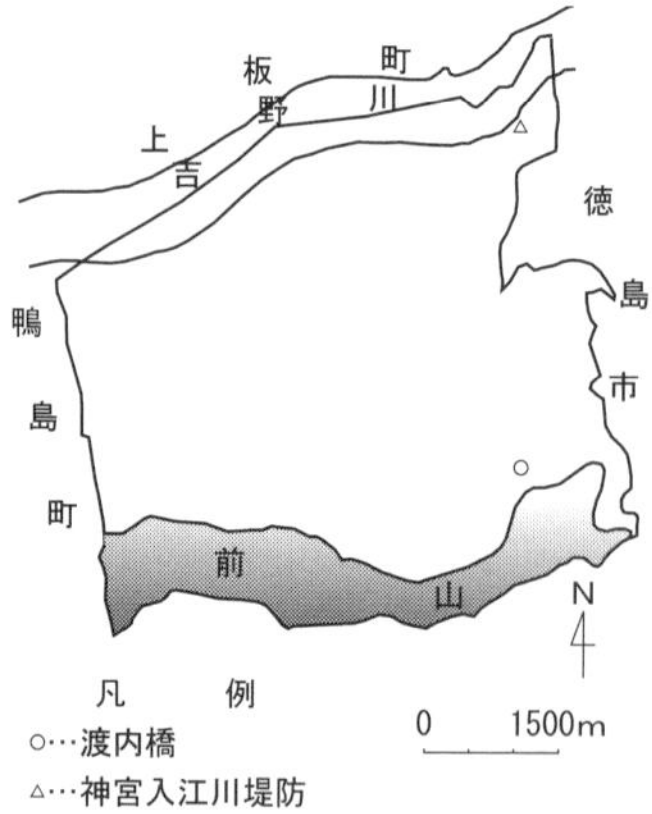

図18　石井町「人柱」の
橋・堤の分布図

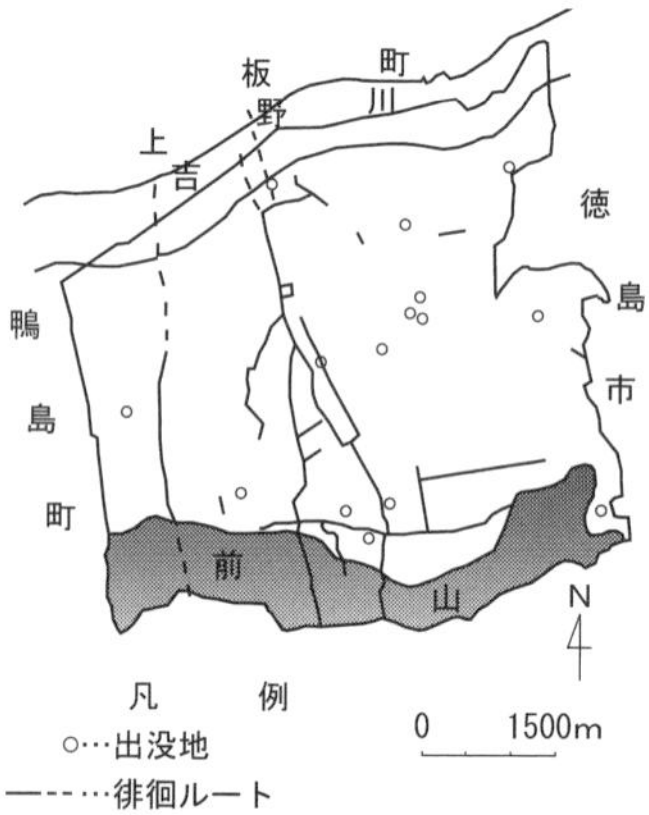

図19　石井町「首切れ馬」の
出没地の分布図

写真3　石井町重松の首切れ馬出没地

このように，私たちにとっては，何の変哲もない場所に，首切れ馬が走ると，地域の人たちは伝承する．つまり彼らには見えて，私たちには見えない景観ということになろうか．

感じることもできない景観が、確かにそこに表現されているのだ（写真3）。

　さて、この二つの要素の分布図から、何が読みとれるのだろう。まずは、実在の分布図（図16・17）、つまり伝承がここにあるという、伝承者の分布図の方である。密度の差はあるが、両者とも、ほぼ石井町全域にわたって広がっている。ここから分かることは、かつて両伝説とも、特定の人たちだけでなく、周辺地域の多くの人たちの口にのぼったということ。したがって、伝承の拡散という観点から見れば、同種の伝説であった、とすることが出来るだろう。

　問題は、首切れ馬の方が、現在もなお、比較的多くの人に、記憶されている、という点。なぜか。恐らくその解答は、次の分布図から得ることが出来るだろう。

　次に、出来事のあった場所の分布図（図18・19）。人柱の方は、人が埋められたとされる場所が、二箇所（渡内橋と神宮入江《じんぐういりえ》川の堤防）しかな

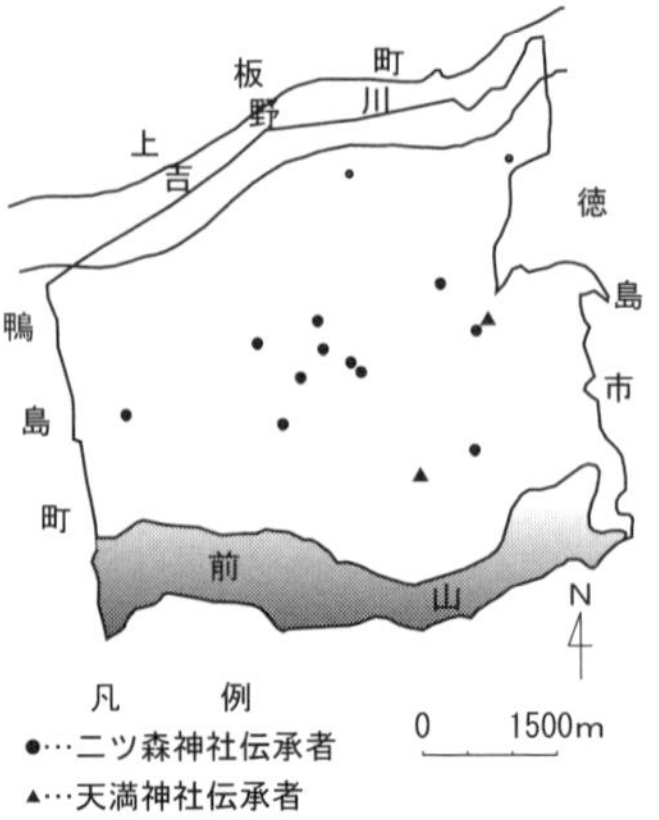

図20　石井町「蛇聟入（苧環型）」の伝承者の分布図

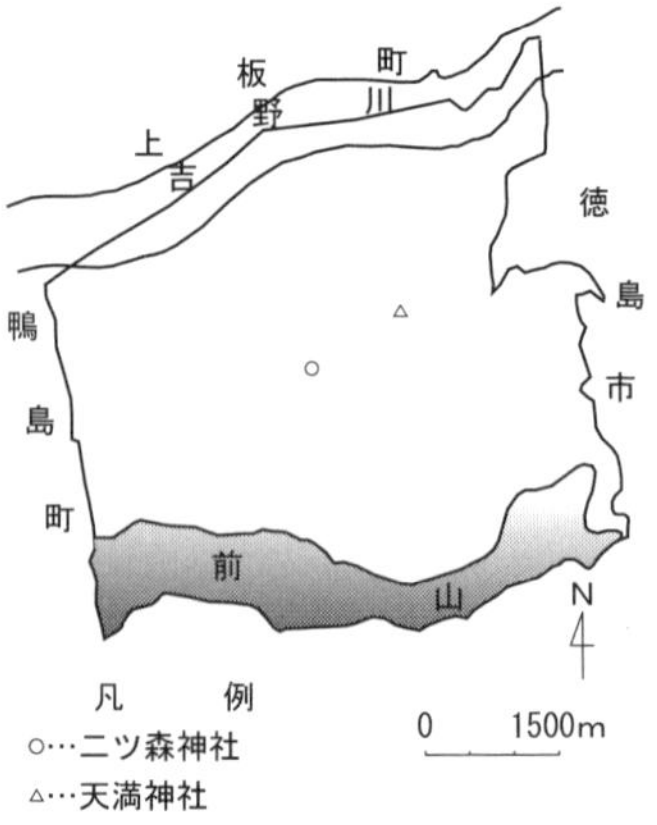

図21　石井町「蛇聟入（苧環型）」の蛇の棲家の分布図

い。一方、首切れ馬の出没地・徘徊ルートは、三十三箇所にものぼる。この違いは、大きい。

図20・21は、この石井町で得た、蛇聟入《へびむこいり》（苧環《おだまき》型《がた》）の伝承者の分布図と、怪異のあった場所の分布図である。ここでも人柱同様、伝承者の分布は石井町全域に渡っているが、怪異のあった場所は、二箇所に限定されている。その他の伝説の分布図を、ここでは示すことは出来ないが、これと似たような結果となる。

このような小さな地域では、伝説で語られる出来事の場所は、ふつう一・二箇所に集中する。であるのに、なぜこの首切れ馬だけが、こんなにも多くの、出来事のあった場所を、伝承しているのだろう。このことは、大へん重要な問題である。

しかしともかくも、今までの分布図から読みとれなかった特徴が、この見えない景観の地図から、はじめて導き出せたことになる。首切れ馬が、どうも特殊な性格を持ち合わせた伝説らしい、ということ、そして、その特徴を支えているのが、見えない景観であるということが。

今まで述べてきたように、これら伝説を語るとき、伝承者は真実性を主張する。しかし、彼らが、すべてそれを信じているわけではない。彼らは、先祖たちの主張を信じているのだ。すると、出来事の起こったとされるところは、彼らにとって、かつて何か、特別な意味を持った場所だったのだろうか。もし、これら出来事が生起しなかった、と仮定するのなら、場所を選んだのは、首のない馬の妖怪ではなく、彼らの先祖たち、ということになる。そして、伝承してきたのか。妖怪の種別や、その行為よりも、むしろそのことの方が、地理学にとっては重要なのだ。

3　ミッシングリンク
——見えない景観の土地情報

さて問題は、私たちには見えないが、伝承している人たちには見える景観、つまり首切れ馬の徘徊する場所の意味が、何であるのか。どうすれば、私たちはその意味を手にすることが出来るのか。

出没場所の分布を見る前に、伝説の聴き取り調査での、場所情報を引き出す状況と、その質について触れておきたい。なぜなら、この場所へのこだわりが、この分野における、地理学の独自性とかかわってくるからである。

民話世界を専門とする、民俗学や文化人類学は、伝説の宗教的側面や文芸的側面には注意を払うが、案外場所については無頓着である。前にも述べたが、私は聴き取り調査の折りに、一万分の一の白地図、あるいは住宅地図を持ってゆき、首切れ馬の出没場所、あるいは徘徊ルートを、かなりしつこく聴く。

ところが、伝承者たちは、この場所を表現するのに意外と苦労する。「そこの…」「あそこの…」とか「誰々さんの家の前…」などと言うのだが、それが、私たち外部からの訪問者には、なかなか通じないからだ。彼らの多くは、しびれを切らせ、ついには私の手を引き、現場へと向かう。そうやって場所情報を獲得してゆく。が、実はこのなにげない調査時の状況が、引き出された場所情報の質と、大きくかかわってくるのだ。

民俗学は、伝説に表現される場所を、宗教的要素と結びつけたり、人々の恐怖心をかきたてるような、人の棲まない山や森や川、その入り口である川辺や峠だと、いわば文芸化して言う。ここでも先に、二つの世界の接点となるような象徴的な場所と言った。しかし、首切れ馬の場合は、そうとも思えないのだ。なぜなら私のように、場所にこだわった聴き取り調査を重ねると、やがて次のようなことに気づくからだ。

それは、伝説集などの「記述された伝説」には、確かに寺や神社、峠や川辺の地名が入っている。外部に棲む私たちには、民俗学が見いだしたような場所を提示すれば、説明しやすい。寺や神社、川や峠の名前を言えばいいからだ。ところが、第六話で紹介したように、伝承者のナマの声には、そういった場所が現れて来ない。これは何を意味しているのか。恐らくこうだ。部外者と部内者とで、伝承者たち、伝説を記述した者、いやむしろ、伝説そのものが場所の表現を使い分けているのだ。

こういった配慮は、私たちだってすることだ。親しい近隣の知り合いと、初対面の人に道を聴かれた時の、場所表現の違いを想像すれば、すぐに了解できるだろう。場所の経験を、共有していない初対面の人に、「ほら、あそこの…」とか「誰々さんの隣りの…」などとは言わない。

とすると、さらに次のことが明らかになる。彼らにとって、これら伝説は、もともとは内部に向けての伝承、メッセージであった、ということだ。外部を意識する伝説集に記述された場所は、実は質の違うものだったのだ、と。私がここで注目したのは、「そこ」とか「あそこ」としか表現

図22 明治初期旧石井村の景観復原図

し得ない、内部に向かっての場所情報なのである。

このように、口承の場は複雑だ。いろんな要素がからみあっているからだ。しかし、この場所表現における伝承者の配慮は、伝説の地理学的研究にとって、非常に重要なことだと思う。なぜなら、この点を強く認識しておかなければ、この二つの、異なる相手に向かってなされた、質の違う場所を、まぜこぜのまま、彼らの場所認識の問題として扱ってしまうことになるからである。

本来、口承文化に属している口承文芸を文字化したとき、視覚を優位に考える文字文化に傾斜してしまい、口承文化に属する人々の「場所のセンス」が、文字資料から欠落する、との指摘がある[6]が、ここでも同じことが言えるだろう。私が注目しているのは、この文字化できない場所なのである。だから私は、しつこく聴き取り調査をし、彼らのナマの「語られた伝説」の場所を地図化する。

詳しい分布図[7]をすべて披露することは出来ない。が、聴き取り調査によって得られた、首切れ馬の出没あるいは徘徊場所を、地図に落としていくと、興味深いある共通点に目が止まる。徘徊ルートが、どうも同じ方位を指向しているのだ。何を意味するのか。

そこで今度は、その他の土地情報、具体的には本地域の旧村境や旧小字《こあざ》界が記入された、字切図《あざきりず》と重ね合わせてみた。すると次のような結果となった。七十一の事例のうち、首切れ馬の出没、徘徊場所と、①旧村境に一致する伝承が十九事例、②小字の境界に一致する伝承が二十五事例、③村境と小字界の両方にまたがる伝承が九事例、④村境や小字界に一致しない伝承が五事例、⑤場所をはっきりと記憶していない伝承が十三事例。村境や小字界を、首切れ馬が走ると伝承するのが、七十一事例中五十三事例、残り十八事例のうち、場所の記憶がないものが十三事例であるから、明確に記憶されている伝承のほとんどが、この共通点を持っていることになる。

ところが、この首切れ馬の徘徊する場所は、小字や村の境であればよい、というのでもない。図22は、私が明治九年の地籍図《ちせきず》[8]にもとづいて作成した、旧石井村（渡内川以北のみ）の景観復原図である。この図を見ると、この旧石井村が、比較的きれいな方格地割《ほうかくじわり》を残していることが読み取れる。

例えば、札の辻あたりは最もきれいな方格地割が見える。この札の辻と六地蔵の間の長さは、約一〇九メートルある。つまりこの地域には、一〇九メートルを一辺とした正方形からなる、碁盤目状の方格地割が広がっているのである。一〇九メートルとは一町、つまりこの一町四方の地割は、古代の条里《じょうり》地割を意味する。

そして、先にも述べたように、方位である。その方位は正南北より一〇度西に傾いている。実はこの方位、吉野《よしの》川下流域の条里方位[9]と一致する。これらのことが意味しているのは、この地割

写真4　六地蔵の辻

現在は国道192号となり交通量も多いが，かつては人通りの少ない淋しい道であったという．明治の頃に，この道を首切れ馬が行ったり来たりするという噂が立ち，道沿いの家の人がのぞき見たところ，鎧甲を身につけた武士が，馬の首を持って歩いていた，との伝説（第五話・第七話参照）も伝えられている．

がかなり古い時代のものを踏襲しているということなのである。

第七話で紹介した首切れ馬が徘徊する、六地蔵のあった現国道一九二号は小字の境界（写真4）。地福寺の裏（西）の道も小字の境界。第六話で紹介した魔の道は、旧石井村の西の境にある。図を見てわかるとおりこれらは全て、先に指摘した古い時代の地割方位を継承している。

この石井町は、吉野川の氾濫にたびたび見舞われた地域である。従ってこの古い時代の方位をもつ地割の多くが崩壊してしまって、そう多くは残っていない。にもかかわらず、首切れ馬は、古い地割方位を持つ小字の境や村境を、わざわざ選んで走っていたのである。村境および小字の境界の事例五十三例中、なんと四十八例がこの古い方位と一致する。

もちろん、これら明治初期の景観復原図から指摘したことを、意識して語る伝承者はいない。しかし、だからこそ、そこにこの伝説の深遠な意味が隠されているのである。かなり古い土地の情報が、首切れ馬が走るという伝説を通して、現在も伝えられているのであるから。しかも今なお、その他の伝説に比べて、数多く……ミッシングリンクなのだ。

4 見えない景観の意味

これまで私は、伝説が時代の変革期に生まれ語られることを強調してきた。それは、人々の世界観が崩壊と再生を繰り返す時である。人と人、人とモノ、そしてそれらと場所の関係が切断される時なのだ。それを図13では「欠けた円環」と呼んだ。そのような諸関係の切断が、首なし騎士や「もののけ姫」の鹿神、そして首切れ馬といった、首を切断された妖怪たちによって象徴化されていたのだ。その彼らが自身の首を探して彷徨う様は、私たちの新たな世界観の再構築を意味する。

また、後世の私たちが、伝説の真のメッセージを得るには、この時代の変革期に語られていた内容を、その伝承のなかに見いだす必要がある、とも述べた。それは文芸化されたり、宗教化される以前の伝説の様態のことである。ところが、現在私たちが手にする伝説は、すでにそれら変容を受け入れた結果としての伝承である。どうすれば見いだせるのか。そこで注目したのが、従来の研究で抜け落ちていた、当事者の視点であった。それは、伝承者と伝説の直接的な関係を意味する。

昔話と違って、伝説で語られる場所は実在する。今までの民俗学の研究は、この場所を宗教的側面から注視するあまり、場所そのものの性質を軽視してきた。もちろん地理学における場所のとらえ方も様々ある。人文主義地理学では、この場所を、主体が経験する、意味で満たされた主観的な「場所」とした。この視角は、ここでいう伝説の当事者の視点に叶う。その「場所」は、今までの伝説研究がとらえてきた、抽象的な場所なのではなく、伝承者から見た、意味で満たされた場所なのである。

そのような「場所」が、伝説に語りこまれる。客観的に見れば、伝説の内容はとても本当にあった出来事とは思えない。しかし、伝承者たちの主観から見れば、一応、半信半疑ながら過去にあった出来事となる。そのような出来事が本当は無かったのなら、彼らの主観によって選ばれた実在の場所だけがそこに残る。では、どのようにして彼らはその場所を選んだのか。それは、第六話で述べたように、彼らの「場所のセンス」によるのだ。家具の配置同様、彼らは怪異をその「場所」に置いたのだった。

ところが人々は、「場所のセンス」を普段は意識しない。それは、人々の世界観が崩壊したとき、関係を修復するために意識される。そのような時に発揮される、人々とモノ、場所の関係性を読み解く力なのだ。とすれば、伝説で語りこまれる、彼らの「場所のセンス」によって選び出された場所は、変革期に生じたものであると言える。この場所に注目すれば、伝説の真のメッセージに近づけるのではないか。

ところが、伝説の場所も、文芸化したり宗教化したりする。それらは、もはや伝承者の「場所のセンス」によるものではない。宗教者や、記述によって外部に伝説を紹介しようとする郷土史家たちによるものなのだ。それらの違いを見極めなければならない。私は「記述された伝説」と「語られた伝説」として区別を試みた。「語られた伝説」には、「ここ」とか「あそこ」としか表現し得ない場所がある。そこに「オーラル・ジオグラフィー（口承の地理）」の「場所のセンス」が見いだせる。それらは、記述したときに消滅してしまうような場所なのである。それをここでは、すくい上げようとしたのだった。

イーフー・トゥアンは、人々が生み出した景観は、すべて恐怖を封じこめるためのものだ、と述べている。いわゆる文化景観は、カオスを封じるためのものなのである。しかし、いずれそれも崩壊する。そうすれば、人々はその場所からの分離を余儀なくされる。カオスは、自然災害によってもたらされることもあれば、他の文化集団によってもたらされることもある。したがって私たちは、自分たちの世界を土地に刻み、その範囲を明確にするのだ。

古代律令国家の都城、特に平安京は、そういった恐怖を封じこめるためのものとして知られている。当時、中国の最先端の陰陽《いんよう》五行《ごぎょう》説《せつ》にそって王城の地を定め計画し、平安を得ようとしたのだ。しかし、妖怪たちは羅城門や一条戻り橋に出現する、と認識された。いずれも計画された土地区画の内と外の境である。現在『陰陽師《おんみょうじ》』が、小説やマンガ、テレビや映画で流行していることは、第五話で述べた、伝説と映画の関係から見て、大へん興味深いことだ。

古代の都城は条坊《じょうぼう》制によって碁盤目状に計画された。それは、トゥアンの言う恐怖を封じこめるための文化景観であった。農村に計画された条里制も同じであろう。首切れ馬がその条里地割を走る。図22は比較的条里地割が残っている地域であるが、この地域としては少数派だ。石井町の条里地割の大部分は崩壊している。なぜなら洪水の多発地帯だからだ。コスモスがカオスを受けた地域だったのだ。そういった地域で、わずかながら残る条里地割を踏襲している小字界、村境を首切れ馬はゆく。一見出鱈目に出没しているかのように思われる妖怪だが、そうではなかった。彼らは明らかに場所を選んでいる。その彼らとは、もちろん首切れ馬ではない。伝承者の先祖たちである。

このように彼らが「場所のセンス」を発揮して選んだ場所は、コスモスの崩壊を経験した場所だったのだ。ここで述べる余裕はなかったが、これら場所は詳細に見ると、単に洪水というカオスを経験しただけでなく、社会関係の崩壊や、価値観の崩壊を経験した場所でもあった[10]。

妖怪は二つの異なる世界がぶつかり合う場所に

出る。その内でも外でもない。なぜならそのような場所では、人々は得も知れぬ緊張やストレスを体感するからである。もちろん、この二つの世界とは、人間と自然の場合もあれば、異なる文化の場合もある。また現実世界と空想世界の場合もあるだろう。そのような場所は、空間的にも時間的にも存在するのだ。

伝説の興味深い点は、時代を幾重も超える力にある。現在の伝承者は遠い古代の条里地割など知らない。かろうじて旧村境は知っていても、小字界すら知らない。小字の存在自体もう忘れさられているのだ。なのに、首切れ馬の徘徊場所は記憶され、他のどの伝説よりも伝承者が多い。そして出没場所も数多い。なぜか。私の用意した解答は、簡単に言うとこうだ。

この伝承の主人公、一見首切れ馬のようだが、実はそうではない。首切れ馬は、伝承を効果的に演出するための、語りのパフォーマンスの一部にすぎない。本当のメッセージは、居住者である伝承者と場所の綿々たる関係性にある。彼らは妖怪を記憶しているのではなく、場所を記憶しているのだ。伝承のなかには、「この道筋には家を建ててはならない」とか「この道筋に家を建てても栄えない」と言われるものもある。どうも「いじってはならない場所」を伝承しているらしい。したがって、それらは、遠く離れた場所ではなく、つねに居住者たちにとって、目の前の場所であるはずだ。だから伝承者の数ほど徘徊場所があり、強く記憶されているのだ、と。

柳田國男は、伝説には昔話と違って証拠物があると言った。不思議な形の木や石といった記念物が、伝説の証拠になるのであると。というのは、他の地域から伝播してきた伝説が、土地に定着するには、そうした木や石が証拠として必要になるからだ。たとえ、もともとあった話だとしても、「そういう朝夕に目に触れるものを指して説けば、話が一段と身に沁みて聴かれたのである。もちろんそれはただの地物でなく、あるいは神木の注連を張った樹であり、または御手洗の泉に臨む形の珍しい石で、それ自身がすでに霊視されていたので、いよいよ人を欺くはずがないと思った[11]」のであると。

しかし柳田の言う記念物は、「首切れ馬」伝説で言うと、地蔵や庚申さんなどの宗教的な要素となる。それでは、この伝説の本当のメッセージが説明できないことは、すでに第六・七話で指摘した。かつて柳田は、伝説には二つの種類があると言った。ひとつは、やや込み入った構造をもつ話で、耳からの伝説という。この耳から入ってきた伝説は全体に面白く、また形がよく整って説話に近い。もうひとつは、眼からの伝説と言われるもので、簡明な内容を持ち、その感じを他に言語で伝えることが最初から容易でなかった。したがって不思議な形の木や石といった記念物を介して眼で伝えられると[12]。

確かに柳田の言うように、首切れ馬も、この地域の他の伝説に比して「その感じを他に伝える事が最初から容易でなかった」部類の伝説なのかもしれない。その感じとは、神のいるような雰囲気、不思議な感じといったものだろうか。それでそれを示すのに、不思議な形の石や、大きな樹、沼、川淵などの場所が証拠物となる。確かに首切れ馬の伝承の中にも、何か気味の悪いところなどと言う場合もあるが、基本的には、道路であることが多いのである。場合によっては昔からの幹線道路である。すでに指摘したように、それらは、古い地割を踏襲した村や小字の境であって、これは「感じ」ではない。もっと確かなものを伝承していたのだ。

こう考えると、むしろ話は逆である。見た目が平凡な道を、何か重要な場所であるとして後世に伝承することは容易でない。そのためには、神のいるような、不思議な「感じ」を証拠物としてそこに付着させておかねばならなかったのではないか。つまり話が逆だというのはこうである。伝播する伝説の眼から見れば、確かに証拠物としての記念物があった。しかしそこに棲む伝承者の眼から見れば、その記念物は伝説のためのものではなく、その場所のメッセージを伝えるための記念物であったのである。最初にあったのは語るべき場所であり、その証拠物であったのは伝説の方だったのだと。

柳田によると、伝説は近代に入って、様々な中央の歴史を取り込むことによって、合理化されてきたという。そういった中央の歴史を取り込むことによって取り入れられた、固有名詞やら、文芸化された部分をこそぎ落としていったところに残るのが、場所である。さらにその場所のなかから、宗教化し文芸化された場所をも分別して、いうなれば、共同体に属さない限り理解不能の場所を取りだしてみれば、そこに伝説本来の意味が見いだせる可能性がある。なぜなら、合理化も宗教化も文芸化も全く寄せつけない、伝承者すらしらけてしまっている場所がそこにあるからである。伝説で語られる場所を峠・祠・樹木・石といった抽象的な空間に置き換えるだけでなく、この「場所」にも目を配る必要があるのではないか。

このように、見えない景観の伝承は、ひょっとしたら、私たち、いや彼らの子孫たちに、古代の土地情報を伝えていたのかも知れないのだ。そうだとしたら、この土地情報の伝達方法は、ささやかながら有効であったとすべきだろう。なぜなら伝承者は、その場所が何であるかを意識せずに、今なお伝えているのだから。そして今でも、このような伝承や証拠物が、いい意味でも悪い意味でも、農村景観を開発から守ることもあるのだから。

注

(1) 湯浅安夫編(一九七七)『名西の伝説』小山助学館、一三五～一三六頁。
(2) 教育部人文社会科学重点研究基地復旦大学歴史地理中心主編(二〇〇一)『面向新世紀中国歴史地理学―二〇〇〇年国際中国歴史地理学術討論会論集』斉魯書社。
(3) T.G. Jordan, M. Domosh and Rowntree, L. (1997) *The Human Mosaic: A Thematic Intorduction to*

Cultural Geography, Longman, p. 242.

（4） K.C. Ryden（1993）*Mapping the Invisible Landscape: Folklore, Writing, and the Sense of Place*, University of Iowa Press.

（5） 例えば『日本伝説大系』（みずうみ書房）あるいは『日本昔話通観』（同朋社）などの分布図はすべて伝承の存在する場所の分布図である。

（6） P. Rodaway（1994）*Sensuous Geography: Body, Sense and Place*, Routledge, pp. 82-114.

（7） 興味のある方は、佐々木高弘（一九九七）「伝説のドキュメント―徳島県名西郡石井町の「首切れ馬」伝説より」『京都文化短期大学紀要』二六、三五～一一四頁を参照。

（8） 土地台帳、土地登記簿に付属している地図で、小字単位ごとに土地の区画を示す境界（筆界）、地番、土地利用などが記入されている。わが国で全国統一的に作成されたのは明治六年の地租改正以降で、字限図《あざきりず》・字切図・分間図などと呼ばれている。なお地籍図利用に際しては、石井町役場税務課にお世話になった。

（9） 服部昌之（一九八三）『律令国家の歴史地理学的研究』大明堂、三三〇～三四一頁、及び付図4。

（10） 佐々木高弘（二〇〇〇）「記憶する場所」『記憶する民俗社会』人文書院、一〇一～一五三頁。

（11） 柳田國男（一九四〇）『伝説』（『柳田國男全集』第七巻、筑摩書房、一九九〇、一五〇～一五一頁）。

（12） 柳田國男（一九四八）「伝説と習俗」（『柳田國男全集』第七巻、筑摩書房、一九九〇、二六九～二九二頁）。

Part III

神話

私は神話という術語を、信仰・価値・情報を具象化し、出来事や行動、そして知覚に影響をおよぼしうる、知的な概念として使用する。神話とは、時空を越えて共鳴する、現実の表象なのだ。それらは広範囲にわたって活用され、そして再生産されてきた。そして多様な経験を取り込む包容力を持つと同時に、その経験の意味を、長きにわたって伝達する深遠さも持っている。「神話」という語は、現実の対極としての虚構を意味するものではないのだ。環境についての神話は、事実も空想も含みうる。重要な問いは、「それ本当?」なのではなく、「それ誰の真実?」なのだ。

(John Rennie Short, *Imagined Country; Society, Culture and Environment*, Routledge, 1991, xvi.)

人は聖地を創り出すことによって、また、動物を神話化することによって、その土地を自分のものにします。土地に霊的な力を与えるのです。そこは一種の寺院、瞑想の場になります。

(ジョーゼフ・キャンベル、ビル・モイヤーズ『神話の力』早川書房、一九九二、一七四頁。)

第九話　景観を見立てる神話

1　語られた古代の神話

先に名をあげたイクタマヨリビメは、その姿かたちがきらぎらしいお方じゃった。ここにまた、ひとりの男がおった。その男の姿かたちや振る舞いは、ほかに比べることもできんほどじゃった。その男がの、夜中になるとどこからともなくおとめのもとに来るのじゃ。それで、おたがいに引かれてしもうて、夜の間だけ床をともにして住んでおるうちに、まだそれほどの時も経てはいなかったのじゃが、そのおとめは身ごもってしもうた。それで、おとめの父と母は、娘が孕《はら》んだのを怪しんでの、「お前は、わたしたちの知らないうちに孕んでしもうた。夫《おっと》もいないのにどうして孕んだのだ」と、わが娘に問うたのじゃ。すると娘は、「うるわしい殿方がいらして、その姓《かばね》や名も聞いてはいないのですが、その方が、いつも夜になるといらっしゃり、心引かれてともに住んでおりましたところ、知らないうちに身ごもってしまったのです」と答えたのじゃった。それで、おとめの父と母とは、その男を知ろうと思うての、わが娘に教えて、「赤土を床の前に撒《ま》き散らし、糸巻に巻いた紡《つむ》いだ麻糸の端に針を付けておき、殿方の衣の裾《すそ》にこっそりと刺しておきなさい」と言うのじゃった。それで、おとめは教えられたとおりにして、明け方になって見てみるとの、針を付けた麻糸はおとめの寝屋《ねや》の板の戸の鉤《かぎ》の穴から通り抜けて外に出ておっての、枕元の糸巻に残った糸は三巻《みまき》ばかりじゃった。それで、糸が鉤の穴から外に出ているさまから、父と母は、すぐにただの男ではないということを見破っての、抜け出た糸をたどって尋ねて行くと、三輪山に到り、その神の社《やしろ》に行き着いたのじゃった。そこで、イクタマヨリビメの腹の中の子は、神の子であるということを知ったのじゃった。それでの、糸巻きに糸が三巻きだけ残っておったので、その地《ところ》を名付けて三輪《みわ》と言うことになったのじゃ[1]。

一九九九年七月十三日、因島《いんのしま》で聴き取り調査をしていたときのことである。島南部の急な斜面で畑仕事をしていた老女の口から、私は次のような話を聴いた。

むかしこの村に大変奇麗な娘がいた。ある晩、美しい男が娘の寝ている蚊帳の中に音もなく入ってくる。怪しいと思った娘は、その男の着物の裾に、糸のついた針を刺した。明朝男が帰った後、糸を追ってゆくと、南池（写真5）の石垣に入っていた。石垣の中をのぞくと、針の刺さった蛇が死にかけていた。蛇は夫婦で棲んでいるらしく、女房の蛇が「人間の女のところへゆくから、針を刺されるのだ」と話していた。すると夫は「子供をつくってきたから、人間の女も死ぬ」と言った。それに対して、女房は「三月と五月と九月の御神酒《おみき》を飲むと、子はおりる」と言う。それを聞いた娘は、さっそく帰って御神酒を飲んだ。すると蛇の子がおりた。そこで村人は、二匹の大蛇を捕らえ、七つに切り、七箇所に埋めた。この周辺には「じんじさん」という小さなお宮が四つあるが、それ

写真5　因島市三庄の南池

この池の端の石垣に，蛇の夫婦がいたと伝承されている．蛇が通ったとされる娘は，かつてこの池の近くにあった円明寺の尼であったという伝承もある．今は円明寺という小字が残るのみである．また「じんじさん」と呼ばれる小さな祠もこの池の周辺にある．聴き取り調査はこの池の背後の畑で行われた．

——が大蛇を埋めた場所だという。

私は、この話を聴きながら、忙しくフィールドノートに書き込んだが、今でも鮮明に思い出すのは、炎天下で農作業をする、九十四歳の老婆の皺だらけの顔だ。なぜなら、この話が、生身の人間の口から発せられたことが、大へんなことだと、私には思えたからである。日焼けをし、ささくれだった、ごつごつとした指が、話しつつ微妙に動く。麦わら帽子を目深くかぶった、その奥にある老婆の口が、ゆっくりと、しかし確実に、この物語を成立させた瞬間だった。

この話、昔話としてとらえた場合、日本民俗学では「蛇聟入《へびむこいり》・苧環《おだまき》型」または「針糸《はりいと》型」という。苧環とは、紡いだ麻の糸を巻いて玉にしたものをさす。語られた話が、おおよそ次のような内容であれば、この話型に分類される。「①娘のもとに毎晩見知らぬ男が通ってきて明け方に帰っていき、娘はやせおとろえる。②心配した親が娘に糸を通した針を若者の着物の裾に刺させ、翌朝糸をたどると、山奥の洞穴までつづき針の刺さった蛇がいる[2]」。しかしここでは、因島でかつてあった、本当の出来事として、実在の場所とともに語られている。したがって、これまで見てきたように、この伝承は伝説となる。

伝説の場合、第五話でも述べたように、統一的な分類がなされることは、あまりなく、昔話の分類を使うか、伝説集の編者にまかされることになる。例えば、この伝承を伝説集に探した場合、類似した伝承が『因島の民話と伝説』で「化蛇《ばけへび》」と名づけられている[3]。

このように、話の内容がほぼ同じ型であっても、民俗学ではこれら伝承を、異なるジャンルの民話と認識する。

ところがこの伝承の場合、神話という、もうひとつの民話のジャンルにも登場する。最初に示した、ほぼ同じ話が、『古事記』の崇神《すじん》記に見られるからである。したがって、日本においてもっとも古い民間説話の一つ、とも言われている。

神話として見た場合、冒頭で紹介した『古事記』の物語は、三輪山（奈良県桜井市《さくらいし》）の神婚《しんこん》神話として知られている。内容はおおよそ次のように要約される。「イクタマヨリビメのもとに男が毎夜訪れ、ヒメは妊娠する。怪しんだ父母が尋ねると、娘は姓名も知らぬ男が通うことを告げる。父母は男の素性を知ろうと、赤土を床の前に散らし、紡いだ麻糸を針に通して男の衣の裾に刺せと娘に教える。夜明けに見ると、糸は戸の鉤穴を通り出て三輪神社に至っており、男の正体は三輪の神と知れる。この神婚によって生まれた子どもの裔がオホタタネコである[4]」。

神婚神話とは、神と神、あるいは神と人との結婚を語る神話で、日本では多くの場合、憑依《ひょうい》する男の神とそれを迎える巫女《ふじょ》との結婚と解釈される。民俗学的にいえば、神祭を意味し、したがって、かつてどの共同体も、このような神婚神話を伝承していただろう、と考えられている。そこでは、共同体の起源が語られ、人々がそれを受容することによって、共同体の維持と安定、そして人々の結束が保証される。そもそも私たちの共同体は、神と人の間に生まれた御子《みこ》から始まるのだと。この神婚神話で言えば、三輪の神が憑依する男の神で、イクタマヨリビメが巫女ということになる。それでは、この神婚神話を起源とした共同体は、どのような集団だったのか。

この話、四世紀から五世紀ころに実在した、大和の大王の王朝始《おうちょうし》祖《そ》神話ではないか、と言われている。それは、王朝の始祖が神婚によって生まれたとする、これと同型の東アジアの神話との比較から、私たちの神婚によって生まれたのも、ここにあるオホタタネコの先祖ではなく、大和の大王、崇神自身ではないかとする説である。それが八世紀の『古事記』では、何らかの意図で歪められて記載されたのであると。

その話が、生身の人間から聴けたのである。古代の遺物は発見されれば、マスコミにもてはやされる。しかしこの手の話の由来は、一般にあまり知られていないし、したがって、このように話が聴けても、誰も関心を示さない。それでも私は、この話を聴けたことの方が、遺物の発見よりも大へんなことだと思った。記述されることのない口頭伝承は、一度どこかで停止すると、この世から消えてしまう運命にある。つまり遺物とちがって、古代から現在まで、連綿と生きて語られなければ存在しないものなのだ。そのことが、土中に遺棄された遺物の発見よりも、驚きに値すると思ったのだ。

2　生きた神話の力――これ誰の神婚神話？

私たちにとって、神話といえば、荒唐無稽な太古の神々の話だろう。が、その神話が生きて機能している社会では、それは真実で、人々は疑うことすら許されない。生きた神話を参与《さんよ》観察する文化人類学者は言う。その社会の人々にとって神話は、儀礼的行動、倫理的行動、社会組織など、人々の実際の活動を規定する真理なのだと[5]。特定の社会における、生きた神話とは、このような強大なパワーをもっているのだ。

私たちのこの神婚神話も、古代において、そのように人々をコントロールする、社会的機能を果たしていたのだろうか。

この神婚神話が、『古事記』に登場する、その前後の文脈を見てみよう。

さて、この十《と》継ぎ目のミマキイリヒコ（崇神天皇）の大君の御世に、ひどくおそろしい出来事が起こっての、疫病《えや》みがこの国に流れ広がり、今にも人びとが死に尽きてしまいそうになったのじゃった。それでの、なすべき手立ても使い果たした大君は、どうすればよいものやらと憂《うれ》い嘆いての、神の教えを聞こうとして、くる日もくる日も真っ暗な殿の内に設《しつら》えられた神牀《かんどこ》にじっと座り続けておったのじゃが、そのいく日目かの夜更けになっての、大君がちとまどろんだすきに、オホモノヌシの大神が夢の中に顕れてきての、「これはわが御心《みこころ》であるぞ。この疫病みを鎮めるに、オホタタネコをもってわが前を祀《まつ》らしめたならば、神の気《け》は起こらず、国は安らかに平かになるであろう」と、こう告げたのじゃった[6]。

（括弧内は筆者補足）

『古事記』だけでなく、『日本書紀』にも、崇神の時代に、疫病が流行したとある。崇神はその解決策を得るべく、夢占いをする。当時の天皇は、シャーマン的性格を持ち合わせており、このようにしばしば夢占いをしている。その夢占いに出て来たのが、オホモノヌシつまり大物主神であったのだ。大物主神はオホタタネコを探し出し、私を祀れと命ずる。そこで崇神は、四方に人を遣わして、このオホタタネコを河内《かわち》の美努《みの》村（現在の大阪府八尾《やお》市辺り。『日本書紀』では陶邑《すえむら》とある。）に探し出し、その出生を確認したところ、先の神婚神話を語ったのであった。それで、オホタタネコが大物主神の子、つまり神の御子であることが判明したのである。喜んだ崇神は、オホタタネコを神主にし、三輪山を祀った。そうすると、疫病は消え、国は安らかに平らかになったのであった。

崇神はこれを見て、ただちに大物主神を信仰し、その教えを全国に広めようと考える。『日本書紀』は、次のように伝える。

四月の甲午《きのえうま》の朔 己 酉《つちのとのとり》（十六日）に、夢の教えのとおりに、墨坂神・大坂神をお祭りになった。十年の秋七月の丙戌《ひのえいぬ》の朔己酉（二十四日）に、群卿に詔して、「人民を導く根本は、教化することである。いま、すでに天神地祇を敬って、災害はみな消えうせてしまった。しかし、遠方の国の人どもは、なお臣民となっていない。これは、まだ王化に慣れていないためであろう。そこで群卿を選んで、四方に遣《つか》わして、私の教えを知らしめよう」と仰せられた[7]。

崇神はこの後、全国に四道将軍《しどうしょうぐん》を派遣し、この神の祭祀《さいし》を広く教化する。そして「もし教えを受けない者があれば、ただちに戦争を起こして討伐せよ」と命じたのだった。

しかしこの後、謀反がある。そこで諸将軍を引き止め、その対処にあたらせる。そしてこの戦の後、『日本書紀』では、その謀反を暴いた、崇神の姑《おば》である倭迹迹日百襲姫命（ヤマトトビモモソヒメ）と大物主神との神婚神話が、次のように語られる。

その後、倭迹迹日百襲姫命は、大物主神の妻となった。しかし、その神は、いつも

> 昼には現れないで、夜だけやって来た。倭迹迹姫命は、夫に語って、「あなたはいつも昼間来られないので、はっきりとあなたの顔を見ることができません。どうぞしばらくのあいだ留まっていてください。明朝に、謹んで美しい容姿を見てさしあげたいと思います」と言った。大神は、それに答えて、「道理はよくわかった。私は、明朝に、あなたの櫛笥《くしげ》に入っていよう。どうか私の姿に驚かないでくれよ」と言われた。そこで倭迹迹姫命は、心の中でひそかに疑われた。朝になるのを待って櫛笥を見たら、実に美しい小さな蛇が入っていた。その長さや太さは衣紐《したひも》のようであった。すなわち倭迹迹姫命は驚いて叫んだ。そのとき、大神は恥辱を感じて、たちまち人の形になられた。そして妻に語って、「あなたは我慢できないで私に恥をかかせた。私は報復としてあなたに恥辱を加えるだろう」と言われた。そうして大空を舞って、御諸《みもろ》山《やま》（三輪山）に登られた。こうして倭迹迹姫命は、御諸山を仰ぎ見て、後悔しながら急居（急にすわる）した。そのとき、箸《はし》が陰部に撞《つ》きささって薨《こう》じられた。そこで大《おお》市《いち》に葬った。だから、時の人は、その墓を名づけて、箸墓《はしのみはか》というのである[8]。

この箸墓説話には、神の子出産のモチーフがない。が、この話も大物主神の神婚神話として知られている。ただこの話、文脈的には適合せず、後から挿入されたのではないか、とも疑われている。

さて、再び出征した四道将軍たちは、十一年の夏四月の壬子《みずのえね》の朔己卯《つちのとのう》（二十八日）に、夷賊《いぞく》を平定した旨、崇神に奏上する。『日本書紀』には、「この年、異俗の人が多く帰順し、国内は安らかとなった」とある。

崇神はこの後、「人民の戸口を調査し」、税金の徴収をはじめる。『日本書紀』には、こうある。

これによって、天神地祇はともに柔和となり、風雨は時に順《したが》って、百穀は成熟した。家々には物が満ち足り、人々は満足して、天下は非常に平穏になった。そこで、天皇を誉め讃えて御肇国天皇（はつくにしらすすめらみこと）と申し上げた[9]。

『古事記』も言う。

そういうわけで、ミマキイリヒコ（崇神天皇）の御世を称えて、
初めて国を統《す》べたもうたミマキの大君
と言うのじゃ[10]。

このように崇神は「大物主神」の信仰と布教、そして軍事力で国土を統一した。この業績に対し、人々は崇神のことを「初国《はつくに》知《し》らす天皇」と讃えた。「初めて国土を支配した天皇・国土の創建者」という意味である。

このような文脈で、この神婚神話は語られる。私たちにとっては、荒唐無稽なこの話、なぜこのような重要な箇所、天皇が日本を最初に統一した場面で語られるのか。『日本書紀』では、文脈上適合しないと言われているのに、なぜここで語らねばならないのか。

最も単純な答えは恐らくこうだ。この伝承、古代社会を支配するのに、欠かすことの出来ない神話だった、そして、この神話を使って崇神は、人々をコントロールし全国を統一したのだ、と。広く東アジアに分布する、これと同型の神婚神話は、王朝の起源を説く始祖神話である。そのことが、さらにこの答えを支持する。崇神が、まさに王朝の始祖としての資格を、充分に備えていることに、間違いはないのだから。

3 神話の分布と世界観の拡散

しかし厳密に言えば、この神話は、崇神が大物主神の御子、とは伝承していないのだ。『古事記』『日本書紀』は八世紀に編まれた。この神婚神話の舞台となった崇神の時代は、四世紀とも五世紀とも言われている。この時間の差をめぐって、古代史家たちは、具体的な年代設定や王権の所在も含めて、様々な意見を述べている。

例えば、岡田精司《おかだせいじ》は、三輪山信仰の視点から、三輪山は天皇霊のこもる聖地ととらえている。そして応神《おうじん》以前で比較的その実在の可能性の高い、崇神・垂仁《すいにん》・景行《けいこう》三代の陵墓や宮都が三輪山周辺に集中している点を重視し、三輪山の神を奉じて南大和に勢力を持っていたのは、この三代の王権ではないかとし、彼らを「三輪の大王家」と呼ぶ。その後、四世紀後半に河内の大王家が、三輪の大王家に取って代わって、政権を掌握しようとした。そのとき、連合政権のなかで、形式上、三輪山の祭祀権と大王の地位を得る必要性があった。そのために神話では、河内のオホタタネコを神の御子とし、崇神が彼を招いて、三輪山を祭祀させるという、屈折した伝承となった、と推理する。三輪山の神が王権の根源とされながら、祟りをなし、疫病を流行らせる説話があるのも、このような王朝交替の経緯によって、納得できるのである[11]、と。

また吉井巌《よしいいわお》も、三輪山西麓一帯に、国内に類を見ない、四世紀の巨大な古墳群があることから、ここをかつて古代の王権があった地域とし、それらが時期的に崇神・垂仁天皇期と対応すると指摘する。その後、五世紀には、難波に根拠をおいた別の王権に、そして六世紀には、越前から大和に入った継体《けいたい》天皇の王統に、大和王権が取って代わられる。そのことが、崇神の直接的な始祖伝承を失わせ、オホタタネコが大物主神の子で、崇神が彼を使ってこの神を祀る、という間接的な、歪められた伝承となったのではないかとする。後の王権は、そのような方法で崇神の系譜をかろうじてとどめようとしたのである。

したがって吉井は、三輪山の神と聖なる乙女との結婚によって御子が誕生し、この御子が王朝をひらいたという伝承が、崇神王朝において語られていたのではないか[12]、と結論づける。

また和田萃《わだあつむ》は、四世紀から五世紀に、三輪山が大王の国見の舞台になっていたと指摘し、「古代において、三輪山西麓一帯に居住する人々が、三輪山から差し昇る太陽に対して敬虔な気持ちを抱き、素朴な日神信仰を育んで、山麓に祭場を設けて祭祀するに至った」と推測している。そしてここでも、五世紀に入って、河内王朝の統制を受け、この神話が歪められたのではないかとする[13]。

松前健《まつまえたけし》も同様に「河内方面から陶器制作に関係した集団――多分朝鮮半島からの渡来者集団――の族長が、新王朝の河内大王家の大和侵攻の後に、大和のシキ地方に侵入し、已の家系を、三輪の神の神裔と称し、かつての母郷の韓土に広く語られた「おだまき式」の神婚譚を唱え、その祭祀権の独占を図ったのであろう[14]」と推測する。

このように、この神婚神話が、東アジアに分布していることから、渡来系の王権であるとか、陶器制作集団、あるいは金属器制作集団とも関係する、との見解もある。確かにこれら意見も念頭に置いておく必要があるだろう。

人類学はどのように考えているのか。大林太良《おおばやしたりょう》は、大物主神の神婚神話が、いずれも記紀で初国知らす天皇（最初の王）の称号を得た、神武《じんむ》天皇と崇神天皇と関連していることに注目し、東アジアの神話との比較研究から、この神婚神話が王権起源神話であった可能性を指摘する[15]。

このように多くの先学が、この神話を四世紀から五世紀の、三輪山西麓周辺を根拠とした、大和の大王の王権起源神話としている。近年の考古学的発見から、もう少し時代が古くなる可能性もあるが、おおよそ、この神話の所有者の時代と所在が明らかになった、と言っていいだろう。そしてその後、人々がこの大物主神の神婚神話を疑うことが出来なかったであろうことは、文化人類学の成果が物語る。王朝はこの神話を使って、さらに国土支配を進めたのであった。

その痕跡がこの因島の伝説ではないか、と私は考えている。各地にある三輪神社がそうではないか、とする意見もある[16)]が、それはもっともな話である。東海道、東山道沿いに多く残るそれらは、まさに崇神の夷賊教化の過程を物語っているのだろう。私が言いたいのは、大物主神の信仰の拡散よりも、もっと広い意味での、この神話の拡散である。ここでいう神話の拡散とは、先に述べたように、人々の様々な活動や行動を規定する、世界観の拡散を意味する。それは、信仰を軸に、よりゆっくりと、より広い範囲に、染み渡るように広がっていったのではないか。

ここで注目するその世界観とは、「この土地の支配者は神と人との間に生まれた神の子である。そしてその神は、ある特定の山に降臨する。支配者の居住地は、その山の麓に位置する。このような状態にあれば、たとえ何か問題が生じても、支配者はいつでも神の意見を聴くことができる。だからこの地は、疫病もなく、禍もなく、繁栄するのだ」と。宗教学者のエリアーデは、世界各地にあるこのような神話を、天地結合型神話、あるいは、世界の柱型神話と呼んだ。私たちの神話は、さしずめ世界山型神話と言ってよいだろう。彼はこのような世界観が、世界の古代都市文化に引き継がれていったのだと言う[17)]。

私はこれを、景観を見立てる神話と呼んでおく。大物主神の信仰と言ってしまえば、それだけのことだが、あらゆる文化は場所に表現されると考える地理学から見れば、この神の信仰が、具体的に人々と場所をどのように結びつけたのか、そこを見なければならないからである。

そういった、人々と場所の結びつきを示唆する、世界観の痕跡だと、この話を考えてみよう。そうすると、次に示すこの話型の分布図（図23）[18)]

図23　蛇聟入・苧環型の分布

は、この世界観の拡散を示していることになる。このような見方をするのであれば、この図は単に民話の分布だけではなく、古代の世界観の拡散のようすを示すことになる。日本全国にこの話型が拡散していることが分かる。ある時代、この世界観が広く受け入れられたのである。

人と環境の関係を探る地理学が、こういった世界観を示す神話に焦点をしぼるとしたら、どこを問題とすればよいのだろう。おそらくそれは、人々が環境をどう見ていたのか、という環境知覚の問題についてであろう。自然の山や川の形を、人々がどのように見ているかは一様でない。特にこのような、自然景観に特別な意味を見いだし、象徴化する場合、人々はその時代の世界観に従う。

私は、その役割をこの神話が果たしていたのではないか、と憶測している。神話が、人々の様々な活動や行動を規定していたのであれば、景観に対するまなざしも規定していた可能性がある。もしそうであるのなら、この生き残った神話は、それらの痕跡を示していることになる。そして、この神話の拡散状況や、その後の変遷過程が分かれば、どの時代の、どういった人々が、このように環境を知覚していたのか、それが分かるかも知れない。

日本民俗学では、この「蛇聟入・苧環型」という口頭伝承を特別視している。なぜなら、この型の話が、神話・伝説・昔話の三つのジャンルにまたがって存在しているからである。日本民俗学には、これら三つのジャンルのもとは一つで、時代と共にそれぞれに変化していった、と考える人たちがいる。それは、神話が信仰を失い零落すると伝説に、さらに信じられなくなると昔話へと変貌する、という考え方である。もちろん議論の余地はある。が、この「蛇聟入・苧環型」、確かにそのような仮説を、大へんうまく受け止めてくれる、代表的な伝承でもあるのだ[19]。

この神話の変容過程を受け入れるのであれば、

図23で見た、昔話や伝説の分布は、かつての神話の痕跡とすることができるのだ。そして先に述べた世界観の変遷過程や拡散状況が、明らかになる可能性がある。また、物語のジャンルの変容が、この伝承から読みとれる、人々と環境の関係の変容と対応するのであれば、神話が人々の環境知覚のあり方をも規定するのだと、言えるかもしれない。

注

(1) 三浦祐之（二〇〇二）『口語訳　古事記［完全版］』文藝春秋、一五九～一六一頁。
(2) 稲田浩二編（一九八八）『日本昔話通観28　昔話タイプインデックス』同朋社、三二三頁。
(3) 河野寛編（一九八七）『因島の民話と伝説』因島ジャーナル、四六～四八頁。
(4) 大林太良・吉田敦彦監修（一九九七）『日本神話事典』大和書房、二九六～二九七頁。
(5) 例えば、B・マリノフスキー（一九九七）『呪術・科学・宗教・神話』人文書院、一三一頁。
(6) 注1『古事記』一五七～一五八頁。
(7) 井上光貞監訳（一九八七）『日本書紀　上』中央公論社、二一七頁。
(8) 上掲、二二〇～二二一頁。
(9) 上掲、二二三頁。
(10) 前掲注1『古事記』一六四頁。
(11) 岡田精司（一九七〇）『古代王権の祭祀と神話』塙書房、二九〇～二九七頁。
(12) 吉井巌（一九七六）『天皇の系譜と神話（二）』塙書房、一八四～二一七頁。
(13) 和田萃（一九九五）『日本古代の儀礼と祭祀・信仰（下）』塙書房、二一～四九頁。
(14) 松前健（一九八六）『大和国家と神話伝承』雄山閣、二一一～二二四頁。
(15) 大林太良（一九八四）『東アジアの王権神話―日本・朝鮮・琉球』弘文堂、三二六頁。
(16) 前掲注13　和田、二一～四九頁。
(17) M・エリアーデ（一九七二）『神話と夢想と秘儀』国文社、八七～一〇三頁。
(18) この分布図は、①稲田浩二・小澤俊夫編（一九七七～一九八九）『日本昔話通観』1～27、同朋社、②関敬吾（一九七八）『日本昔話大成2』角川書店、③福田晃編（一九八四～一九八九）『日本伝説大系』1～15、みずうみ書房、にもとづき作成した。なお、一部の地域については、筆者の調査結果も加えられている。
(19) 関敬吾（一九六六）『昔話と笑話』岩崎美術社、六七頁。

第十話　神話のシンボリズムと場所

1　ウロボロスと創造神話

　七年の秋七月の甲戌《きのえいぬ》の朔丙子《ひのえね》（三日）に、天皇は少子部連蜾蠃《ちいさこべのむらじすがる》を詔して、「私は、三諸岳《みもろのおか》の神のお姿を見たいと思う。おまえは、力が人にまさっている。みずから行ってとらえてこい」と仰せられた。蜾蠃は、お答えして、「とりあえず行ってとらえてまいります」と申し上げた。そうして、三諸岳に登り、大蛇をとらえて、天皇にお見せした。天皇は、斎戒なさらなかった。大蛇は、雷のような音をひびかせ、目をかがやかせた。天皇は、かしこまられて、目をおおって御覧にならずに、殿中に隠れられた。天皇は、大蛇を岳にお放ちになった。そこで、蜾蠃は、名を改めて賜って雷《いかずち》といった[1]。

『日本書紀』の雄略《ゆうりゃく》天皇七年に、このような記事がある。三諸岳とは三輪山のことである。したがって、その神は大物主神、そしてその姿は大蛇であったのだ。第九話で紹介した、箸墓の神婚神話でも、大物主神は蛇体で顕現した。このように国土を最初に統一した大王は、蛇体の神の御子である、とした神話を所有していたのである。そしてその神話を使って、全国統一を成し遂げたとされる。各地に残る、「蛇聟入・苧環型」の昔話や伝説が、この神話の痕跡であると考えられるのも、娘のもとに通う美男子に化けた蛇が、この蛇体の神の零落した姿とされるからである。

ところで、「人は生まれながら地理学者である」というフレーズがある。その真意は、人類が生来、場所の特性に興味や好奇心を抱く性質を持っている、ということをさす。個人レヴェルで言えば、私たちは、子どもから大人にいたるまで、無意識のうちに、様々な場所に関心を抱いてきた。子どもの頃は冒険や探検と称して、知らない隣町や、野山を探索した。大人になれば、その行動範囲が飛躍的に拡大するが、その目的はあまり変わらない。私たちは常に、未知の世界への尽きせぬ興味や好奇心を持ち続けてきた。

人類史レヴェルで言えば、古代から私たちは、主に商業や征服を目的に、場所の情報に興味を持ち、未知の土地の目録を作成してきた。ジオグラフィーとは、「土地を描く」ことなのだ。そのうち、人類は考えた。なぜ文化や環境が土地ごとに違うのだろう、と。

その疑問に答えようとしたのだろうか、古代の土地の記述のなかには、数多くの不思議を説明しようとする、神話や伝説がある。日本では風土記に、それらが多く見られることは、よく知られている。実はこの神婚神話に類似する話が、『肥前国風土記』に見いだすことができる。

褶振《ひれふり》の峯《みね》（郡《こほり》の東《ひむがし》にあり。烽《とぶひ》の處《ところ》の名を褶振の烽といふ。）大伴《おほとも》の狭《さ》手《で》彦《ひこ》の連《むらじ》、發船《ふなだち》して任那《みまな》に渡りし時、弟《おと》日《ひ》姫《ひめ》子《こ》、此《ここ》に登りて、褶《ひれ》を用いて振り招《を》き。因《よ》りて褶振の峯と名づく。然《しか》して、弟日姫子、狭手彦の連と相分れて五日を経し後、人あり、夜毎に来て、婦《をみな》と共に寝《い》ね、暁《あかとき》に至れば早く帰りぬ。容止形貌《かほかたち》は狭手彦に似たりき。婦、其を恠《あや》しと抱《おも》ひて、忍黙《もだ》えあらず（そのままにしておけなかった）、密かに績麻《うみを》（紡いだ麻糸）を用ちて其の人の襴《きぬのすそ》に繫《か》け、麻《を》の随《まにま》に尋《と》め往《ゆ》きしに、此の峯の頭《ほとり》の沼の邊《へ》に到りて、寝《いね》たる蛇あり、身は人にして沼の底に沈み、頭は蛇にして沼の脣《きし》に

臥《ふ》せりき。忽《たちま》ち人と化為《な》りて、即《すなは》ち語りていひしく、

　篠原《しのはら》の　弟姫《おとひめ》の子ぞ
　さ一夜《ひとゆ》も　率寝《いね》てむ時《しだ》や
　家にくださむ

時に、弟日姫子の従女《とものめ》、走りて親族《かぞいろ》に告げしかば、親族、衆《もろびと》を發《いだ》して昇りて看るに、蛇と弟日姫子と、並《なら》びに亡《う》せて存《あ》らず。ここに、其の沼の底を見るに、但《ただ》、人の屍《かばね》のみあり。各《おのおの》、弟日姫子の骨《かばね》なりと謂《い》ひて、即《やが》て、此の峯の南に就《つ》きて、墓を造りて治め置きき。其の墓は見《いま》に在《あ》り2)。

任那に旅立ったはずの狭手彦が、弟日姫子の許に夜毎訪ねてくる。怪しんだ姫子は麻糸を男の衣に縫いつけ、残った糸をたどっていくと、この褶振の峯の頂きの沼に入っている。見ると蛇であった、というのだ。この風土記もほぼ『古事記』と同じ時代に編纂された地誌なのだ。

遠方の未知の世界を、説明し記述しようとするとき、私たち人類は、決まって空想の世界を差し挟む。古代の地図では、描画者、つまり当事者が所属する地域が中心に位置し、周縁が歪んでいる。知っている土地が終わると、その四隅には空想の動物や怪獣などが描かれる。中世に入っても、知られている地域が中心にあり、その周囲はすべてを包容するようなシンボルや悪魔が取り囲む（図24）。

この構図は、現代人のメンタルマップでも同じく現れる。特に子どものメンタルマップは、自身の家を中心に、知っている地域を描き、周縁は歪む。そして、未知の世界に、ミステリアスな部分が表出する。それは恐怖や希望といった両義的な空想世界の表象なのだ（図25）。

このような現象を、深層心理学では、投射と呼ぶ。投射とは、人間の主観的な内容を、周囲にある事物のなかに押し出すことを意味する。地図の話で言えば、既知の現実がとぎれて、人々が未知

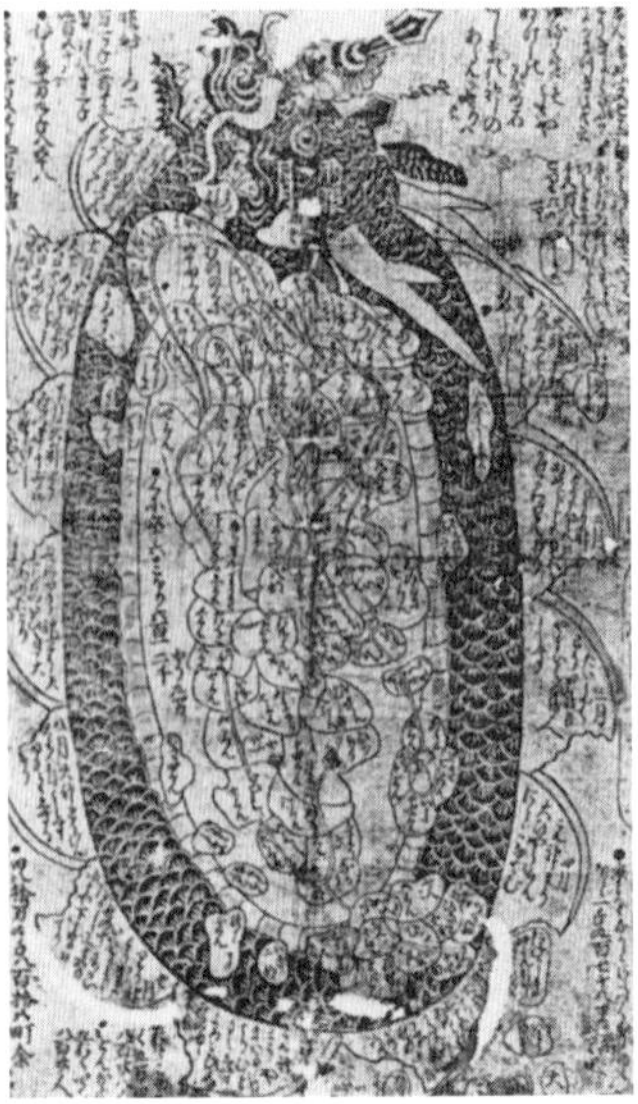

図24　大日本国地震之図(1624年)
久武哲也・長谷川孝治編（1989）『地図と文化』地人書房，92頁.

の領域に触れるとき、主観的な内容が外部世界に投射され、その結果、歪んだり、空想の生物が描かれるのだと。

ユング派の深層心理学者で神話を研究した、フォン・フランツ[3]は、私たち人類はいつも「未知の穴に落ち込んで謎に直面すると、神話的なシンボルを投射」してきたと言う。そして「そこからとりわけ創造神話が」生まれてきたのだと。

その未知の領域に、決まって描かれる神話的シンボルがある。それをウロボロスという。ウロボロスとは、自分の尾をかむ蛇ないしは龍の姿で示される、未分化なものや、全体性、始源的統一、自己充足のシンボルなのである（図26）。この象徴は、西洋ではドラゴン、中国では龍、そして日本では大蛇として、私たちの前に立ち現れる。

そのウロボロスが、世界創造の神話を担う。世界中の神話で、そのように伝承されている。『世界シンボル大事典』[4]は言う、「ヘビはあらゆる対立物を操るとともに、二つの性を弄《もてあそ》ぶ。雌でもあり雄でもある。「自分の中に双子を持つ」。それは多くの偉大な創造主に当てはまり、常に最初の姿は宇宙のヘビであった」と。例えば、仏教では輪廻の輪を、エジプトでは宇宙の円、太陽神の通る道を、ギリシアでは原初の卵に巻きつくヘビを、ヒンドゥーでも輪廻の輪を、意味する。

そのような神話的シンボルが、私たちの国を最初に統一した、大王家の始源として、『古事記』

『日本書紀』に描かれているのだ。

2 環境知覚と創造神話

——新しい土地の開拓と所有

世界創造神話とは、宇宙そのものの起源を説明しているのではなく、人間による世界の意識的認識の起源を説明する、無意識や前意識の作用を表している、と指摘するフォン・フランツは、創造神話が表れる状況を次のように述べる。それは、人が「征服者として見知らぬ土地に入った時」であると。そのような時、人は精神的、肉体的に危険な状況に陥る。なぜなら、自分のルーツを失い、まだ新しい環境に適応していないからである。そのため征服者は、見知らぬ土地を自己の所有と認識するのに、新しい宇宙を創造する必要性に迫られるのだと。

深層心理学的に言えば、無意識が創造神話を語り直すことで、意識的な生命をとり戻し、現実を

図26　永遠の象徴としてのウロボロス
M＝L・フォン・フランツ『世界創造の神話』人文書院，裏表紙．

図25　子どものメンタルマップに描かれたヘビの穴
寺本潔（1990）『子ども世界の原風景』黎明書房，40頁．

再び意識しようとする行為なのだ。そのとき、先の議論通りなら、決まって人々は、あのウロボロスを見知らぬ土地に投射して、認識する。

ユングは、人類に広く共通する無意識の存在を看破したが、ウロボロスもその表象の一つである。世界中の創造神話に、同じような物語やシンボルが立ち現れてくるのは、そのためである。私たちの崇神も、この国の最初の征服王である。この文脈で言えば、彼が征服王として新しい土地に入り、新しい環境を認識し適応するために、神話的シンボル、ウロボロスを使ったのだ。

人が新しい環境をどのように認識するのか、このようなテーマは、地理学でも環境知覚研究として知られている。私はこの研究テーマに、この深層心理学の創造神話発現の考え方が、使える、と考えている。

人々が山や川、海や岩といった、自然の景観をどう見るのかは一様でない。狩猟採集民は、自然を彼ら自身と区別しなかった。いや、むしろ彼らに、自然なる概念があったかどうかも疑わしい。農業革命以来、人々は開拓地以外を自然とし、中世ヨーロッパにおいては、キリスト教の影響から山岳地帯や森林地帯が、邪悪なものとして、人々の目に映っていた。その後、都市や科学技術の発展と共に、これら自然が人々の精神を潤すものと受け止められるようになる[5]。それに対して、東洋においては、一貫して自然と人間は一体であった。が、現代においては、西洋の近代科学的な価値観の影響を受け、自然に対して西洋と同様の態度をとるようになった。

かつて雄大な風景は、一部の階層のものだったが、現代社会においては私たちも楽しめるようになり、そのことが景観に対する人々の態度を変えた。景観保護なる態度はつい最近のものである。近年のエコロジストの思想には、キリスト教的な支配的自然観から脱するために、皮肉にも彼らが征服してきた狩猟採集民の神話をバイブルとするものさえある[6]。

このように、私たちの環境知覚は、生業や、思想、技術に応じて、変化してきた。景観へ向けられる人々のまなざしは、時代や社会や地域によって違うのである。そこに映ずる風景は、私たちの目に映る風景とは必ずしも同じではないのだ。

この風景をどう見るかは、生活形態や宗教などが複合的にからみあう、文化の側にあるといえる。本来自然の側にある山や川といった景観に意味が生じたのは、文化という文法のなかで、それぞれの景観が記号化されたからであろう。私たちの発する音声という、いわば自然の音が意味をもちえるのは、この広い意味での文化という文法があるからである。その文法が人々のうちに共有されてはじめて、その自然の側の要素が意味ある記号として立ち現れ、メッセージとして伝達されるのである。

このようにして人々は、漠とした自然に意味をあたえ、文化の側に取り込んだのであろう。すべての文化は、それぞれの環境を独自の見方で見、記述し、そして象徴化するのである[7]。

地理学は、文化と自然の関係を、様々な角度から考えようとする学際的な学問である。少なくとも地球上の文化は、シャボン玉のように中空を浮遊しているのではなく、物理的に大地の一片を占有する。したがって、文化を理解しようとするとき、文化と環境との相互作用に目を配る必要がでてくる。

地理学では、この文化と環境との相互作用を知るために、様々な視点を発展させてきた。その内の一つに、環境知覚という思考がある。そこでは、人々の環境に対する態度や行為は、土地の実際の性質よりも、彼らがどう環境を知覚しているかに依存していると考える。その知覚は、実際には文化の教えによって彩られることになる。「なぜある文化集団が、その自然環境において、そのようなことをしたのか」という問いに答えるのに、私たちは環境がどのようなものであったかだけでなく、文化の構成員が、それをどのように考えていたかを、知らねばならないのである[8]。

欧米においては、一九六〇年代から、日本においては一九八〇年代から、このような研究が始まった。特に歴史地理学的な研究において環境知覚研究が重要なのは、過去の人間集団と環境の関係を、私たちの価値観ではなく、その時代の人々の価値観で見なければならないのではないか、との反省があったからである[9]。

さて、古代において、私たちの祖先は、新しく開拓あるいは征服しようとした土地を、それぞれの世界創造神話にもとづいて知覚していたのではないか。

エリアーデは、天地創造の神話が、ここでいうように、見知らぬ土地の開拓、征服の過程、つまり未知から既知へ、カオスからコスモスへの推移を示す物であるのなら、古代における都市建設のシンボリズム、土地占い、建造儀礼などの事例が見事に一致する、と言う。

例えば、インドでは、新しい家を建てるとき、土台のどこが世界を支える蛇、ナーガ（図27）の頭の上にあたるかが重要で、蛇の頭が逃げないように、木の釘をそこへ打ち込む。そして礎石がその釘のうえに置かれる。そこは世界の中心を象徴的に意味するのだ。これら行為や儀礼はヴェーダ神話にもとづいているという[10]。

またインドで新しい王が即位するときに、バラモン司祭が新王の頭にガンジスの泥をつける。この行為は、王と大地の女神との結婚を象徴する。王は彼女と一体になることで、その身体は国土そのものになるという[11]。

日本においても、平安京造営の時に、風水地理が使われた。それはどこに龍の気が流れ、どこに龍の頭（船岡山《ふなおかやま》）があり、その龍がどこの水（神泉苑《しんせんえん》）を飲み、中心（大極殿《だいごくでん》）をどこに設定し、都を繁栄させるか。それらを自然景観に見立て、陰陽五行説という文法で象徴化した。

このように新しい土地に入り、自集団の所有する神話を繰り返し語り、儀礼を行う人類の行為を、フォン・フランツは次のように解釈する。

「中世初期に、バイキングやアングロ＝サクソン人たちが新しい土地に初めて足を踏み入れたときは、祭壇を建て、創造神話を繰り返すことによって、この国は今まで存在していなかったけれども、自分たちがここに来て、ここを意識の領域に入れて、意識的な秩序を設定したのだ、自分たちがここに入植することによって、ここを創造したのだ」と。

　現在の日本でも同じような儀礼がある。地鎮祭は、工事を始める前に土地の神を祀り、工事の無事を祈る儀礼である。山折哲雄《やまおりてつお》は「目に見えない神として、土地の背後というか、その縁辺に鎮まっている。その目に見えない神の気持ちを鎮め、土地に入ることの許可を乞うという心意が働いている。もしも土地の神への挨拶を怠るときは、たちどころにその神の怒りを誘発するという恐れが抱かれている[12]」のだと指摘する。

　このように私たち人類は、新しい土地に入るとき、神話にしたがって土地の神に挨拶をする。その挨拶は様々である。最初に国土を統一した私たちの祖先は、その神を男と考え、集団の聖女と結婚させた。そしてその神は蛇と象徴化し、三輪山を世界の中心と見立てた。その文法が三輪山の神婚神話であったのだ。

図27　インドのナーガ
アーサー・コッテル（1993）『世界神話辞典』柏書房，117頁．

3　神話のシンボルと場所

神話という文化も、決して土地から離れて生まれることはなかっただろう。実際、神話とは特定の時代、文化の基本的な表現で、人間精神や心理学的構造に関する根本的表現とする考えがある[13]が、それは、文化人類学の一派が文化を、人間が環境に適応する過程で生み出した、観念体系や象徴体系とするのと、極めて近い発想である。

したがって、神話を構成するシンボル群も、大地に結びついている。

神話における、宇宙の中心のシンボルを宇宙軸（アクシス・ムンディー）と呼ぶ。それらが場所に喩えられるとき、世界樹や世界山、世界の柱、などと関連づけられた。世界樹や世界山、あるいは世界の柱は、かつて天と地がつながっていた名残として神話に登場する。世界樹からは神の知恵、世界山あるいは柱を登れば、神の助言を得ることが出来た。

最初の祖先ダトゥ・ラウックゥの子孫たちは、やがて地上に降りて生活を始める。はじめのうちは地上の人々は「天の梯子」を使って天界なる神々の世界と自由に交通することができ、何かことが起これば神々から直接に助言を受けることができた。また、当時は人々の間に禁止事項もなく、インセストも許されていた。しかし、ある時、サラ・スアックという女が過ちを犯した（高神プアン・マトゥアの火打ち石を盗んだ）ことによって、高神は怒り「天の梯子」をとり壊してしまった。その結果、地上の人間たちと天界なる神々との交通は断絶してしまう。この事態に直面して、文化英雄ダンディリノが、供犠というかたちの儀礼の形態を導入し、天なる神々との交通の回復を図ると同時に行為の規範としてタブーを整備する。こうして、インセストは禁じられ、今日のトラジャの儀礼の体系の

祖型が制定されたのである。

これはインドネシアのトラジャの神話である[14]。トラジャでは、死者は高い岩の壁のくぼみに安置される。人々は定期的にこの祖先に会うために、梯子を使い神話の如く高い天をめざすとされる。

ギリシア神話の世界山、オリュンポスは次のように伝えられている。

オリュンポスの館に住まう神々は、
最初に人間の黄金の種族をお作りなされた。
これはクロノスがまだ天上に君臨しておられたクロノスの時代の人間たちで、
心に悩みもなく、労苦も悲歎も知らず、
神々と異なることなく暮らしておった。
惨めな老年も訪れることなく、手足はいつまでも衰えず、
あらゆる災厄を免れて、宴楽に耽っていた。
死ぬ時はさながら眠るがごとく、あらゆる善きものに恵まれ、
豊沃な耕地はひとりでに、溢れるほどの豊かな稔りをもたらし、人は幸せに満ち足りて心静かに、気の向くにまかせて田畑の世話をしておった。
豊かな家畜に恵まれ、至福の神々にも愛されていた[15]。

このように世界山には神が棲み、その麓で人間は理想郷を謳歌していたのだ。

ところが多くの神話が、その理想とする世界は、すでに失われて今はない、と語る。トラジャの神話はそのことを伝えている。しかしその楽園を回復させた英雄がいる。彼は儀礼を整え、人々の行為の規範を整備する。

文化人類学では、このような役割をシャーマン

が演じると報告している。シャーマンとは宗教的職能者で、シャーマニズムとは、シャーマンを中心とする世界観、儀礼、信者・依頼者集団などからなる宗教形態を意味する。エリアーデは、シャーマンの行為を、理想郷へのノスタルジア、今は失われた理想世界を回復しようとする願望、天界と大地との連絡を回復させようとする意志、と見る。またシャーマンが見せる動物行動の模倣、あるいは動物の言葉としての叫び声の模倣行動から、彼らと動物との密接な親近性を指摘する[16]。それは、自然と人間との調和を理想とする世界観を示しているのだ。

私たちの神婚神話でも、三輪山の神を祀ることによって、その麓に居を構える私たちの祖先は、シャーマン的性格を色濃くもつ大王を中心に、人と動物（神）との婚姻（つまり調和）を語り、国を安らかに平らかにした。そしてその大王は、それを全国に広めることで、初めて国土を統一したのであった。「これによって、天地神祇はともに柔和となり、風雨は時に順って、百穀は成熟した。家々には物が満ち足り、人々は満足して、天下は非常に平穏になった」との『日本書紀』の語りは、まさにこのオリュンポスの理想に近い。

この三輪山の神婚神話には、その他にも重要なシンボル群がある。日本民俗学ではこの話型を持つ昔話を「蛇聟入・苧環型（針糸型）」と呼ぶが、苧環とは、苧（麻）を紡いで糸とし、巻いて玉にしたものである。糸を紡ぐという行為も、また神話のシンボルである。糸紡ぎは、宇宙の循環運動を象徴し、糸は神によって紡ぎ織られる運命・統一・持続として、宇宙を束ね宇宙を織りなすもののシンボルとなる。宿命の女神たちは、ほとんどが紡ぎ手ないしは織り手である。紡錘と糸巻き棒を手にして、人の誕生だけでなく、日々の流れと一連の行動に采配を振るうとされる（図28）。

三輪山の神婚神話では、紡いだ麻の糸を針に通し、男の着物に縫いつける。そして次の朝、糸をたどってゆくと、三輪山の神の許へとつながっていた。そして自身の運命を、自身で紡いだ苧環で知ることになるのだ。

　この糸もまた神話のシンボルである。糸はこの世とあの世の存在を結びつける仲介者の役割を演じる。中心に結びつくには、糸のあとをいかなる場合でも辿ってゆくことが大切であるとされる。また針に糸を通すことは、太陽の門を通過するシンボルとしても描かれる。三輪山信仰が、この山から登る太陽を崇拝する、素朴な日神信仰であったとするなら、まさにこのシンボルが私たちの神話において生を得ていたのだ。

図28　ギリシアの赤絵式陶画（前6～5世紀）に描かれた糸を紡ぐ女神
アデル・ゲティ（1995）『女神―生ける自然の母』平凡社，94頁.

　日本民俗学が「蛇聟入・苧環型」と分類する基本話型には、糸を辿ると山奥の洞穴までつづいていたとある。この洞穴もまた世界の中心のシンボルとして知られている。

　洞窟は世界山の一部として、または宇宙軸としての山の象徴的意味をも含んでいる[17]。洞窟は神婚の行われる場所をも象徴する。ウロボロスはここにもかかわる。ユングが重要な象徴として考えた錬金術においても、神婚は重要なシンボルである。異質なもの同士の結合は、新たな物質を生み出すという、神婚の意味は、後に化学実験へと引き継がれる。化学実験がまだ未知の領域であったころ、ここでもウロボロスがその「異質なものの結合＝聖婚（神婚）」を象徴した（図29）[18]。

　この広く人類に共通する神話のシンボルが、私たちの神話にも現れる。そしてそれらシンボル群が、大地に降り立つ。私たちの祖先は、このようにして、新しい土地へと侵入し、開拓し、自分たちのものへとしてきたのだ。このようにこの神話をとらえたとき、私たちの環境知覚は神話という文法を範としていたのではないか、と思えてくる。

図29　錬金術の図像に描かれたウロボロス
中央の円形フラスコ内のウロボロスに注目.
アンドリュー・サミュエルズ他（1993）
『ユング心理学辞典』創元社，173頁.

環境知覚研究にも色々なテーマがあるが、その一つが移住研究と結びつく。ある環境から、他の環境へ移住する人々は、通常、彼らの古いホームランドと新しいホームランドを、実際よりも環境的に類似していると、認識しているといわれる。例えば、北アメリカの東部の湿潤な環境から、乾燥したグレート・プレーンズに移住した、アメリカの農家は、類似した景観を見立て、新しい環境がもっと湿潤なものと過大評価していた。彼らは何世代にも渡って東部の環境に慣れていたため、新しい気候環境を知覚できなかったとされる。

これに類似する例は、北海道の開拓民にもあった。もと居住していた風景と同じような場所を選び、彼らも移住場所を決めるのだった。そしてかつて棲んでいた地名を同じく新しい土地に命名し、自分のものとしていたのだ。北米の地名はそのような地名で溢れかえっている。この地名もまた繰り返される神話なのだ。

注

（1）井上光貞監訳（一九八七）『日本書紀　上』中央公論社、四一〇頁。
（2）秋本吉郎校注（一九五八）『風土記』岩波書店、三九六～三九七頁。
（3）M＝L・フォン・フランツ（一九九〇）『世界創造の神話』人文書院。
（4）ジャン・シュヴァリエ、アラン・ゲールブラン（一九九六）『世界シンボル大事典』大修館書店、八七一頁。
（5）J.R. Short（1991）*Imagined Country: Soceity, Culture and Environment*, Routledge, pp. 1-52.
（6）C・マーチャント（一九九四）『ラディカル・エコロジー』産業図書。
（7）W・H・イッテルソン、H・M・プロシャンスキー、L・G・リヴリン、G・H・ウィンケル（一九七七）『環境心理の基礎』彰国社、三三頁。
（8）T.G. Jordan, M. Domosh, and L. Rowntree（1997）*The Human Mosaic: A Thematic Introduction to Cultural Geography*, Longman, pp. 3-35.
（9）菊地利夫（一九七七）『歴史地理学方法論』大明堂。歴史地理学会編（一九八五）『空間認知の歴史地理』（歴史地理学紀要27）、古今書院。
（10）M・エリアーデ（一九六三）『永遠回帰の神話』未来社、二九～三〇頁。
（11）米山俊直・谷秦編（一九九一）『文化人類学を学ぶ人のために』世界思想社、二二一頁。
（12）山折哲雄編（一九九五）『日本の神1　神の始源』平凡社、三三頁。
（13）レイモンド・ウイリアムス（一九八〇）『キイワード辞典』晶文社、二五二頁。
（14）山下晋司（一九八八）『儀礼の政治学―インドネシア・トラジャの動態的民族誌―』弘文堂、一三三頁。
（15）ヘーシオドス（一九八六）『仕事と日』岩波書店、二一四～二二五頁。
（16）M・エリアーデ（一九七二）『神話と夢想と秘儀』国文社、八七～一〇三頁。
（17）J・C・クーパー（一九九二）『世界シンボル辞典』三省堂、二五二・二七二頁。
（18）A・サミュエルズ他（一九九三）『ユング心理学辞典』創元社、一七〇～一七四頁。

第十一話　神婚神話の拡散と変容

1

拡散した神話

　この維義《これよし》は、恐ろしい者の子孫であった。というのは、昔、豊後《ぶんご》の国の片田舎の山里に女がいた。ある人の一人娘で夫もなかったが、その女のところに、母にも知らせず、男が毎夜通ってきて、年月を経るうちに、女は懐妊した。母がこれをあやしんで、「おまえのところに通ってくるのは何者ですか」と尋ねると、「来るのは見るが、帰るのがわかりません」と言った。「それでは男が帰ろうとするとき、しるしをつけて、行くあとをつけてみなさい」と教えたので、娘は母の教えに従って、朝帰って行く男が水色の狩衣《かりぎぬ》を着ていたが、その狩衣の襟《えり》に針をさし、倭文《しず》の苧環《おだまき》というものをつけて、男が通って行くあとを糸を頼りにたどって行くと、豊後の国でも日向の国との国境にある優婆岳《うばだけ》という山のふもとの、大きな岩屋の中に糸がひきいれられている。女は岩屋の入口にたたずんで、耳をすますと、大きな声でうめいているのが聞こえる。「私がここまで尋ねて参りました。おめにかかりましょう」と言うと、「わたしは人間の姿をしている者ではないのだ。お前はこの姿を見れば肝、魂もつぶれるほど驚くであろう。すぐさま帰りなさい。お前が懐妊している子は男子にちがいない。弓矢・刀をもっては、九州・壱岐・対馬に並ぶものはないであろうぞ」と言った。女から重ねて、「たとえどのような姿であろうと、この日ごろの親しい交わりをどうして忘れられましょう。お互いに姿を見もし、見せもしたいのです」と言われて、「それでは」といって、岩屋の内から、とぐろを巻けばさしわたし五、六尺、全長は十四、五丈もあろうかと思われる大蛇の姿で、地をゆすぶりながらはい出てきた。狩衣の襟にさしたと思った針は、つまり大蛇ののど笛に刺したのであった。女はこれを見て、肝をつぶし、魂も消えるほど驚き、ひきつれていった供の者十数人は、あわてふためいて倒れ、叫び声をあげて逃げ去った。女は帰ってまもなく出産したが、男子であった。母方の祖父の大太夫《だいたゆう》が、育ててみようといって養育すると、まだ十歳にもみたないうちに、体は大きく、顔は長く、背が高かった。七歳で元服をさせ、母方の祖父を大太夫というので、これを大太《だいた》と名づけたのであった。夏も冬も手足が大きなあかぎれですきまなくひびわれていたので、あかがり大太と言われた。かの大蛇は、日向の国であがめられている高知尾《たかちお》明神の神体である。この緒方三郎は、あかがり大太の五代にあたる子孫である。このように恐ろしい者の子孫であったので、国司の命令を院宣だといって、九州・壱岐・対馬に廻文《めぐらしぶみ》をしたので、おもだった武士どもはみな維義に従いついた[1]。

この『平家物語』にある、豊後を支配した英雄の誕生譚も、三輪山の神婚神話と同じ話型で伝承されている。緒方氏系図によると、この英雄の祖先は、九世紀にこの地に移り棲んだとされる。

三輪山の神婚神話は、四～五世紀に、奈良盆地南東部に侵入してきた征服者崇神[2]が、大和王権樹立のために使った。それだけでなく、崇神は全国統一をも成し遂げたとされる。その過程で、大物主神の信仰を広め、人々を教化した。その主な内容はおそらく、彼自身が大物主神の御子である、だからこの地の王なのだ、というものであったろう。教化され支配を受けた人々は、その話を疑うことすらできなかった。神話にはそのような、人々の行動や知覚を規定する働きがある。そのことは、文化人類学の報告がすでに指摘している。

このような働きを持つ神話を使って、地域を支配する王が各地に現れた。崇神の成功は、大物主神信仰を広めただけでなく、地域をどうやって支配するのか、についての方法をも広めた。その一つが、この豊後の支配者の英雄譚に見いだせる。

このように成功者の行動を、人々が真似るのは、いつの世でも変わらない。現代社会においても、全国各地の駅前や繁華街に、同じような店や、システムが蔓延し、伝統的な市場や、商店街を支える人間関係や価値観が消えつつある。新たな成功者の方法を使えば、古くからある勢力を駆逐し、一気に功するとの教えが、人々に拡散してゆくからだ。そうやって新たな勢力が特定の地域を制する。

崇神の全国統一という、かつてない成功は、同時に、この方法を使えば地域支配がうまくゆき、人々はそのような征服者に従う、との教えを、全国に広めた。各地の商店主があらそって、新しい商売の方法やシステムを獲得し、恩恵を受けるのと同じく、各地の権力者、あるいは、それを望む者たちは、あらそって、この神婚神話を使い、恩恵を得ていたに違いない。

先にあげた『平家物語』の緒方三郎も、その内の一人であったろう。ここでは優婆岳（祖母山）が三輪山に、日向《ひゅうが》の国であがめられている高知尾明神の神体が、大物主神に相当する。生まれた「あかがり大太」は、弓矢・刀を持っては、九州に並ぶ者がないとされる。軍事力の象徴としてこの神話が語られたのは、まさに信仰よりも地域の支配力を象徴していたからだろう。このような生まれであることが、地域の支配者の力を絶大化していったのだ。

第九話で見たように、この神話と同じ話型を持つ伝説や昔話が、豊後だけでなく各地に残っている（図23）。それらは、この神話がある時期、日本国中に拡散していったことを示す、痕跡ではないか。つまりある時期、日本各地の征服者が、この神話を使って地域を支配した。そして人々は、この神話に行動や知覚を規定されたと。

それが神話ではなく、伝説や昔話として残っている。そのわけは、次のように考えられている。神話は神々の話で疑ってはならないが、その神を奉じている支配者が政権の座からすべり落ちたとき、同時に神話も零落する。つまり神が神でなくなる。しかしその霊力はまだ生きている。その霊力は、かつての支配者と共に次第に負の意味を帯び、人々に引き継がれる。それが過去の事実として伝説となり、神は鬼などの妖怪へと転じる。さらに時代を経るとそれすら霊力を失い、フィクションとして語られ、人々の関心は神や妖怪よりも、それらに対処する主人公の行為や心理に移る。それが昔話であると。

「苧環型」は、この日本民俗学の民間説話に対する仮説をうまく受け止めてくれる、代表的な伝承として知られている[3)]。したがってここでは、この神話の変容過程の仮説にもとづいて、話を進めてみよう。

2 話型の変容過程

その変容過程だが、一つは話そのものに現れる。昔話でいうこの「苧環型」とは、民話の一つの型分類であることは、すでに述べた。実はこの民話、この話型だけでなく、さらにいくつかの話型に分派する。というのは、この民話の主流は「苧環型」でいいのだが、個々の伝承においては、話の終わりで、異なる結末へと至るのが、見てとれるからである。

『平家物語』の結末では、生まれた子どもが英雄になると伝承されている。このような場合、日本民俗学では「子ども出世型」（以下「出世型」と略）と分類する。崇神は、最初に国土を統一した、最も出世した神の御子である。したがって、この話型の原初形態は「出世型」とすることができるだろう。最も神話の色を濃く残す話型なのだ。

　それが徐々に変容する。次の伝承は鳥取県河原《かわはら》町で採集された「苧環型」である。

　八上媛を祭神とする売沼《めぬま》神社の鎮ります村曳田《ひけた》に、鳥越《とりごえ》長者が住んでいました。この長者に美しい一人娘がいましたが、この娘のもとにどこからともなく雄々しい男が夜な夜な通って立ち去っていくのでした。けれど肝心のどこの誰だということについては、この若者はいくら聞かれてもただ笑うばかりで答えようとはしませんでした。困り果てた長者の家では、乳母の知恵により娘に言い聞かせて、ある夜帰るときこっそり男の袴の裾に「うみそ」の糸を針で縫いつけさせました。そして明くる日になってみると、その糸は娘の部屋を出て戸の鉤穴を通りグングンと延びて用瀬町の美成《みなり》の上の岩の間を越えて金屋《かなや》の上を通り、ついには洗足《せんぞく》の岩屋の中に入っていきました。その「うみそ」の糸は、合計七桶半にもなり朝露を含んで弓なりになったところに、太陽の光が当たってキラキラ、キラキラ、銀の糸のように光っていたと云われています。こうして相手の男が洗足山の「三面鬼」であることが分かりました。皆はおどろきもし、恐れもしました。けれども、次の日、何時ものように若者が鳥越長者の家に通って来た所を、入れ知恵された娘が用意していた毒酒をしかけて殺害しました。そしてその「三面鬼」の死骸を焼いた所、その灰が高く舞い上がって四方に飛び散り、夏、人の肌を刺すブヨになりました[4]。

この伝承では、娘が通ってくる男を殺害する。なぜなら、通ってくる男は神なのではなく、鬼だからだ。このような話を「退治型」という。これを神話の変容ととらえるか、全く別の伝承ととらえるかは、意見の分かれるところだ。しかし、この伝承には、神話の痕跡が多く残っている。

例えばこの伝承では、八上媛《やがみひめ》を祭る売沼神社が鎮座する、曳田村の鳥越長者の一人娘のもとへ、男が通うとあるが、別の伝承では、八上媛自身のもとに、洗足山の鬼が美男と化し現れると伝える。実はこの八上媛、大国主神《おほくにぬし》の妻となった娘なのだ。つまり大国主神との神婚関係にあった女性なのである。実はこの大国主神、別名を大物主神とする記述が『日本書紀』にある。そうであるのならこの伝承、もとは大物主神の神婚神話であったと言えるのだ。

またたとえ、八上媛を祭神とする村の鳥越長者の娘であったとしても、やはりこの伝承に神話的要素の痕跡を見てとることができる。鳥越長者が正確には何者かは不明であるが、この地域では、九世紀頃に当地を支配した、地方豪族と見ているようだ。とすれは、この長者もまたこの神婚神話を使って地域を治めた、とも考えられるのだ。なぜなら、この地域を支配した長者が、大物主神の妻を祭っているからである。

このように、この伝承を三輪山の神婚神話の変容と見るのであれば、先の神話が伝説へと、神が妖怪へと零落する説がうまく当てはまることになる。通う男は、もう神ではない。「退治型」とされる伝承にそれが印されている。

次のような伝承は、「立ち聞き型」「たらい子型」と分類される。

むかし、妹のところへ、ずっと時間を間違えんように、大蛇がきれいな男になって、通って来たってての。そして、毎晩そやて、ちっとも時間を間違えずに妹のところに来るので、姉の方は、おかしいこっちゃと思ったたっての。それで、姉は妹に、男の袖に糸を通した針をおさえさせたって。そうして、姉は男の後をつけて行ったたっての。そしたら、大きぃ池の堤んとこへ行ったってての。そしたら、その蛇は死んでしまいそうになって、「自分は死んでも、娘に子供がちゃんと入っとるで、大丈夫じゃ」って、いったたってや。そしたら、「そうしたってのぅ、その娘に、五月に菖蒲酒、それから、九月に菊酒を飲ませれば、けっこうそういう大蛇は生まれないわ」って。そいつを、姉の方が聞いて、妹にそれを飲ませたんやと。そうして、時期が来たら、そういう大きい奴が一つ生まれるのが、細かい奴がたらいに三つほど生んだと。しゃみしゃっきり[5]。

この伝承は、岐阜県宮川村《みやがわ》で採取された。これも「苧環型」であるが、結末において、蛇の会話を「立ち聞き」し、子どもを下ろす方法を知り、その通りにすると、「たらいに蛇の子」が産まれたとなる。このようにここでは、うかつに蛇の子を孕んでしまった娘が、蛇の子を下ろす話が中心になっている。ここにいたって、神聖さはもうない。

この伝承の場合、時代も、場所も、登場する人物の名も特定されていないので、昔話と分類される。したがって、いつどこであったか知らぬ話で、真実性を主張せず、人々の関心は、神や妖怪にではなく、人間の行為の側に移る。それで、娘が子を下ろす話が中心となるわけだ。先の民俗学の変容過程を受け入れるのであれば、この昔話が三輪山の神婚神話の最後の型となる。

3 「苧環型」の拡散
——話型と景観、そして娘の家

このように、各地に残る伝承を詳細に見てゆくと、興味深い点に気づく。それは、ジャンルの変容が、話型だけでなく、そこで語られる景観や、神あるいは蛇が男に化けて訪問する、娘の家の変容と対応している点である。

例えば、『平家物語』の「出世型」では、三輪山の神婚神話同様に、男は神の化身で、山の岩屋から片田舎の一人娘のもとに通う。その娘が単なる村娘ではないことは、数十人の供を連れていることから察しがつく。かなり社会的地位の高い家の娘であろう。地元では、長者の娘とか、大国主神の後裔にあたる宇田姫《うたひめ》であったなどと伝承している[6]。

鳥取県の「退治型」では、男の正体は神ではなく鬼で、やはり山の岩屋から長者の娘のもとに通うが、その山に神の社はない。岐阜県の「立ち聞き・たらい子型」では、山ではなく池から大蛇が通う。そして通う先の娘も、ふつうの村娘となっている。

話型だけでなく、景観や娘の家、通う男の正体の変容は、この大物主神の神婚神話が全国に拡散し、現在にまで残った原因を担う、大へん重要な要素なのである。

私は、先に第十話で、この神話が、①「新しい土地の開拓」②「新しい権力の樹立」に際して使われたのではないかと考えた。というのは次のような神話に対する考え方があるからである。

ひとつは、私たちが未知の世界に直面したとき、神話的なシンボルを投射するという深層心理学の考え方である。新しい征服者が新しい土地を支配するとき、かつていた古い土地の神話を当てはめ、この新しい土地は私たちが創造したのだという解釈をする。

もうひとつは、人々が移住するとき、かつていた古い土地の景観と似通った場所を選ぶ傾向がみられる、という環境知覚研究の考え方である。

前者は神話のシンボルという点において、後者は景観への人々のまなざしという点において、先の①②という行為に際して重要なかかわりをもっていると思われる。つまり新しい土地を開拓するとき、新しい権力を樹立するときに、人々は神話を使い、景観を見立て、地域を治めるのである。その文法に見合ったのが、この「苧環型」の神婚神話であったのであり、それがゆえに、各地の征服者、開拓者に受け入れられ、この神話が拡散したのだと。

実は大物主神の神婚神話には、三つの話型がある。ひとつはこの「苧環型」、もうひとつは第九話でも紹介した倭迹迹日百襲姫命の「箸墓型」、三つ目は次の「丹塗矢型《にぬりのや》」である。


ここに一人のおとめがおります。これを皆は神の御子だと言うております。皆が神の御子と言うのには、わけがあります。三島のミゾクヒの娘、名はセヤダタラヒメは、それはそれは姿かたちのうるわしいおとめごでした。それで、三輪山のオホモノヌシが見ほれてしまい、その美しいおとめが厠《かわや》で大便《くそ》まれる時に、赤く塗った矢に姿を変えまして、その大便まりをしていた溝《みぞ》を流れ下って厠まで行き、おとめの秀処《ほと》をぐさりと突き刺したのです。すると、そのおとめは驚いて立ち上がってあわてふためいたそうです。それでも、根がしっかりしたおとめで、すぐさま秀処を突いた矢を持ち来て、おのれの床のそばに置いておくと、その矢はたちまちにうるわしい男に成り変わりまして、二人はすぐに契りを交わしました。そのおとめを妻として生ませた子というのが、その名をホトタタライススキヒメと言い、またの名はヒメタタライスケヨリヒメとも申します。このヒメタタラという名は、ホトと言うのをいやがって後

に改めたのだそうです。こうしたわけがあるので、皆はこのオホモノヌシが生ませたおとめイスケヨリヒメを、神の御子と呼んでいるのでございます[7]**。**

朱に塗った矢を「丹塗矢」という。この娘は、この後に神武天皇の妻となる。『古事記』『日本書紀』を通じて、「初国知らす天皇」の称号を得たのは、この神武と崇神だけである。その二人に関わって、大物主神の神婚神話が語られる。この神婚神話を王朝始祖神話と考える根拠がここにもある。

さて問題は、なぜ「苧環型」だけが、日本国中に拡散して、「箸墓型」「丹塗矢型」は拡散しなかったのか。同じ王朝始祖神話であるなら、どれでもいいはずである。

私は次のように考える。各地の征服者が具体的な地域を治める場合、まずは自身が大物主神の御子あるいは、その系統に属していることを主張する必要がある。つまりこの王権の由来を語る部分である。それがこの神婚神話の主眼でもある。がしかし、「箸墓型」には神の子誕生、つまり〈王権の由来〉が欠如している。

この王朝始祖神話にとって、もうひとつ欠いてはならない重要な要素がある。それは三輪山とその麓に位置する娘という、神話のなかで語られる景観の要素である。なぜなら具体的な地域をある征服者、開拓者が支配する場合、眼前に広がる現実の景観を三輪山の神婚神話で見立て、人々に神の降臨あるいは鎮座する場所と、自身が居する場所を、具体的に見える形で示す必要があるからである。ある意味で、話そのものよりも、この具体的に示される景観の方に、人々を御する信憑性があったのではないか。「丹塗矢型」には、その要素が欠けている。この娘の家は三島《みしま》とあるが、三島は現在の大阪府茨木《いばらき》市あたりと言われている。三輪山は遠すぎる。人々の視界におさまる位置関係にはない。ある特定の地域を治める征服者にと

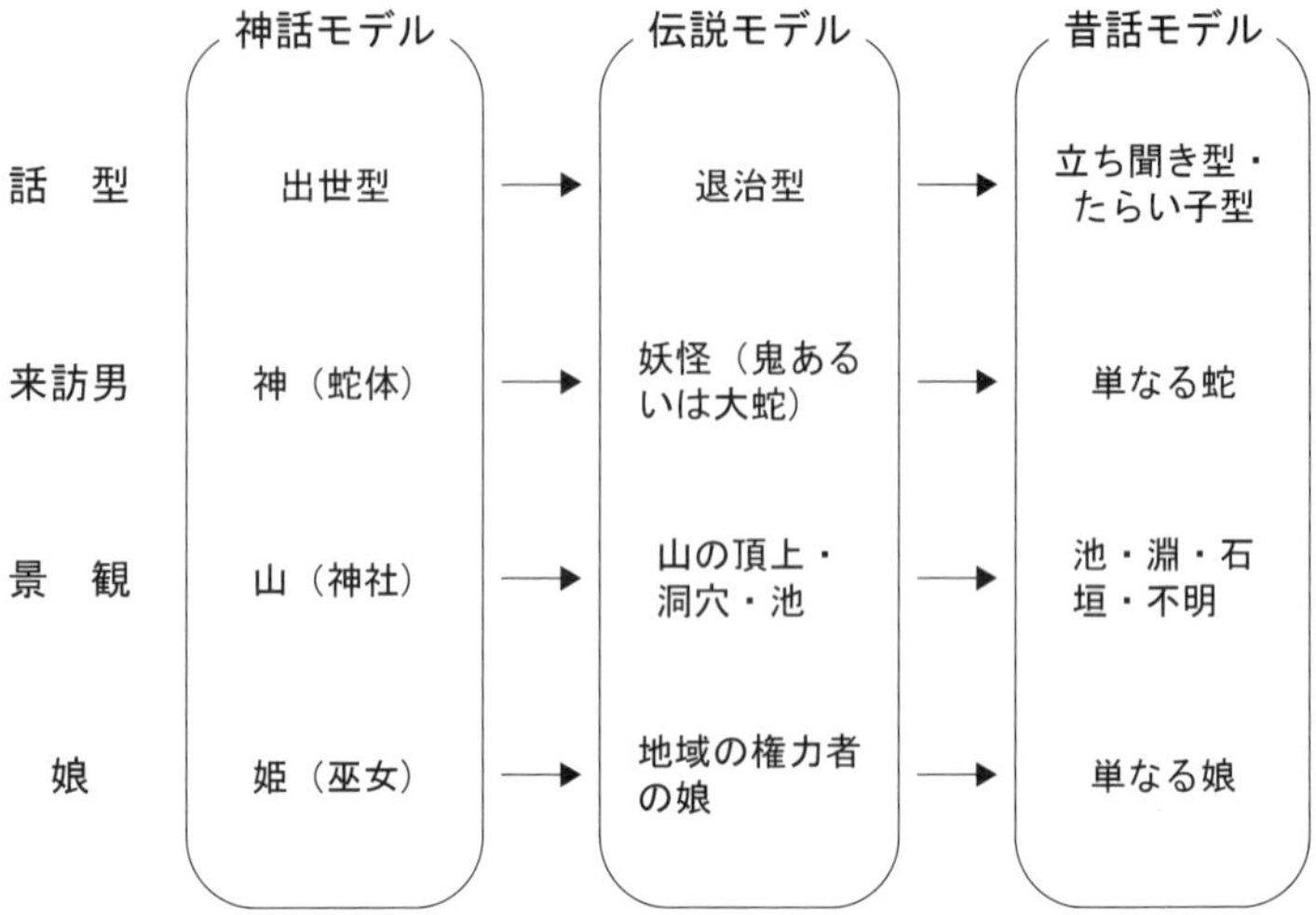

図30　三輪山の神婚神話の変容モデル

って、この話型は有効でなかったろう。

「苧環型」だけが、〈王権の由来＋景観＋神婚神話〉という三つの要素を備え持っている。神話は一般的に説話の要素が強調されがちだが、実際にある社会でそれが有効であるには、権力やそれが支配する地域の景観と密接にむすびついてこそである。「苧環型」はその条件をととのえていた。それがゆえにその他の二つの話型よりも全国に拡散した、と言えないか。

4　三輪山の神婚神話の変容モデル

さて、ここではこの変遷過程を、先の「苧環型」の拡散する理由として上げた、〈王権の由来＋景観＋神婚神話〉の視点から見てみよう。これら要素が互いに密接な関係にあるのであれば、一つの要素が変容すれば、その他の要素も対応して変容するはずである。図30は、それらをモデル化してみたものである。

神話モデルは、三輪山の神婚神話にもとづいている。話型は「出世型」、来訪する男は蛇体の神、語られる景観は山、そこには神の社がある。男が通う先は、姫であり、また神の依りつく巫女となる。それが伝説に変容すると、話型は「退治型」、来訪する男は妖怪、つまり人に化ける大蛇や鬼、景観は神社のない山の頂上、あるいは洞穴・池、多くの場合、娘はその地域の権力者の家に育っている。具体的には、長者や豪族、分限者、庄屋などと表現される事例が多い。昔話では、話型は「立ち聞き型・たらい子型」へ、男は単なる蛇に、景観は池や淵、石垣、あるいは語られなくなる(図では不明とした)。また娘も、単に娘としか表現されなくなる。

このようなジャンルにともなう、話型・来訪男・景観・娘の変容は、まさに民俗学がとなえた、神話が徐々に零落してゆく姿を示している。それは神話が徐々に聖性を喪失し、俗性を獲得してゆくプロセスなのである。しかし、もちろん日本全国の伝承を詳細にみれば、このモデルからはみ出すものもあるし、実際は伝説と昔話が、このようにきっちりと分別できるものでもない。また残念ではあるが、現在、神話は神話そのものとして、口頭伝承という形では残っていないのである。したがって、これはあくまでも変容モデルなのである。

しかしながら、このモデルがどの程度有効なのかは、具体的な事例にもとづいて、検証しておかねばならないだろう。実際に神話から伝説・昔話への変容、つまり聖性の喪失が、それぞれの要素の変容に対応しているのかどうかを。

そこで今度は、日本全国の「苧環型」の伝承を対象に、この変容モデルとの整合性を具体的に検証してみよう。これら伝承の聖俗を計る基準としたのは、次の三点である。

①娘が権力者の家の者であるかどうか。先のモデルで見たように、権力者の娘であれば、

聖性が高いと判断してよいだろう。なぜならその伝承を、権力者が地域支配の神話として使った痕跡、と推測できるからである。つまり神話に近い要素を持っていると判断できるのだ。

②来訪男の棲家。これも山の上の神の社が神話の原型であるが、話型の変容と共に、山や洞穴から徐々に池や川の淵、あるいは石垣へと場所を変える。そしてついには全く語られなくなる。したがって、神話に近い山や洞穴を聖性の残存として、池や淵、不明を俗化を示す要素として考えた。

③話型。当然のことながら、ここでいう話型は「苧環型」ではなく、「出世型・退治型・立ち聞き型・たらい子型」である。ただしこの話型は、一話に複数入っていたり、単独で入っていたりするため、単純には割り切れない。そこで子を下ろす話のあるなしを、聖性あるいは俗性の基準とした。なぜなら、男との間に生まれた子を下ろす行為は、神話モデルの出世型と対立する、最も聖性を喪失した状態と見なされるからである。具体的には、子を下ろす節句の儀礼伝承があるかないかを、③の話型の基準とした。

この三つの基準から、全国の伝説・昔話[8]の特性を示したのが図31である。ただし問題が一点ある。それは、先に述べたように、神話はもうない、つまりこれら伝承群から神話モデルが抽出できないのである。そこでここでは、神話モデルとして、出世型を伝説・昔話と別に設定してみた。出世型は主に伝説に見いだせるが、先にも述べたように、神話の原型に最も近い話型と思われるからである。

図の上部に権力者の娘・山／洞穴・節句なしといった、神話モデルに近い三つの要素を設定し、下部にその逆となる単なる娘・池／淵／不明・節句ありの要素を設定した。つまり図のなかで上部

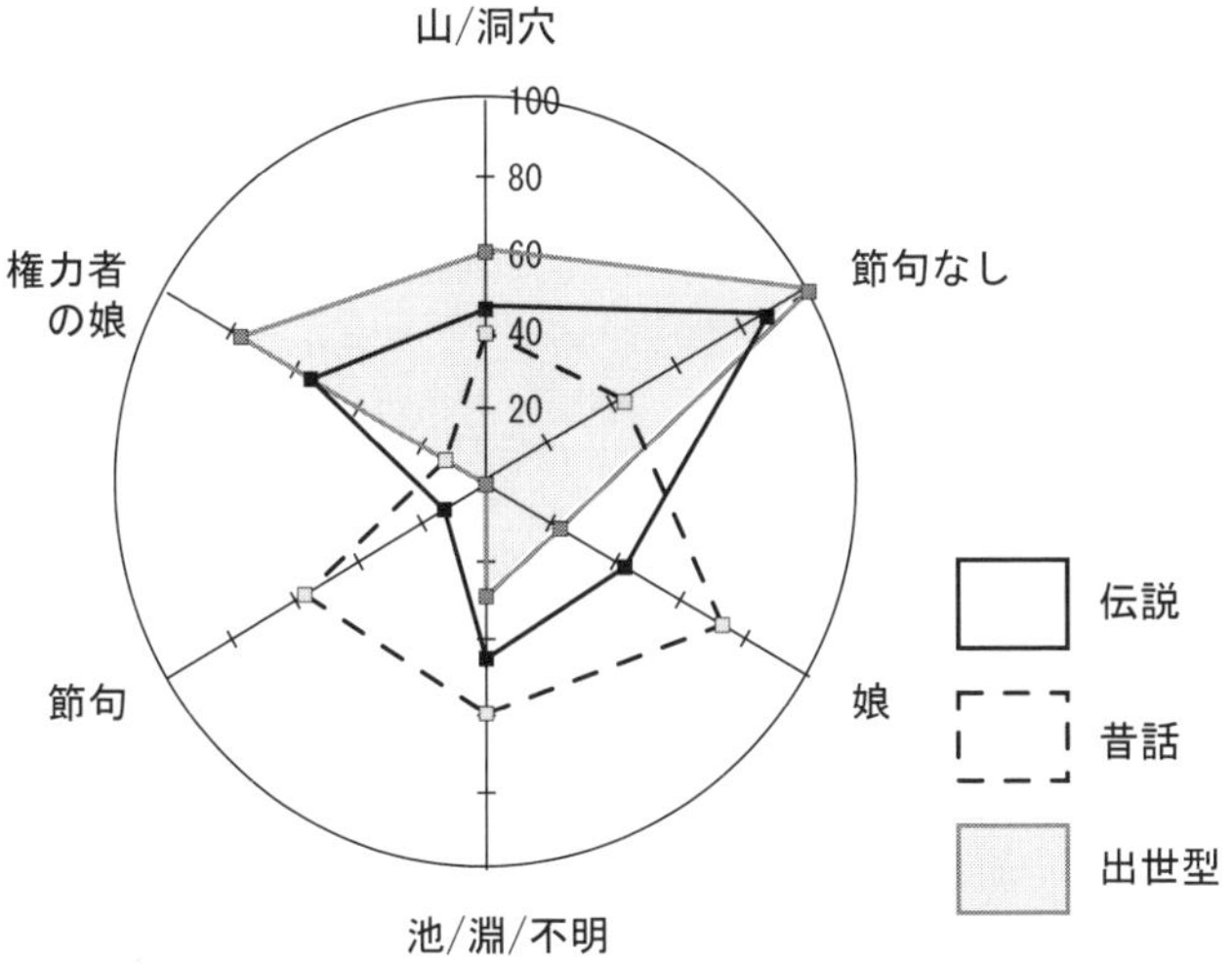

図31　全国の伝説・昔話・出世型（神話モデル）の聖性・俗性

に位置すれば聖性が高く、下部に位置すれば聖性が低い、つまり俗性が高いということになる。これでみると、先の変遷プロセスのように、完全に分けることは出来ないが、神話モデルに一番近い出世型が最も聖性が高く、次に伝説、そして昔話が最も俗性が高いことが分かる。

　このように先に設定した、〈権力＋景観＋話型〉の対応関係が、「苧環型」の神話・伝説・昔話のそれぞれのジャンルのなかで、ある程度見いだせる。人々の現在の記憶に依存する、伝承の世界であるので、明確に分けることはできないが、一応は先の変容プロセスが、全国の伝承からも見てとれると言えるだろう。

　この話型と景観、あるいは娘の家との対応を、重要だと私は考えている。そもそもこの話、神話であった。それは権力者の所有物である。人々はそれを疑うことすらできなかった。しかし権力者は必ず没落する。その時、神話は伝説になる。と同時に神は妖怪に零落する。そして話は、支配されていた人たちの手に落ちる。「苧環型」が伝承され続けた要素はおそらく、権力者の手から支配されていた人々の手に落ちても、有効に語られた点にある。話の大筋を変えることなく、神の子を産んだ英雄の話から、蛇や鬼の子を下ろした、権力側を批判する話にもなりえるのだから。

これら要素間の対応の重要性は、伝承が所有者のまなざしを写し出している点にある。例えば、話型が神聖さを喪失すると、通う男や娘の地位も変容する。これらは伝承者の視点が変わったことを意味する。

特に地理学から見て興味深いのは、これら要素と対応して景観が変容する点であろう。伝承の所有者の交代は、環境知覚の主体の交代を意味する。このことは大へん重要なことだ。国見をするような支配者から、例えば一般農家に、この話の所有者が代わったのであれば、当然、景観へのまなざしが変わる。それが、山から池や石垣への変容だったのだ。言うまでもなく、通う男は、すでに神から蛇へと転じている。

このように話型の変容にともなう、その他の要素、特に景観の変容は、神話が土地に根付き、人々によって利用あるいは、人々の行動や知覚を規定していたことを示しているのだ。

注

(1) 杉本圭三郎全訳注(一九八七)『平家物語』講談社、八三〜八五頁。

(2) 上田正昭は、崇神から「イリヒコ・イリヒメ」の名前が出てくることから、この王朝が外部から奈良盆地東南部に侵入してきた政治集団であると指摘している。上田正昭(一九九五)『大和朝廷』講談社。

(3) 関敬吾(一九六六)『昔話と笑い話』岩崎美術社、六七頁。

(4) 蓮佛金吾(一九九四)「三輪山伝説」鳥取民俗懇話会会報1、三〇〜三二頁。

(5) 國學院大學民俗文学研究会編集委員会編(一九七〇)『伝承文芸第七巻―奥飛驒地方昔話集』國學院大学民俗文学研究会、二四頁。

(6) 北九州民俗研究会(一九七八)『緒方町の民俗』緒方町の民俗刊行会。

(7) 三浦祐之(二〇〇二)『口語訳　古事記［完全版］』文藝春秋、一三四〜一三五頁。

（8）関敬吾（一九七八）『日本昔話大成2』角川書店、荒木博之他編（一九八五〜一九八九）『日本伝説大系』1〜15巻、みずうみ書房、稲田浩二・小澤俊夫編（一九七七〜一九八九）『日本昔話通観』1〜26巻、を中心に資料調査の行えた地域においては、上記文献以外の伝承も加えた。現在のところ、伝説総数が四一九話、昔話総数が五九四話となっている。ただし、今後の資料調査および現地調査の結果によっては、ここにあがっている昔話が伝説へと再分類される可能性もある。なぜなら現地調査によって、具体的な地名や人物名が出てくる場合が多いからである。尚、ここでは聴き取り調査の数は加えなかった。

第十二話　理想郷の景観

1　神話モデルの景観

　今から千数百年も前のこと、福井村の豪農の娘に千加という人がいた。年は十八の花ざかり。その家である秋の一日、浮岳の紅葉狩りの宴が催され、千加も加わって出かけたが、ただ一杯の酒に酔うて宴席を離れ少し登った上道のそばで休んでいた。するとそこに見たこともない美しい若衆が通りかかった。「あらッ…」と千加はその若衆を見るなり胸のときめきを感じたが、若衆は知らぬふりをしてずんずん登ってゆき、まもなく見えなくなってしまった。千加はその夜からドッと病床に臥し医師よ薬よと介抱したが効き目がない。山道で見た一人の若衆に生まれてはじめての恋を感じたのである。それから半年もすぎたある夜、千加の室に一人の若衆が忍びこんできた。ハッと驚いてみると、半年まえに山道で会った若衆である。二人は夢みるような気持ちで一夜を過ごしたが、翌朝まだ薄暗いうちにその若衆は自分の名も所も告げず出てゆく。やがて千加は懐妊したが、それでも相手は何も言わぬ。あまりの不思議さに千加はある夜、その若衆の着物のすそに長い長い糸をつけた。そして翌朝その糸をたよりに山に登ってゆくと、糸は岩の洞の中までつづいている。ハッと思いながら洞の口にたたずんでいると一天にわかにかきくもり、大暴風雨となった。そして洞内から強い風が吹き出してくると思うまもなく、千加の前に白竜が姿を現わした。「おどろくな、吾こそこの山の竜神である。あの日いらい、そなたの美しい心にひかれ半年のあいだ思い悩んだすえ、ついに人間に化けてそなたの家に通うた。そなたは近く男子を出産する。これを慈しみ育てると、やがて勇名天下にとどろくであろう」と言うと、たちまち姿を消した。千加は月みちて玉のような男児を産み「竜起」と名づけた。竜起はやがて成人したころ神功皇后が三韓出兵のため西下され、竜起のことを知られるとその部下とされ、朝倉郡に立てこもる羽白熊鷹という賊の討伐に向い何なくこれをほろぼし、その武名を天下にとどろかせた。真名子から浮岳に向うと、山の七合目ほどのところに白竜神社という岩の洞があり、今でも強い子が産めますようにと参拝する女性があるという[1)]。

福岡県二丈《にじょう》町に伝わるこの伝説も、神話的要素を色濃く残す。娘の家は、福井《ふくい》村の豪農、男の棲家は山の洞穴で白竜《はくりゅう》神社。話型は出世型、生まれた子は「竜起《りゅうき》」と名づけられ、武名を天下にとどろかせた。来訪する男は、美しい若衆に化けた白竜。子どもを下ろすための節句の儀礼はない。神話モデル（図30）に当てはまる、と考えていいだろう。

第十一話でも述べたが、私はこの神話を、新しい土地の開拓者、あるいは支配者が使った、とみている。その開拓者あるいは支配者は、この神婚神話にもとづいて、新しい土地の景観を見立て、自らが定着する場所を選定した。そして人々にこの神婚神話を説いて聴かせ、自身がこの地の神の御子であり、この地を平安に治めることのできる王であることを教え諭した。この神話には、人々の行動や知覚を御する力もあったのだ。

さて、この神婚神話を使って、誰がどのように景観を見立て、土地を開拓し、地域を支配したの

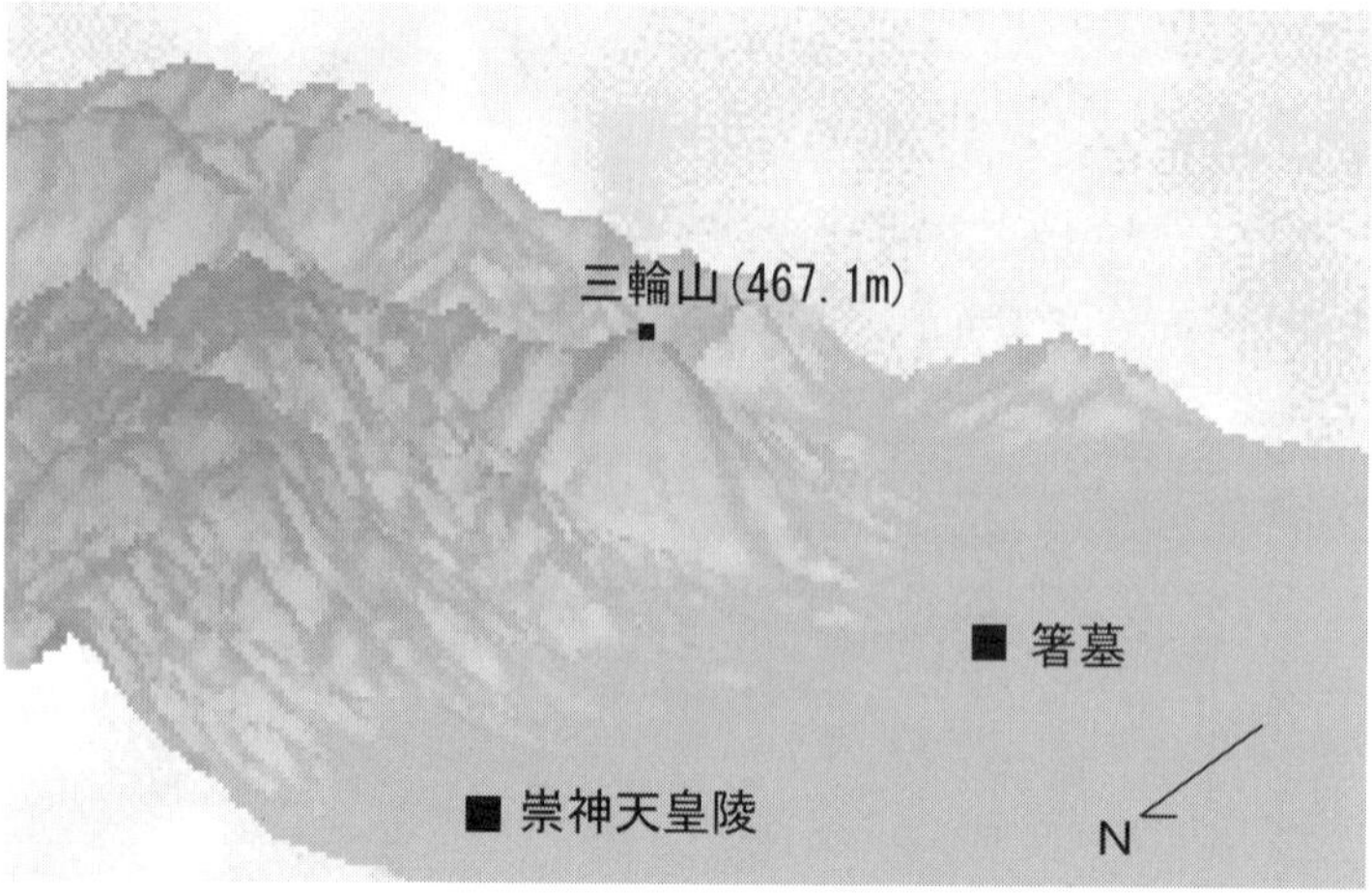

図32　三輪山の神婚神話の景観構造

か、ここではそれを具体的に見てゆこう。

まずは、これらすべての原点となる、三輪山の神婚神話の景観構造から見てみよう。図32は、数値地図（25000）を3D化した、三輪山の周辺図である。この神婚神話の、所有者の一人と考えられる崇神の陵墓が、三輪山から見て北西に位置している。また「箸墓型」で語られた、倭迹迹日百襲姫命の箸墓古墳も西に位置する。このように三輪山を神の場所とした集団は、神の降臨する世界山の北西地域に居住していたと思われる。このことは第九話で紹介した和田萃の「古代において、三輪山西麓一帯に居住する人々が、三輪山から差し昇る太陽に対して敬虔な気持ちを抱き、素朴な日神信仰を育んで、山麓に祭壇を設けて祭祀するに至った」との指摘に符合する。

この位置関係を、三輪山の神婚神話に翻訳し直すならば、次のようになる。蛇体の神である大物主神は、三輪山に降臨する。そして美しい男に化け、三輪山の西から北に居する、美しい娘のもと

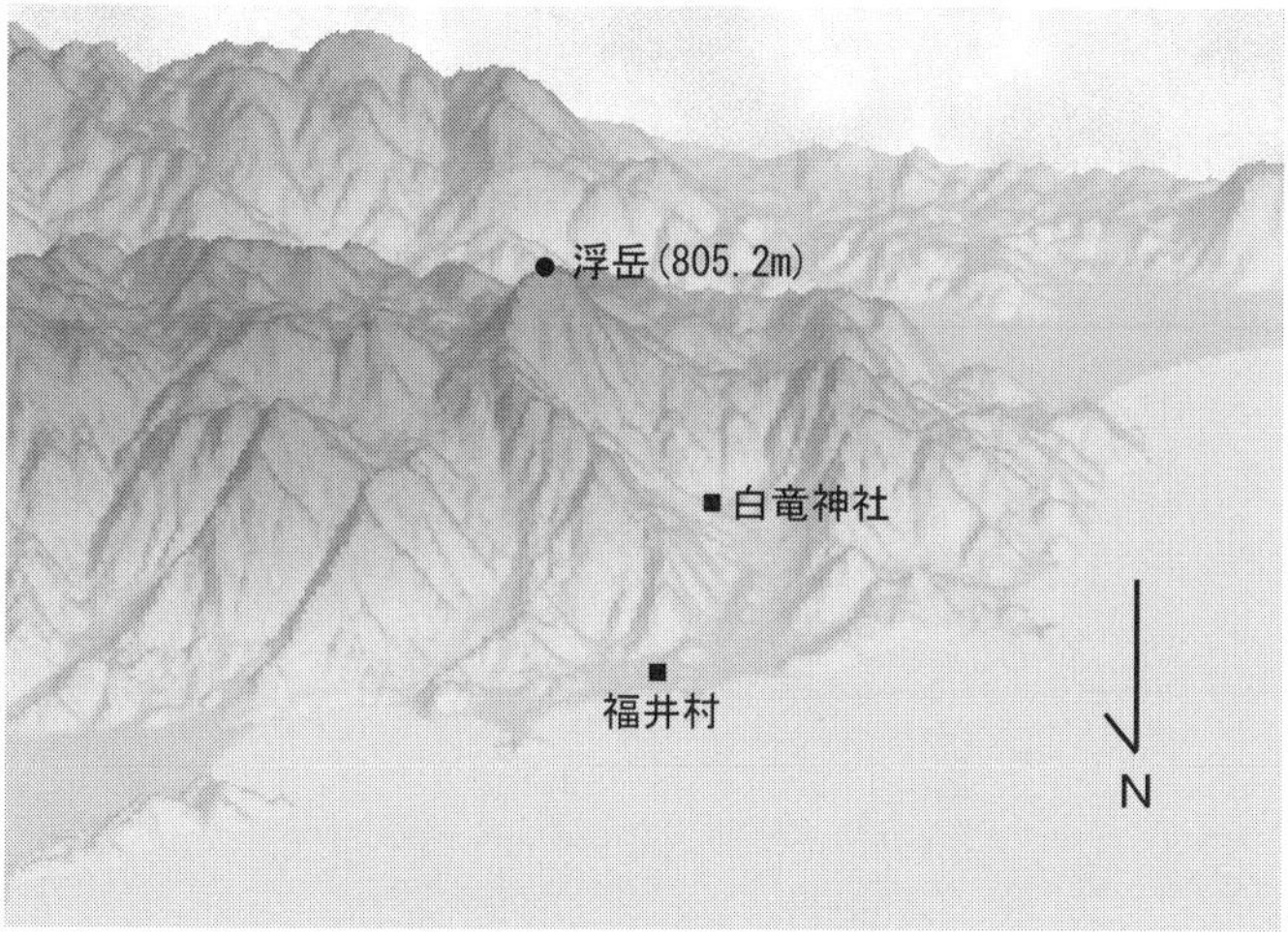

図33　浮岳の神婚神話の景観構造

に通う。娘が麻糸を紡いで、針につけ、男の衣に縫いつけたところ、糸は三輪山の神の社に向かった。娘の家からすれば、その方位は太陽の昇る南東となる。そして生まれた子がこの地域を治める王となった。

これまで述べてきたように、この神婚神話を使って、各地の開拓者あるいは支配者が、地域を治めたのであれば、このような神婚神話の景観構造が、それぞれの伝承地で見いだされるかも知れない。

まずは、先に事例としてあげた、福岡県二丈町の伝承を図化してみよう。娘の家は、福井村の豪農とあるが、詳細は不明。男の正体は浮岳《うきたけ》の竜神で、浮岳の洞穴からやってくる。現在、この浮岳には白竜神社が祭られている。

娘の家は特定できないが、福井村の位置はおおよそ特定できる。図33はこれら要素を3D化したものであるが、福井村からも、白竜神社からも、浮岳の位置は南東の方位に位置しているのが分かる。和田の言うように、三輪山が日神信仰の対象であったのであれば、この位置関係もまた、三輪山の神婚神話の景観構造の原型を踏襲している、と言えるのかもしれない。

さて、この伝承、いつの時代のことなのだろう。伝承にみる時代的要素は、生まれた子どもが神功皇后《じんぐう》（四世紀後半頃）の三韓出兵《さんかんしゅっぺい》に参加するとある点。ところが神功皇后の三韓出兵を、歴史家は疑っている。したがって、この時代的要素は考慮に入れない方がいいのかも知れない。しかし伝承者たちは、何らかの意図があって、そのような時代的要素を語り込んだのであった。実は伝承のなかの時代的要素はやっかいで、時代設定はタブーとされてきたところがある。しかしながら、少なくともこの神話の場合、伝承の中の娘の家が実在し、それが特定でき、さらにその家の開拓あるいは地域支配が始まった年代が分かれば、この神話が有効であった時代を特定することができる。

残念ながらこの場合、福井村の豪農が今のところ特定できない。しかし、娘の家や白竜神社から浮岳の方位は南東であり（図33）、三輪山の景観構造とほぼ同じ型をもつこと、また先に示したこの神話の変容モデル（図30・31）から見ても、神話的要素が色濃い点などから、かなり古い要素を残す伝承であることには違いない。少なくとも伝承者たちは、そのように語り継いだ。また和田は、三輪の神と神功皇后の三韓出兵とが関連づけられ、大物主神が軍神化していく過程を推測しているが、それを五世紀以降とみる。このように軍神として描かれる伝承は、かなり古い要素を残していると言える。

第十一話で紹介した緒方三郎の伝承も、この神との間に生まれた御子が武名をとどろかせるという、軍神的な要素を持ち、神話モデルにも相当する。緒方家の伝承では、彼らが豊後に入ったのは九世紀頃とされる。しかしながら、彼らが神の降臨する世界山とした祖母山は、彼らが拠点としたと考えられる大野郡《おおの》からは南西に位置する。

2 伝説モデルの景観

さて、伝説モデルに相当する伝承は、どのような景観構造を持つのか。

第十一話で紹介した鳥取県河原町の伝承を図化してみよう。娘の家は曳田村にある長者、男は鬼で洗足山から通う。話型は退治型、節句の儀礼は伝承されていない。この伝承には、糸が用瀬《もちがせ》町の美成の岩の間を越えて、金屋の上を通り、洗足山の岩屋に至っていたとある。そしてその洗足山にまで届いた糸が、朝露を含み太陽の光が当たって、キラキラと銀の糸のように輝いていたと。なぜこのような、物語の筋と一見関係のない伝承を、わざわざ織り込む必要があったのだろう。この語り、朝日の射す方角を示しているのではないか。その光の筋は、洗足山から娘の家にまで、結んだ糸のように届く。そうであるならこのくだり、三輪山を日神信仰とした説にとって極めて示唆的である。これらを図化したのが図34である。曳田、美成、金屋のいずれの場所からも、洗足山は南東方向に位置する。

この伝承で語られる時代的要素は、娘の家の開拓年代ではない。鬼が殺害される、時である。事例とした伝承にはないが、この地域のその他の伝承に、鬼を退治した、歴史上実在する人物名が語られている。その人とは、当時因幡国司《いなばこくし》であった在原行平《ありわらのゆきひら》である。また別の伝承には、文徳《もんとく》天皇の命を受けた在原行平とするものもある[2)]。在原行平は八五五年に国司に、文徳天皇の在位は八五〇~八五七年である。もしこの伝承、この地域を開拓、支配した長者の神婚神話であったのなら、彼らが信じた神は、この九世紀中頃にはすでに鬼へと零落し、退治されたことになる。その意味するところは、この長者の地域支配の終焉、あるいは没落である。

またこの伝承、人々の世界観の転換、という意

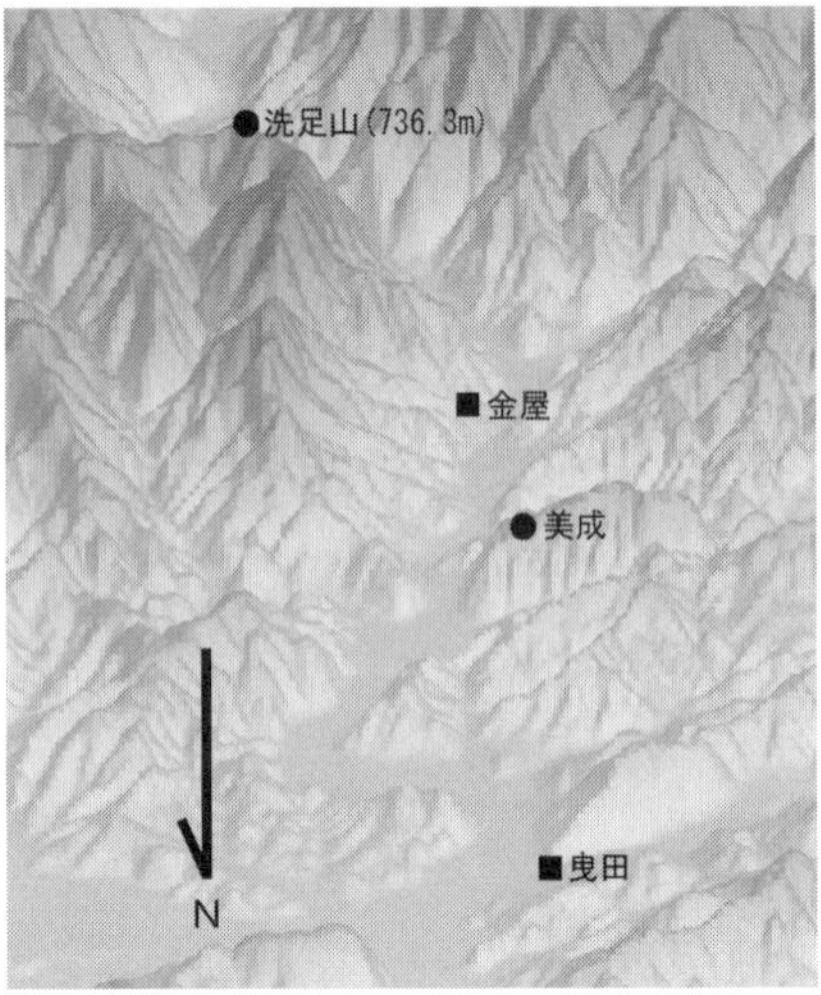

図34　洗足山の神婚神話の景観構造

味においても興味深い。ある時期、天皇家の全国統一に使われたとされるこの神婚神話、各地に伝播する。ところがその後この地では、天皇家自身が、その神を退治するからだ。そのようにこの伝承が語っている。この時期、信仰する神が、そして世界観が、天皇の座す中央では変わりつつあった、と思われる。それをこの地域の人々は、九世紀ごろと伝えていたのである。

似た伝承が、山口県の豊浦《とよら》町にもある。

豊浦町の黒井に杜屋《もりや》神社というやしろがある。ここの上部《うわべ》宮司の何代か何十代か前の祖先の人に登葉《とわ》というひとり娘がいた。人によると、それはとわではない、玉菜《たまな》だ、いや、おとねだ、といいろいろよんでいるが、いずれにしてもとわは美しい娘であった。ところがある年のことであった。夜な夜なきまった時刻になると、人間ともけものともつかぬ異ような姿をしたかい物が娘のへやをのぞき見にきた。そして、それは風のように現れ、風のように消えた。それが毎夜のことだけに、心配した父親は、神前にひれふして、かい物の正体をたずねた。神さまのお告げによると、それは、このやしろの東の方にそびえる、鬼ケ城に住む牛鬼で、この牛鬼は、この娘をさらって、山頂の神の生けにえにするつもりらしいという。おどろいた父親は、けつぜんその牛鬼をいころすことにきめた。その夜のことである。いつもの時刻に、こうしのすきまから、弓に矢をつがえて、その牛鬼のあらわれるのを今か、今かとまちかまえた。果して、しばらくすると、ねっ風をふくんだまっくらやみの中に、きかいな牛鬼が一歩、一歩、娘のへやに近づいてきた。ここぞ！　とばかりに矢は弦をはなれた。それはたしかに手ごたえがあった。こおどりした父親が弓をすてて表にとび出して見ると、そこには、もう牛鬼の姿はなかった。しかし、せん血が点々として、線をかいてやみのおくに消えているのが夜目にもはっきりわかった。夜が白みかけた。父親はさっそく従者をつれて、その血のあとを追った。血の線は、一のせ峠をこえて、鬼ケ城のふもとから中腹へ、中腹から山頂へとつづいた。そして、その山頂の石洞で血のあとはたえた。そこに異ような形相をした牛鬼が、左の目を矢につらぬかれたまま死んでいた。ところがその血なまぐさい左目のまわりには、ぶきみなほどたくさんのハエがブンブンまっていた。それいらい、この山にいるハエには、牛鬼のおんりょうがのりうつったのか、みんな片目になってしまったという[3]。

　この伝承、厳密に言うと「苧環型」ではない。糸も針も出てこない。しかし、牛鬼《ぎゅうき》の血の筋跡が鬼の棲家を示し、それを追うのは、苧環の役割と同じである。糸を紡ぐ女神のシンボルにこだわるのであれば、この地の他の伝承に、針仕事をする娘に恋をする鬼として、通う男が描かれているものもある。いずれにせよ、私の関心は話型の分類ではない。話型は、この神婚神話を支える世界観の拡散を知る、手がかりの一つなのだ。

娘の家は杜屋神社、牛鬼の棲家は鬼《おに》ヶ城《がじょう》山頂の石洞、話型は退治型、節句の儀礼はない。殺害

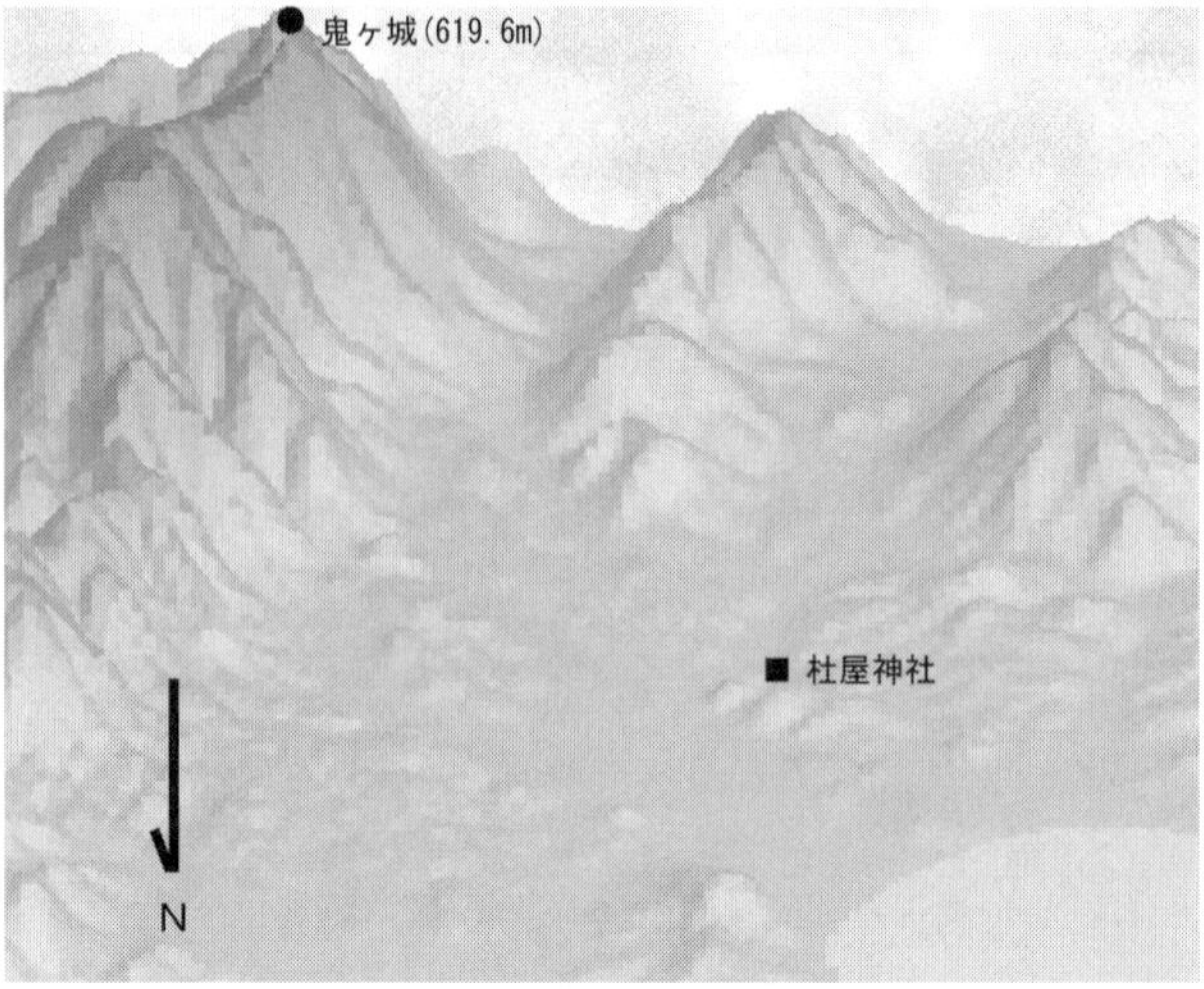

図35　鬼ヶ城の神婚神話の景観構造

された鬼が虫になり、あるいは虫の怨霊となり、後に地域の人々を悩ます点は、鳥取県河原町の伝承に似ている。

これらを図化すると図35のようになる。『豊浦町史』は、鬼ヶ城の神籠石《こうごいし》遺跡を、七世紀中頃の山城ではないかとし、この伝承とのかかわりを見いだそうとしている[4]。娘の家が神社である点は、三輪山の場合と逆であるが、男が通う先は、神が憑依する娘、というこの神婚神話の原意を持つことから、色濃く神話的要素を残していると言える。また杜屋神社の祭神は三穂津姫《みほつひめ》とある。『日本書紀』によると、彼女もまた大物主神の妻なのである。図における神社から見た鬼ヶ城の方位は、南東である。ここにもまた、三輪山の原型が見いだせるのかも知れない。

3　伝承の所有者を求めて

このように、景観の特定はある程度出来るが、

時代の特定は、古ければ古いほど難しい。なかには伝承に、娘の家が明確に伝えられている場合もある。しかし最近は人権問題もあって、印刷物にはなかなか記されない。が、丹念に調べてゆくと、その家が、もともとは郷士であったり、さらに遡れば、中世の豪族であったりすることも希ではない。

次の事例は福井県上志比《かみしひ》村の伝承である。

むかし、わたしたちの村を志比庄《しひのしょう》とよんでいました。そのころのお話です。志比庄に、永井長平さんという長者が住んでいました。長者には、美しいひとり娘があり、大事に育てられていました。いつのころからか、その美しい娘のところに、毎夜どこからともなく、りっぱな若者が忍んで来るようになりました。雨の夜も、あらしの日も、その若者は欠かさずやってきました。娘もいつしか、その若者に想いを寄せるようになり、やがて身ごもってしまいました。ところが、ふしぎなことに、若者がどういう人か、どこからやって来るのか、いくら聞いても若者は言わなかったのでした。それで、ある夜、母親が娘にききました。「おまえのところに、毎晩、若者がたずねてくるようじゃが、あれは、どこからくるのじゃ。」「よくわかりませんが、りっぱな若者がくるのです。そのとき、わたしは夢をみているような、へんな気がして何もわからんのです。」娘が恥ずかしそうにいいました。「それじゃ今晩にも、その若者がみえたら、すぐさま、この長い糸のついた針を若者に知られんようにして、着物の裾に縫うておくがよい。」と母親は娘に教えました。その夜、娘は母親からいわれたとおり、糸巻きにまいた長い糸を針につけて、まっていました。やがて、日も落ち、月がでてくると、川のほうから生暖かい風が吹いてきました。すると、庭の方の障子がす〜とあいて、若者が忍び入ってきました。娘は、ハッとしましたが、それでも、しばらくは夢みるいい気持ちになり、楽しいひとときをすごすことができました。けれども、母親に教えられたとおり、若者に、糸をとおした針を縫いつけることを忘れませんでした。睦まじく遊んだあと、若者が帰るとき、長者の家では、家人に命じて、糸の行く先をたどって行かせました。糸の先は山をのぼり、遠く大仏寺山《だいぶつじざん》の尾根まで続いていました。そして、行き止まったところは、山の頂上にある大きな池でした。そこは、昼でもうす暗く、大きな木に囲まれた池は、青々とした水をいっぱいためていました。しばらく家人が立ちどまってみると、池の中からうめき声がし、そっと耳を澄ませて聞くと「もうだめじゃ。おまえは、人間のところへ遊びに行った罪で、鉄をからだに、縫いつけられたのだ。図られたのだ。」そして「残念じゃが、もう生きておれん。かわいそうじゃが、何かいい残すことはないか。」と、続いて「わたしは、死んでも悔いはありません。あの娘の腹には、わたしの子を、はらませたんだから。」という若い男のうれしそうな声が、聞こえてきました。そして、また「それはちがうぞ。人間は、知恵があるからなあ。五月の節句に、娘がしょうぶ湯に入れれば、腹の子は、みんなおりてしまうぞ。」これを聞いた家人は、さては大蛇の親子だったかとびっくりして帰り、娘の母親に伝えました。母親は、早く娘を助けねばと思い、節句の日がくるのをまちかねて、さっそくしょうぶ湯に入れました。すると、聞いたとおり、たらいに七杯半もの蛇の子がおりました。長者の家では、このおりた蛇の子を、てあつく葬り、埋めました。今は、そこが小高い丘になっており、蛇塚と土地の人から呼ばれています[5]。

娘の家は永井長平という長者、蛇の棲家は大仏寺山の大きな池、話型は「立ち聞き型・たらい子型」、来訪男は立派な若者で、正体は大蛇、節句の儀礼に菖蒲湯が伝承されている。神話モデル、伝説モデル、昔話モデルの混合である。このように多くの伝承が、設定されたモデル通りに明確に分けられるのではなく、混合する。しかし、モデルを設定することによって、どの要素がどのような変容過程にあるのかが推測できる。蛇の棲家が山の頂上である点は、神話的であるが、池であるのは伝説への移行を思わせる。娘の家が長者である点も、かつて神話であったことを推測させる要素の一つだ。話型が「立ち聞き型・たらい子型」で節句の儀礼が語られる点は、昔話化しつつある過程とも言える。

この娘の家は特定できる。永井長平とは江戸期の郷士でその家系は今も続く。が、もとをたどれば中世志比庄の地頭で波多野《はたの》といい、この地に、一二二一年頃に移住したとされる。しかし、一五世紀後半に朝倉《あさくら》の越前平定に伴いその支配下に入る[6]。この伝承が、波多野の神婚神話であったのなら、波多野家がこの地に移住し、地域支配を始めた一三世紀には、生きた神話であったことになる。それが一五世紀後半には、戦国大名の朝倉の支配下に入り、江戸時代も生き残った。波多野家の地位の変容にともない、この伝承も変容したと思われる。地域を支配する英雄誕生の神話から、妖怪退治の伝説へ、そして蛇の子を下ろす娘の不名誉な話へと。

それらは、景観構造にも反映する。波多野は城《しろ》山《やま》に拠点を置いたとされる。城山から大仏寺山の方位は南東に位置し、三輪山と同じ景観構造（図36）であることが分かる。ところが、この伝説は、次のような異話を、福井県永平寺《えいへいじ》町谷口《たにぐち》で伝えている。

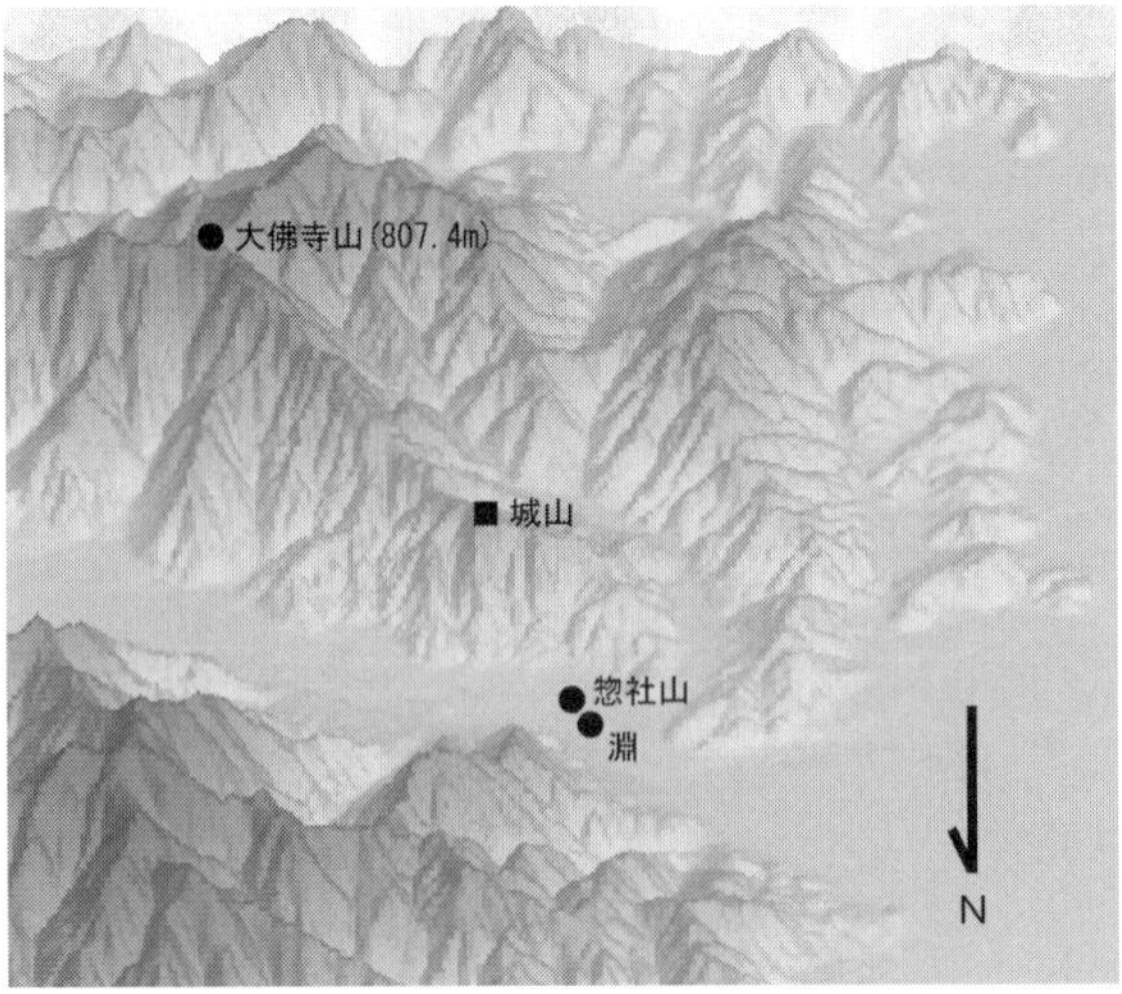

図36　大佛寺山の神婚神話の景観構造

むかしこの地方の豪族（志比庄の地頭）波多野家の娘（さよという）の所へ、美しい若者（春之丞）が遊びに来た。素性をいくらたずねても明かさないので、ある夜さよは春之丞の着物のすそに針で糸を付けて帰る時に、そっと家人をしてそのあとをつけさせたところ、高橋村の川岸を下りて大きい淵に入って行った。ここは昔から大蛇の親子が住んでいるといわれている場所である。つけていった家人が驚いて立っていると、親蛇が、「お前は人間の娘の所へ通った罰に、今日金属で体に傷をつけられたのでもう命は長くない」というと、子蛇は、「波多野の娘に子を産みつけたから、私の命が短くてもかまわない。」と答えた。しかし親蛇は、「五月の節句に、しょうぶ湯にはいれば、子どもは流産してしまう」と話しているのを聞いた家人は、急いで波多野家に帰ってこのことを報告した。同家では、よいことを聞いたと五月の節句に、「さよ」を早速しょうぶ湯に入れたところ、多数の小蛇《しょうじゃ》を流産したという。これをタライに入れて埋んだのが、小蛇山で後に惣社山と改めて波多野家の氏神である。春日神社の古社を中世の頃に移築したのが現在の場所であると伝えられている。また、小蛇を埋めた所に蛇塚が建てられたのは、今の春日神社より東方に当り、古老の話では、神社境内にある三箇の板碑の中で一番大型の東方にある板碑で、地震により後方に倒れて中程より少し下方で折れていたのを、この場所に運んで折れた部分をセメントで継ぎ立てたという[7]。

先の伝承と娘の家や話型は同じであるが、景観が違っている。先の伝承は三輪山の景観構造と同じであったのが、この話では、山が川の淵となり、娘の家から淵の方位も北西となっている（図36）。このように、同じ内容の伝説の異なる伝承を見ることによって、変容の過程を見いだすことができる。神話から伝説へのジャンルの変容は、景観構造の変容をもともなったのである。つまり、もともと三輪山の景観構造と同じであったものが、時代を経ることによって、蛇の棲家は淵へ、方位も北西へと変容したのである。ここで見たように、話の内容と景観構造が対応していることと自体が、この伝承が人々の環境知覚に影響を与えていたことを証明する。

ところで、この人々の環境知覚に影響を与えた、神話から伝説への、ジャンルの変容とは、一体何を意味するのか。それは、恐らくこうであろう。神話は土地を支配する者の環境知覚であった。それが権力を失う。例えば、戦国大名のような新しい時代の権力者によって、滅ぼされる場合、古い権力は、古い世界観とともに消滅する。民話レヴェルで言うならば、神話は伝説へと零落する。そしてその伝承の所有も、支配者の手から農家のような被支配者の手へと移る。被支配者にとって、支配者の神話は、古い世界観の象徴となる。新しい時代にはそぐわないため、その価値は反転する。その家を讃える名誉な話が、その家の没落を意味する不名誉な話へと。と同時に景観へのまなざしもそれに対応して変化する。農家にとって、神でなくなった蛇の棲家は、川や池の淵、石垣である。あるいは蛇を、農業にとって重要な水神と見るようになるかも知れない。そうであれば、その棲家はむしろ水場でなければならず、かつての支配者の神が降臨した山ではなくなる。環境知覚の主体とその背後にある世界観がかわったのである。当然それに応じて話の内容も変容する。その過程を示したのがこの二つの伝承なのであった。このように考えると、伝説で語られる蛇の棲家に、川や池の淵が増加するのは、当然のことだったのである。

4 理想郷の環境知覚

現地を訪れて、いつも私が思うのは、なぜこの山が、連なる峰のなかから、古代や中世の開拓者や支配者によって、神の降臨する世界山として選ばれたのか、という素朴な疑問だ。三輪山のように孤立的な円錐形なら、まだ分かりやすい。が、図33〜36を見ても分かるように、多くの場合その山は、特に際だった特徴もなく、他と分かれて孤立もしていない。なぜこの山なのか、それが私たちには分かりにくいのだ。その姿は、地図上で山の名を確認しなければ、その場では判別できない。このことは、彼らの見る目が、私たちのそれとは、違っていたことを物語る。その知覚の背景には、言葉と同じように、文法となる世界観があったはずだ。それがこの神話ではなかったか。

どのように環境を知覚するのかは、文化集団によって異なる。であるなら、当然のことだが、近代以降の私たちと、古代や中世の私たちの祖先とでは、環境の知覚のあり方が違っていただろう。そのことは頭では理解できる。が、実際にはどのように、私たちの知覚と彼らの知覚とが違っていたのか。無論、そのことを直接提示する資料はない。が、参考となるデータがある。

精神人類学を研究した藤岡喜愛《ふじおかよしなる》が、興味深い実験を行っている8)。その実験結果が、近代社会に生きる人々と、前近代的な社会に生きる人々との知覚の違いを、具体的に提示しているのだ。それはロールシャハ・テストという、一九二二年にスイスの精神病理学者、ヘルマン・ロールシャハが

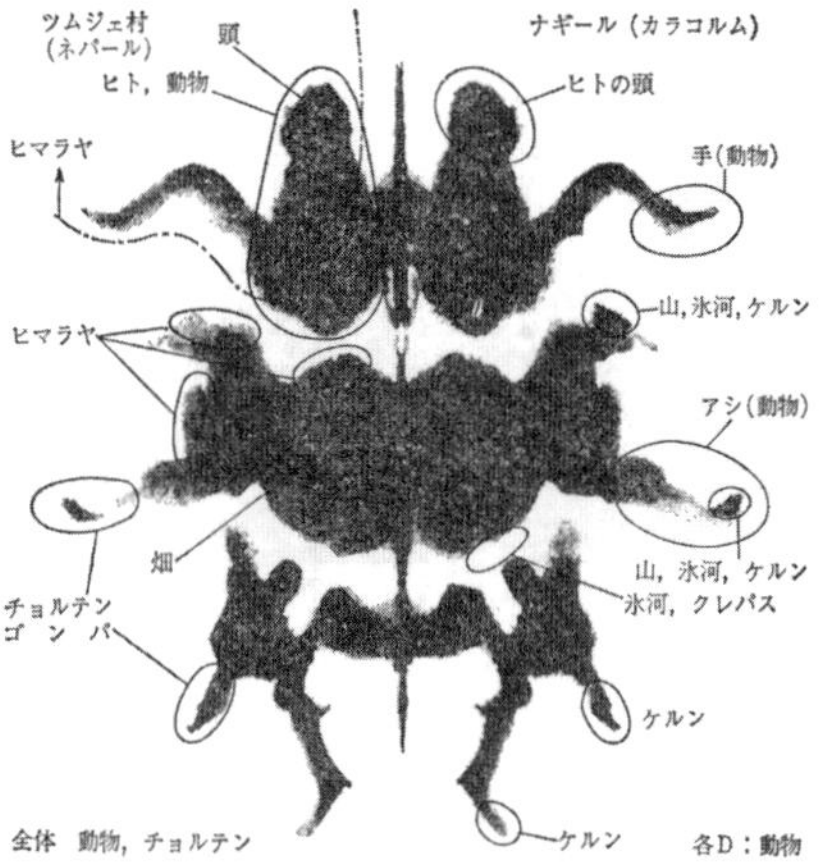

図37　ロールシャハ・テストのインクブロットとネパール，カラコルムにおける反応
藤岡喜愛（1974）『イメージと人間―精神人類学の視野』日本放送出版協会，38頁.

考案した、人の精神状態の特徴や概略を推し量ろうとするテストにもとづく実験であった。テストの方法は、図37のようなインクのシミの図版を被験者に見せ、それが何に見えるかを答えてもらうのである。

その結果、図を見た答えが、近代的な産業社会に属す人々と、前近代的な未開社会に属す人々とでは、違った。つまり知覚が異なったのである。その違いを簡単に言うと、こうである。彼らの知覚は、私たちの社会の、幼児の知覚に相当すると言うのだ。このテスト結果は、近代社会に所属する私たち大人にとっては深刻である。子どもの精神状態のまま大人になってしまっている、と判定されるからだ。この結論をそのまま彼らに当てはめるのであれば、彼らはすべて未発達、ということになる。しかしテストを受けた未開社会の成人たちは、すべて成熟した大人たちだったのだ。

彼らの知覚と、私たちの幼児の答えとの共通点は、具体的にはこうである。図の一部分を見て、

動物の頭とか足、口あるいは、山の頂きや谷と答え、全体を見ない（図37）。さらに関連なしに思いつかれた、部分と部分とがつながって、図から離れて「おはなし」が始まる。それに対して、日本や欧米の、近代的な産業社会で育った私たちは、全体を見て、カブトムシであるとか、二人の人が背中合わせにして座っている、などと答える。この前近代的な社会の人たちの、幼児型の知覚という結論は、世界中で広く得られる結果ともなった。

私たちは、普遍的な大人としての知覚をしていたのではなかったのだ。近代が、私たちの知覚を変容させていたのだ。つまり正常な大人の知覚と考えられていたものが、そうではなかったのだ。さて読者の方々にはこのインクのシミ、どのように見えただろう。ロールシャハによれば、全体を見なければ、私たちの社会では、まずいらしい。

このことから、この知覚の、子どもから大人への発達のあり様は、近代的な産業社会特有のものであり、人類の普遍的な発達のあり様ではない、ということが分かった。むしろこのテストは、私たちが当然と思っている知覚や、それにもとづく行動の背景にある、近代的世界観の特異性を示すことになったのだ。

人間はたとえ同じ図形を見ても、その属する文化集団が違えば、違うものに見える。国や地域を左右するような重要な山を、私が知覚できない理由がここにある。藤岡は狩猟採集民から農耕社会、そして私たちのような近代的な産業社会への展開とかかわらせて、この知覚の違いを説明した。環境知覚研究にとって大へん重要な考え方である。この違いは、過去あるいは異なる文化集団の地理的行動を研究する際に、常に念頭においておかねばならない。なぜなら、この知覚の違いが、人々の地理的行動に影響を及ぼすのだから。

しかしながら今まで、日本人の環境知覚が、どの時代に、どのように変化したのか、それについて、具体的には言及されてこなかったように思う。私はこの神婚神話に、日本人の環境知覚の変遷が、見いだせるのではないか、と密かに期待している。

藤岡のテストで明らかにされた、未開社会の知覚は、この神婚神話にもとづく環境知覚に、どこか似ている。私たちは全体を山として見るが、彼らは、山の一部を特別に認識し、何かに喩え、そして象徴化する。それが神話の世界山となり、さらに全く別のある場所と結びつけられ、物語となる。そのような世界観は、今の私たちの知覚の背景にはない。

しかし、実在の景観を眼前に、この異なる時代の、異なる文化集団の知覚の違いを、正しく認識することは重要なことのように、私には思える。なぜなら、私たちは現在の知覚を当然のことのように思い、異なる人たちの、異なる知覚を異常なものと排斥し、場合によっては、私たちの知覚を他者にも押しつける傾向があるからだ。私たちの環境知覚が、実際に多くの不幸を、環境に及ぼしてきたことは明白な事実なのに。

別な言い方をすれば、過去の私たちは、神話のような荒唐無稽な虚構にもとづいて、環境知覚をしていたともできる。しかしそれは、今も同じなのかもしれない。なぜなら、神話とは当事者にとっては、疑うことの出来ない真実なのだから。

このように私たちの知覚や行動の背景には、その時代や地域の神話的世界観がある。他者から見れば、滑稽に見えるその神話を、不幸にも当事者は見抜けない運命にある。ともすれば、そのことによって他者を遅れている、幼児段階なのだと見下し、その人たちに対して差別的行動を取る場合もある。

このような民話に、伝承者の国民性や世界観、パーソナリティや民族的アイデンティティを見いだし、そしてそれらを正しく理解することの重要性を示そうとする、アメリカの民俗学者、アラン・ダンデスは言う。

どんな国民性であるか鑑定するだけでは十分ではありません。国民性を分析する必要があるのは、自らの国民的ないし民族的アイデンティティおよび他者の国民的ないし民族的アイデンティティを理解するためです。我々が今日住んでいる世界は交通と情報伝達の速度が日々に増大し殆ど世界中の諸民族を隣人といえるほどのものとしつつあります。しかし不幸にして、世界の諸民族のパーソナリティに存在する文化的相違に関する我々の理解は、技術の進歩に追いつくことができておりません。科学技術はどれだけ進歩してもそれ自体では地球にすむ諸民族の平和と繁栄をもたらしてくれそうもありません。民族性や民俗心理の研究においてえられる比較洞察力なしには、我々は戦争の脅威、そして人類同胞に対し際限なく繰り返されそうな非人道的行為の脅威に対する、絶えざる不安の中で暮らす運命を免れません。フォークロアはこのような民族（国民）性および民俗心理の真剣な研究のための潜在的な資料源、その可能性がまだ十分利用されていない比類ない資料源を意味します。この実習的研究によって私が学んだものが何かあるとすれば、それはフォークロアがある民族について基礎的真理を率直かつ無検閲な形で表現していること、そしてこの真理は民衆（人民）によって民衆（人民）のために言われているのだということです[9]。

ここで示した民話の環境知覚研究も、この種の実習的研究と、私は考えている。

この神話に話をもどそう。問題はどの時代に、どんな人々がこの理想郷を創出しようとしたのか。先にも述べたように、その追跡は容易な作業でない。しかし、各地の伝承を追いかけているうちに、一つの推測が浮かび上がってくる。それは古代から中世の支配者、あるいは開拓者の理想郷ではなかったか、ということ。そして戦国大名によって、それら理想郷が打ち砕かれたのではないか、ということ。先の波多野は、一五世紀後半に朝倉の支配下に入っている。似た事例は他にもある。山口の大内は毛利《もうり》に、宮城の千葉は伊達《だて》に。そしてその後、神話は伝説となり、かつての権力者を侮蔑するような、話に転じてゆく。そこに神聖さはない[10]。

ここで、だから王権を握ったのだという神話から、だから没落したのだという伝説に変換したわけだ。この話の生命力は、どちらにあっても、活かされるところにある。もう話型はいい。私の言いたいことはこうだ。戦国期に、私たちの祖先の世界観が転換した。そしてそれは、環境知覚の転換期でもあったと。このような神話や伝説、昔話を通して、私たち日本人の環境知覚の変遷史が見えてこないものだろうか。

注

（1）二丈町誌編集委員会（一九六七）『二丈町誌』福岡県糸島郡二丈町役場、五四三〜五四四頁。
（2）用瀬町編（一九七三）『用瀬町誌』用瀬町、八六〇〜八六三頁。
（3）佐藤治（一九七二）『ながとの民話』（やまぐち文庫1）赤間関書房、七三〜七七頁。
（4）豊浦町史編纂委員会編（一九九五）『豊浦町史3民俗編』豊浦町役場、九一三〜九一七頁。
（5）上志比村教育委員会事務局・青少年ふるさとづくり推進委員会（一九八二）『かみしひの昔ばなし』一二〜一四頁。
（6）永平寺町（一九八四）『永平寺町史　通史編』一四八〜一九四頁。
（7）永平寺町伝説編集委員会編（一九九一）『永平寺町の伝説』永平寺町教育委員会、五〇〜五一頁。
（8）藤岡喜愛（一九七四）『イメージと人間―精神人類学の視野』日本放送出版協会。
（9）アラン・ダンデス（一九八八）『鳥屋の梯子と人生はそも短くて糞まみれ―ドイツ民衆文化再考』平凡社、二二〇頁。
（10）佐々木高弘（二〇〇〇）「神話・社会そして景観―中国地方の「蛇聟入・苧環型」を事例に」『人間文化研究2』三七〜六三頁。

最終話

民話世界の地理学

1 楽園からの追放

近代が近代として成立していく過程において、場所（それは社会的には共同体やその伝統につながる）の支配から脱した普遍主義的な方法が中心原理になった。その結果、トポスやトピカは周辺に押しやられたが、その普遍主義的な原理としての〈方法〉とは、単なる論理主義ではなくて、同時に、人間的な主意主義と結びついたものであった。（中略）今にして思えば、コギトの原理は、われわれ人類にとって二つの意味で〈もう一つの知恵の木の実〉であった。一つは、共同体的な場所あるいは調和的なコスモスからの自立・離脱という意味においてであり、もう一つは、自然を徹底的に対象化し、その法則を解き明かすことによって、自然のエネルギーを解放＝収奪する端緒をつくったという意味においてである[1)]。

私たち人類は、近代に至って、再びあの「楽園という場所」から追放されたようだ。それは、近代科学という〈木の実〉を食べたからなのであった。

少々説明が必要だろう。哲学者の中村雄二郎が言ったのは、つまりこういうことだ。近代的自我（コギト）は、共同体的な前近代的「場所」から私たちを自立・離脱させたのだと。そしてこの自立・離脱が、日常生活にまで普遍主義を行き渡らせ、近代科学をここまで発展させてきたと。言わずもがな、コギトとは近代合理主義哲学の祖、デカルトの「われ思う、ゆえにわれあり（コギトエルゴスム）」のコギトである。しかしながら、と中村は言う。近代科学の理論や学問・方法と、「現実」とのずれ（例えば環境破壊など）が次第に明らかになってきた現在、再び必要とされるのは、前近代的「場所（トポス）」の復権であると。彼の言うその「場所」とは、「有機的なまとまりをもった宇宙、他にない固有の場所としてのコスモス[2]」なのだ。

しかしコギトから見れば、近代科学は追放されたのではなく、この「トポスという楽園」を嫌って自発的に出ていったのだった。近代科学を土台に生み出された近代国家も、結果として、やはりこれを嫌った。近代的な中央集権国家は、共通語を生み出し、学校教育を通して同じ思考や身体感覚を人々に強要し、人々の土着を引き裂き、すべての文化を画一化しようとした。そうすれば国は富み栄え強くなる、そういう科学方程式があったからだ。あるレヴェルまで、これらは思い通りになった。

近代科学の発展は、私たちを「場所」という呪縛から解き放ってくれた。このことは大きい。精神的には、生まれ育った家、ムラ、そして地域共同体からの自我の自立を、物理的には、モータリゼーションなど交通手段の発達によって、私たちの移動距離を飛躍的に伸ばし、また、メディアの発達は外部世界の拡大を情報の面から推し進めた。現在の私たちの世界観は、これらによって支えられている、と言ってよい。

しかし、科学技術が飛躍的に発展するに従い、様々な問題が生じることとなった。人と「場所」の分離は、私たちの家族や共同体との関係を希薄なものにした。そして私たちは、「場所」を人から分離した一対象としてみはじめ、土地をお金に換算したり、取り替え可能なモノとして利用するようになり、結果として環境汚染や破壊の問題を生み出した。また、人と「場所」が密接に結びついた固有の文化を失わせ、画一的な全体文化を全国にゆき渡らせることにもなった。

このように近代科学の思考は、科学理論のなかだけでなく、あの蛇のように、私たちの日常生活にまで、〈リンゴの木の実〉をばらまいたのだった。そして、その〈木の実〉を食べた私たちは、「場所からの自立・離脱」という切符を手にした代償として、「トポスという楽園」から追放されてしまったのだ。

2 妖怪と近代科学哲学

さて、この近代科学が、国の隅々にまで棲む人々に、〈リンゴの木の実〉を手渡そうとしたとき、そのゆく手を阻んだのが、妖怪だった、という興味深い事実がある。明治に入って近代科学が導入されたとき、まっさきに妖怪学を起こし、妖怪を日本国中から撲滅しようと企てたのは、哲学者の井上円了《いのうええんりょう》だった。彼は、明治一九年に不思議研究会を設立、翌年に『妖怪玄談』を著した。明治二四年には妖怪研究会を起こし、明治二九年には『妖怪学講義』を出版、全国を啓蒙公演して歩いた。この列島から妖怪を追放しようと企てたためだ[3]。

ところで、この明治の哲学者にとっての妖怪とは何だったのか。『妖怪玄談』で彼が糾弾したのは、「コックリさん」だった。彼の妖怪リストには「コックリさん」も列せられていた。つまり、近代科学から見て、妖しげな現象は、すべて妖怪と名づけられたのだ。実際妖怪という用語は、明治になってから、特に彼によって使用されたと言われている。そしてその妖怪を、近代的合理主義で解釈し、人々の錯覚であることを指摘し、これらに迷信というラベルを貼った。そして、まるであの「初国知らす天皇[4]」のように、それを全国に知らしてまわったのである。それが近代国家日本の幕開けである明治であったのは、単なる偶然ではない。近代国家は、明らかに妖怪を嫌ったのである。近代科学にとって、妖怪とは存在すらしないもの、そうであるなら、無視して通り過ぎれば良い。なのにそうはしなかった。

なぜか。妖怪という想像力には、人々と場所とを結びつける力がある。中村の言う「有機的なまとまりをもった宇宙、他にない固有の場所としてのコスモス」が。それは、「霊魂や象徴が息づく世界[5]」と言っても良い。伝統的な社会における事物は、様々な人や場所、歴史や精神と不可分であった。文化人類学者の山口昌男《やまぐちまさお》は次のように言う。

> 結局交換される事物が象徴的な響きを帯び、いわゆる宇宙モデルのすべてにどこかでつながっているということなのです。（中略）われわれが現在まわりに見ている「もの」は、われわれにとって密接なつながりを失ってしまった、いわゆる事物の物にすぎない。しかし、かって「もの」という言葉は、「ものの怪」という言葉などにあるように、本来精神的な意味をたっぷりと含んだ言葉であって、ある土地のいろいろな事物と密接につながった、全体の中の一つとしての「もの」であった[6]。

前近代の伝統的な社会では、人々の身のまわりを取り囲む事物の多くは、私たちがスーパーで購入したモノと違って、自身で丹誠こめて作ったり、周囲の豊かな自然や、ムラの友人たちからの贈り物であった。山口の言う「交換される事物」とはそういう「もの」を言う。したがって、それら事物は自ずから単なるモノではなかった。つまりここで言う「ものの怪」だったのだ。子どもの頃、物を粗末にしたり、食べ物を残そうとしたとき、「もったいないお化けがでるよ」と叱られた覚えがある。また、祖父母の形見や大事な人からのプレゼントは捨てにくいものだ。今でもある種の事物に、少なからず私たちは、怪＝精神や人格を感じているのだ。

近代科学にとってこの「ものの怪」は、人と場所や様々な事象とを結びつける魔術であり錯覚であり、まさに人々の場所からの離脱を阻むものであった。したがってこの「妖しい怪」は、近代科学という権力にとって、封じ込めるべき仇敵だったのだ。近代科学にとって、事物はあくまでも単なる物質であって、科学的に認められる存在以外の、いかなる「怪」も付着はしていないのである。

近代国家が中央と地方という位階性を生み、中央の全体文化と地方の地域文化という二極化を生じせしめ、人々を彼ら固有の「場所」から引き離そうとしたとき、その抵抗の象徴として、妖怪が立ちはだかった、と考えられないか。近代科学のライバルとしての妖怪、私はそう密かに思っている。

思えば妖怪という想像力は、少なくとも平安時代にはすでに存在していた。人々の死や疫病、雷や洪水、地震などの天災、それらは権力と敵対し非業の死をとげた、早良親王《さわらしんのう》や菅原道真の怨霊（鬼）の仕業だと権力者は考えていた。それらを封じ込めるために、古代国家に雇われた陰陽師たちがいた。妖怪は異界に棲む、と考えた彼らは、それらを封じ込めるために、当時の最先端の科学、陰陽五行説つまり風水を使って平安京を造都した。ここでも妖怪という存在は、権力の亡霊のように、常に彼らと対立する存在だったのだ[7]。

近代科学が絶大な権力を持つ現代社会において、その対立としての近代科学批判はまさに、妖怪的存在なのかもしれない。そう考えたとき、現在における「場所（トポス）」、あるいは個性ある地域文化、中央に対する地方、都市に対する田舎等々の再評価は、権力の裏側にある影的存在、まさにゴーストなのかもしれない。もちろんこの位置づけは、私たちの世界観の側の問題で、それら自体は、実体としての確固とした存在なのだ。

3　エコロジーと民話と楽園

近年のエコロジー思想家たちの言説も、やはり近代科学と「場所」が、対立関係にあること示している。ディープ・エコロジストと言われる思想家たちの意見に耳を傾けてみよう。

> 現在の地球環境問題は、近代以降、人間が自然に対して過った態度を取ってきたことに由来する。自然とは、近代人が考えてきたような「征服すべき対象」ではない。自然の中で、人間と自然とはそもそも一体である。自然に支えられて生きる人間という、正しい世界観を我々が再発見することなしに、環境問題はけっして解決しない[8]。

近代以降の人間が、自然に対してとった過った態度とは、まさに中村の言う、コギトの「場所」からの自立と言って良い。ここでいう自然とは、まさに「場所」のことである。さらに彼らは、この人間が自然を支配しようとする妄想を、人間を征服するという、近代科学の生みの親、西洋文化の態度に由来すると指摘する。

> エコロジー的意識およびディープ・エコロジーは、テクノクラート的産業社会の支配的世界観とは鋭い対照をなす。この支配的世界観によれば、人間は孤立した、自然から根本的に分離された存在、人間以外の創造物より優れた、その管理に当たる存在としてとらえられている。しかし、人間以外の自然とは別個の、またそれより優れた人間という見方は、より大きな文化的パターンの産物にすぎない。何千年も前から西洋文化は次第に支配の観念に取りつかれてきた。自然に対する人間の支配、女性的なものに対する男性的なものの支配、貧困な

人々に対する富と権力のある人々の支配、非西洋文化に対する西洋文化の支配の観念である。ディープ・エコロジーの意識に立てば人はこれらの間違った、かつ危険な幻想を見破ることができる[9]。

彼らによると、近代科学と権力は、この一連の流れのなかで結合する。そして権力は、どの時代においても敵対者が誰であるかを的確に識別し、支配したがるものなのだ。

それでは、彼らディープ・エコロジストたちは、何をどうすれば良い、と考えているのだろう。彼らが目指す楽園への帰路はこうである。

①自然の支配から自然との調和へ。
②人間のための資源としての自然環境から、あらゆる自然は固有の価値、生物種としての平等性があるという考えへ。
③人口増に備えた物質・経済的成長から簡素な物質的ニーズへ。
④豊かな資源保有への信念から、限られた自然の恵みという認識へ。
⑤ハイテク的進歩と解決から、適正技術、非支配的科学へ。
⑥消費主義から十分さ・リサイクルでの対応へ。
⑦国・中央集権化された共同体から少数者への伝統・バイオリージョンへ。

これらを実現するためには、やはり中村の言うように、前近代的「場所（トポス）」への回帰が必要なのだ。持続可能な開発を目指すエコロジーの一派、生態地域主義者たちは「ある与えられた場所でどのように生活するかについて、長い間に生み出された考え」という意識の領域・地勢が、地理的な領域・地勢同様に存在すると言う。彼らはエコロジカルな地域政治学を、地図、その土地の種のリスト、生態学的な諸研究、歴史、住民の生活様式である物語、詩、祝祭から出発させる。
この地域政治学も産業的・科学的パラダイムの転換を次のように求めている。

① われわれの意志決定のものさしを、国家や世界から地域やコミュニティーへ。
② 経済を開発・搾取から保全へ、変化・進歩から安定へ、世界経済から自給自足へ、競争から協力へ。
③ 政治形態を、中央集権化から地方分権化へ、位階性から相互補完へ、画一性から多様性へ。
④ 社会を二極化から共生へ、単一文化から地域文化へ[10]。

これらは、まさに様々なものが「場所を通じて繋がった固有のコスモス」への転換と言えるだろう。
この「固有のコスモス」を、民話世界に見いだすこともできる、と私は睨んでいる。北米の森の狩猟民クリー族の民話を紹介したコティー・バーラントは次のように言う。

森の人たちの移動は季節に従っていたので、彼らは風に関する、また太陽と星に関するたくさんの伝説をもっていた。そのような神話に普遍的であるように、動物たちはしゃべり、物語を語ることができた。というのは、自然世界全体が人間と動物たちの一つの統合された共同体だったからであった[11]。

これも「場所（トポス）」、あの楽園だ。あの楽園は、どうも民話世界に豊富にあるような気が、私にはする。

4 民話とは――神話・伝説・昔話

天地を創造した神々、村はずれの淵にすむ河童、猿や犬や雉を引き連れ鬼退治に出かけた桃から生まれた少年、海の底の竜宮城、これら民話世界も、やはり近代科学は容認しない。

民話とは、民間説話をちぢめた言葉で、使われ方は三つある。「①昔話・民譚・民間説話と呼ばれるものと、全く同義に用いる。②昔話よりは広義に、口承の物語の一切を包括させて用いる。③民間に伝承されてきた昔話を素材としながらも、これに文学的ないし芸術的表現を加えたものを指す[12]」。一般的には③で使われることも多いが、民間説話とは本来「文字に書かれた文学の中の説話に対し、民間に口頭で語り伝えられている説話」を意味し、厳密に言えば③ではないことが分かる。また、日本民俗学では民話と昔話を区別している[13]ことから①でもない。したがって、②の意味で使うのが、妥当であろう。②は口承の物語一切を包括するということであるから、昔話をはじめ伝説や神話、世間話や都市伝説などあらゆる口頭で伝えられる話と解すればよい。

さて、本書は神話・伝説・昔話を地理学的に分析してみようと試みるものである。これら三者は、とても似通った話の内容をもっている。にもかかわらず、こうやって別々の名前を付されているる。もちろん、この分割は伝承者たちの発案ではなく、研究者（科学者）の仕業である。ここでその違いについて少し整理しておこう。

神話は「天地創造」などで知られるように、この世のはじめにおける出来事、宇宙や人間や文化の起源などについて伝承する。多くの場合、それらは神々のなせる業とされるので、話の中心を神々が占める。また神話が、当該社会において有効な場合、その社会に属する人々の行動をあらゆる点から呪縛する。そのようなとき、人々は、その神話を疑うことができない。第二次大戦時の神国日本を思い出していただければ、容易に分かるだろう。したがって、往々にして権力と結びつく。その語る時間は原古で不明といってよいが、出来事の生じた場所は、実在する場合が多い。登場するのは神々だが、歴史上実在したとされる権力者とともに語られることもある。

伝説は、本当にあったと言い伝えられてきた伝承で、その語る時代は神話よりは新しい。したがって、伝承の生きている社会では、人々はその内容を真実だと主張する。しかしながら、その真実は神話のように絶対ではなく、人々が「本当にあったんだ」と懸命に主張しなければならないだけに、彼らにとっても、半ば信じられない話であった、と考えた方がいいだろう。それでも、これら真実を主張する必要性から、語られる時や場所、また人物などが特定され、証拠として提示される。例えば、「慶応○年○月○日、○村字○の○○家から座敷童子が出ていったのを同村の○○が目撃した。まもなく○○家は没落した」と。このように具体的に語られるので、聴き手は本当かと見惑う。したがって伝説は、当事者にとって、実際過去にあった出来事、つまり歴史の役割を果たすことになる。

これらに比べて**昔話**は、「むかしむかし、あるところに、お爺さんとお婆さんが…」のように、時代も、場所も、人物も架空となる。したがって語り手も聴き手も、フィクションとしてこの話を聴く。多くの場合、彼らにとってそれらは娯楽であり、また教訓でもあった。

このように三者を比較したとき、たとえ話の内容が同じであっても、当事者の関心軸が異なるところにあることに気づく。神話の場合、人々の関心は神々の偉業に置かれる。伝説の場合、その内容は共同体で起こった過去の出来事にある。しかも多くの場合、それは妖しい怪となる。そして人々の関心はその妖しい出来事、つまり妖怪に集まる。昔話では主人公がどのような冒険に遭遇し、どのように苦難を乗り越え、どのように鬼を

表2　神話・伝説・昔話の特性

	話の内容	当事者の態度	機能	時間	場所	人物
神話	神々が中心	疑ってはならない	権力	原古	特定	特定・神
伝説	妖怪等が中心	真実性を主張	歴史	特定	特定	特定
昔話	人間が中心	フィクションとして	娯楽・教訓	不特定	不特定	不特定

退治したのか、つまり人の勇気や愛、恐怖といった心の葛藤や行動に、人々の関心は集まる。

以上をまとめたものが、表2であるが、もちろんこれらは単純化されたもので、便宜上のものと考えても良い。またこれらの分類は、後の時代の私たちが、あるいは共同体の外部の研究者たちが設定したもので、実際は、これら三者は複雑に関連し合って、厳密に区別できない場合もある。また当該社会の人たちが、今語っている話が、神話だ、伝説だ、などとあらかじめ区別しているわけでもないのである。当事者たちは、これは本当の話、これは嘘の話、という程度の区別しかしていない。伝説や神話は前者に、昔話は後者に分別されることになる。

5　民話と地理学

さて、これら民話を地理学的観点から見てゆこうとするのが本書の目的である。どのように民話世界を地理学的に分析してゆくのか、それをここでは簡単に述べておく。

地理学の世界でも、近代科学がもたらした、人と場所との分離に、危機感を感じていた研究者たちがいた。人文主義地理学者たちである。イーフー・トゥアン[14]やエドワード・レルフらは、一九七〇年代からすでに、この「場所」の重要性について述べている。彼らは文化人類学や民俗学などの成果を駆使しながら、様々な文化に属する人たちが、それぞれ多様な形で場所と深く繫がっていることを示した。その後、彼らの影響で、文学作品などの物語の地理学的研究も行われ、「主体から見た意味で満たされた場所」の研究が進んだ。

本書が試みる民話の地理学的研究も、一つはこれらの視点から行うことが可能であろう。私は、特に伝説研究において有効であろうと考えている。日本民俗学における伝説研究は、伝説が場所を具体的に語る伝承であるにもかかわらず、場所という視点から研究しようとしなかった。その多くは宗教の側面と文芸の側面から追求した。

伝説研究も柳田國男から始まる。彼は伝説をハナシとは解さずコトと見なした。そして、最終的に、坂の伝説、峠の伝説、あるいは山の伝説などに分類した。民俗学者のなかには、したがって、場所の研究をしたと考える者もいるようだ。しかし、人文主義地理学が見いだそうとする「場所」とは違うものなのだ。それは、坂や峠などのような普通名詞としての抽象的な場所ではない。主体が見た、つまり語り手や聴き手にとっての、意味で満たされた固有のコスモスとしての「場所」なのだ。そういった視点の研究が、いままでなかった。

神話の地理学的研究では、環境知覚研究が有効だと考えている。なぜなら先にも述べたように、神話はそれを信じる社会に属する人々の、あらゆる行動を規定するからである。であるなら、人々の環境を見る態度、つまりまなざしをも規定した可能性がある。今、私たちの自然へのまなざしは、当然近代科学的世界観にもとづいている。エコロジーの思想家たちは、それを問題にしているのだ。それでは、そうでない世界観に属する人たちは山や川をどのように見ていたのか。このような視点から、人間と環境の関係を研究しているのが、環境知覚研究である。なぜなら、このようなまなざしが環境に対する、私たちの地理的行動に影響を及ぼすからである。このことは、エコロジーの思想とも大いにかかわるだろう。

昔話に関しては、人文主義地理学の「心のなかの景観」研究と、行動地理学の感覚地理学の視点から見てゆきたい。ユング派の深層心理学では、昔話を私たちの無意識の活動とかかわらせて分析している。本書では、私たちの心の深層の動きを表象する昔話、そのなかで語られる景観を、「心のなかの景観」として見てゆく。

人文主義地理学の「心のなかの景観」研究では、視覚以外の感覚、つまり聴覚・嗅覚・味覚・触覚で知覚した景観に注目している。近代科学はもっぱら視覚を重視する。したがって、視覚以外の感覚で知覚した景観を、「心のなかの景観」と呼んだ。近代科学には、心のなかは見えないからである。昔話に登場する者たちは、実に様々な感覚を駆使する。

また昔話の主人公は、ある環境下を移動しながら、様々な感覚を一連の動きのなかで使う。そういった感覚は身体のなかで統合されたもので、五感などに分割できるものではない。感覚地理学は、そのような視点から人間と景観の関係を探ろうとする。このような感覚地理学の視点からも、昔話を地理学的に分析することが可能であろう。

6 オーラル・ジオグラフィーの世界

記述された世界は、私たちの視覚に多くを依存している。一方、伝承の世界は、語りというパフォーマンスを通して聴き手と語り手によって構築される、多様な感覚世界でもある。

感覚地理学では、視覚を優位に考える文化を文字文化、聴覚を優位に考える文化を口承文化と考え、それぞれの文化では、自ずから「場所のセンス」が異なる、と指摘する。「場所のセンス」とは、服のセンスや音楽のセンス、笑いのセンスなどと同様に考えてもいいだろう。そういったものは、時代や地域、つまり文化によって微妙に違う。

私たちの文化は、徐々に口承文化がすたれ、文字文化に偏る傾向にある。がしかし、よく考えてみると、日常世界ではまだ口承文化が優位といえるだろう。私の過去あった出来事の詳細は、ほとんどが口頭で人に伝えらている。多くの人がそうではないか。であるのに、どこかしら文字が優位に考えられている。おそらく視覚にある種の権力があるからだろう。視覚化されたモノは、社会的にも信頼される。だから私たちは、なるべく重要な事柄は、記述するよう努める。

しかしである。口頭で伝えらた内容を文字化したとき、重要なある情報が欠落する可能性が出てくる。先に述べたように、聴き手と語り手によって構築される多様な感覚世界を、文字は余すことなく伝えることができるのだろうか。

私は聴き取り調査を数多くこなすうちに、それは不可能だと感じるようになった。特に場所の情報は、難しい。なぜなら、例えば聴き手と語り手の間で、「そこ」とか「あそこ」といった場所を示す言葉は、その場にいなければ意味をなさないからである。といってその他の言葉で表現すれば、何かが落ちる。また聴き手が同じ共同体の構成員であるのと、私のような部外者である場合とでは、場所を示す語は、微妙に変化せざるを得ない。日常接している場所を全くの部外者に示すのは難しい。しかも、伝説のような不思議が起こった場所のニュアンスを示す場合は。

ところが、同じ共同体内部の者どうしが語り始めたらどうなるか。私は数多く、そのような場面を目撃してきた。多くの場合、彼らは「ああ、あそこね」「ある、ある」などと了解し合って、さらに話は盛り上がる。場合によっては、その場所が起爆剤となって、新たな伝承が次々と登場する場合もある。その時、私はその環のなかに入れない孤独感を感じる。部外者なんだと。と同時に、伝承は本来、共同体の内部に向けて語られるためにあるのではないか、そう思うようにもなった。外部を意識して、しかも記述すべきものではないと。感覚地理学の言うように、これが文字化したとき欠落してしまう「場所のセンス」と関係がある。オーラル・ジオグラフィー（口承の地理）は、民話世界において息づいているのだ。

このように、場所から離脱した普遍主義と「場所（トポス）」の対比は、近代を経て、同様に類似する対比を、現実というスクリーンに映し出した。それは中央と地方、画一的文化と地域文化、近代科学と妖怪、視覚と視覚以外の感覚、それらの対決劇であった。このような対決する物語が、ときには神話、ときには伝説や昔話となって、私たちの眼前に、時を越え、繰り返し、写し出されるのだ。

注

（1）中村雄二郎（一九八九）『場所（トポス）』弘文堂、一三七〜一三九頁。

（2）中村雄二郎（一九九二）『臨床の知とは何か』岩波書店、八頁。

（3）小松和彦編（二〇〇〇）『妖怪　怪異の民俗学2』河出書房新社、四三三〜四四九頁。

（4）崇神天皇は大物主神信仰を全国に広めることによって、初めて日本を統一したとされる。その功績から、人々は崇神を「初国知らす天皇」と呼んだ。詳しくは本書の第九話を参照。

（5）エドワード・レルフ（一九九一）『場所の現象学』筑摩書房、一二〇頁。

（6）山口昌男（一九八二）『文化人類学への招待』岩波書店、一〇三〜一〇四頁。

（7）小松和彦・内藤正敏（一九九一）『鬼がつくった国・日本』光文社。

（8）森岡正博（一九九五）「ディープ・エコロジーと自然観の変革」『環境思想の出現』（小原秀雄監修、環境思想の系譜1）東海大学出版会、一〇七頁。

（9）ビル・デヴァル、ジョージ・セッションズ（一九九五）「ディープ・エコロジー」『環境思想の多様な展開』（小原秀雄監修、環境思想の系譜3）東海大学出版会、一三四頁。

（10）キャロリン・マーチャント（一九九四）『ラディカル・エコロジー—住みよい世界を求めて』産業図書、二九七〜二九九頁。

（11）コティー・バーラント（一九九〇）『アメリカ・インディアン神話』青土社、九二頁。

（12）大塚民俗学会編（一九九四）『日本民俗事典』弘文堂、七一六〜七一七頁。

（13）稲田浩二他編（一九九四）『日本昔話事典』弘文堂、九一四頁。

（14）イーフー・トゥアン（一九八八）『空間の経験—身体から都市へ』筑摩書房。

増補話

進化する民話の地理学

1 インターネットの民話――「くねくね」

これは小さい頃、秋田にある祖母の実家に帰省したときのことである。年に一度のお盆にしか訪れることのない祖母の家に着いた僕は、早速大はしゃぎで兄と外に遊びに行った。都会とは違い、空気が断然うまい。僕は爽やかな風を浴びながら、兄と田んぼの周りを駆けまわった。そして、日が昇りきり、真昼に差し掛かった頃、ピタリと風が止んだ。と思ったら、気持ち悪いぐらいの生暖かい風が吹いてきた。僕は、「ただでさえ暑いのに、何でこんな暖かい風が吹いてくるんだよ！」と、さっきの爽快感を奪われた事で少し機嫌悪そうに言い放った。すると、兄は、さっきから別な方向を見ている。その方向には案山子《かかし》がある。「あの案山子がどうかしたの？」と兄に聞くと、兄は「いや、その向こうだ」と言って、ますます目を凝らして見ている。僕も気になり、田んぼのずっと向こうをジーッと見た。遠くからだからよくわからないが、人ぐらいの大きさの白い物体が、くねくねと動いている。しかも周りには田んぼがあるだけ。近くに人がいるわけでもない。僕は一瞬奇妙に感じたが、ひとまずこう解釈した。「あれ、新種の案山子じゃない？ きっと！ 今まで動く案山子なんかなかったから、農家の人か誰かが考えたんだ！ たぶんさっきから吹いている風で動いているんだよ！」兄は、僕のズバリ的確な解釈に納得した表情だったが、その表情は一瞬で消えた。風がピタリと止んだのだ。しかし例の白い物体は相変わらずくねくねと動いている。兄は「おい…まだ動いているぞ…あれはいったい何なんだ？」と驚いた口調で言い、気になってしょうがなかったのか、兄は家に戻り、双眼鏡を持って再び現場にきた。兄は少々ワクワクした様子で、「最初俺が見てみるから、お前は少し待ってろよー！」と言い、はりきって双眼鏡を覗いた。すると、急に兄の顔に変化が生じた。みるみる真っ青になっていき、冷や汗をだくだく流して、ついには持っている双眼鏡を落とした。僕は、兄の変貌ぶりをおそれながらも、兄に聞いてみた。「何だったの？」兄はゆっくり答えた。「わカらナいホうガいイ…」。すでに兄の声ではなかった。兄はそのままヒタヒタと家

に戻っていった。僕は、すぐさま兄を真っ青にしたあの白い物体を見てやろうと、落ちてる双眼鏡を取ろうとしたが、兄の言葉を聞いたせいか、見る勇気がない。しかし気になる。…その時、祖父がすごいあせった様子でこっちに走ってきた。僕が「どうしたの？」と尋ねる前に、すごい勢いで祖父が、「あの白い物体を見てはならん！見たのか！お前、その双眼鏡で見たのか！」と迫ってきた。僕は「いや…、まだ…」祖父は「よかった…」と言い、安心した様子でその場に泣き崩れた。帰ると、みんな泣いている。…兄だけ狂ったように笑いながら、まるであの白い物体のようにくねくねね、くねくねと乱舞している。祖母がこう言った。「兄はここに置いといた方が暮らしやすいだろう。あっちだと、狭いし、世間のことを考えたら数日も持たん…うちに置いといて、何年か経ってから、田んぼに

放してやるのが一番だ…」。僕はその言葉を聞き、大声で泣き叫んだ。

これは「うわごとのとなり」というホームページに、二〇〇五年二月二七日に掲載された「くねくね[1]」と称する、インターネットで生まれた新しい伝説の一部である。したがって本書で述べてきたように、そして見ての通り、この伝説も真実性を主張することになるし、その内容は怪異・妖怪が中心となる。

2　都市伝説を生んだ大衆文化

民俗学は、現代社会において生成、伝承されるこのような伝説を、都市伝説と呼び、ここまで扱ってきた古い社会の伝説との間に一線を引く。なぜなら両伝説の生成、伝承の母体となる社会の、組織や構造、あるいは経済システムが極めて異なっているからである。その意味で、ここで伝説に冠された「都市」とは、実体空間としての都市でありながら、近代化の過程で、私たちの日常を取り込んできた「仕組みとしての都市」、をも含意している[2]。そしてその仕組みは、かつて生身の身体を通して、限定的な狭い空間で生成、交換していた伝説を、いわば私たちの生身の身体を拡張する道具としての、ラジオやテレビ、そしてインターネットを介して、無制限で広大な空間へと解き放った。したがって民俗学者は、これら伝説を現代伝説とも呼ぶ。

このような仕組みの変化を、地理学的に言うと、次のようになるだろうか。そもそも地理学は文化を、人間の環境への適応戦略、だと考えてきた。したがって、地域によって環境が違う以上、文化も地方地方によって異なるものなのだと。暑い地域、寒い地域、あるいは山岳部、沿岸部、湿潤な気候、乾燥した気候等、異なる環境に住む人たちの生活様式、つまり文化がそれぞれ違うのは、それぞれの適応戦略が異なっているからだ、と見たわけである。しかし時代と共に、その適応戦略は向上し、特に近代科学は、私たちの環境への適応能力を飛躍的に高め、異なる環境下においても、同じような生活をおくれるようにしてきた。その反動を受けてむしろ最近は、環境の側が、改変され破壊されるに至っている。つまり現在の私たちの文化は、かつてのそれらよりも、地域環境の制約を受けなくなり、必然的に地域を越えた共通性を持つようになった。それは言葉を換えれば、地域ごとに個性的であった文化が、徐々に画一化していった、とも言えよう。

そこで私たち地理学者は、かつて地域環境に多大な制約を受けた文化と、現在あまりそれらの制約を受けない文化とを、区別して認識している。なぜなら両文化の空間的特性は、極めて異なる様相を呈するからである。それで前者を民俗文化(folk culture)、後者を大衆文化(popular culture)と呼んで、文化の二つの極と考えるようになった[3]。

ところで両文化の違いは、さまざまな側面で際だっている。地域環境の影響を多大に受けて育った民俗文化は、少人数で、しかも自力で、地域環境への適応戦略を練ってきたこともあって、地域色豊で、人々の間には結束力がある。そして保守的で、習慣や人種が単一な、大部分が自給自足の集団が担う。彼らは強い家族あるいは大家族構造を持っており、儀礼を高度に発展させた。

秩序は、宗教あるいは家族を基盤とした倫理的拘束力によって維持されており、社会の構成員、個人個人の関係は強い。伝統が最高権威をもっており、変化はまれにやってはくるが、その速度は遅い。特殊化された義務的な労働の分化は、相対的に少ないものの、存在している。むしろほとんどの人が、さまざまな仕事をこなしており、義務の差は性差間によって見られる。製品の大部分が手作りで、自給経済で成り立っている。個人主義は、社会階層同様に、民俗文化においては一般的に発展が弱い。

対照的に大衆文化には、巨大で異質ないくつもの集団が併存するが、構成員どうしの関係は、多くの場合、個人主義的で、会話も少なく、場合によっては面識もない。そのような集団のメンバーは常に変化している。学校や会社、地域社会、あるいは何らかのカードのみの会員などを想像すればわかるだろう。したがって人々の間の関係は、おびただしい数となるが、多くの場合、メンバー同士の個人的つきあいは少ない。そして数多くの特殊化された、専門職の確立によって、明白な職種の分化も存在している。

人々の移動能力は、輸送手段の近代化によって飛躍的に向上し、狭い生活空間に縛られることがなくなり、学校も会社も家をも自由に選択できるようになったが、かつての民俗文化にあった、人々と場所や環境との密接な結びつきは消滅した。

警察や軍隊のような、世俗的な管理機関が、秩序の維持のために、宗教や家族に取って代わり、貨幣を基礎とした経済がはびこる。

民俗文化のつくる産物は、同価値の大衆文化の製品に道を譲った。なぜなら通常、大衆文化の品物は、より早く生産され、安いし、利用するのに簡単で、時間の節約もでき、そのうえ、より多くの威信を資本家に付与するからである。またレジャーの時間を、ほとんどの人々が持てるようになった。

そしてこの伝説の主人公である子どもの立場も一八〇度転換した。民俗文化の子どもは、労働によって家族に冨をもたらす存在だった。ところが大衆文化においては、労働の禁止と教育を受ける義務から、子どもたちは冨を消費する側へと回ったのであった。

いうまでもなく、古い伝説は民俗文化に、新しい都市伝説や現代伝説は、大衆文化に属することになる。したがって、このようにさまざまな文化の局面が異なる場で生成、交換されている伝説を、同じように扱うわけにはいかず、当然、両者の間に一線を引こうとする民俗学の見解は、妥当だと言えるだろう。しかし実際は、特定の社会の文化を、このように完全に二つの極に分けることはできない。大部分が大衆文化へと移行した現代日本社会においてさえ、ある文化的側面においては、民俗文化的な要素が顔を出すことだってある。むしろその混在ぶりが、地域や国によって異なるのだろう。

ちなみにこの種の新しい社会の伝説は、一九九〇年代後半からインターネットのホームページに掲載されるようになり、その後、インターネット独自に伝説が生成されるようになったとされる[4]。

3 「くねくね」の真の恐怖

さて本章では、これまでの古い社会が生成してきた民話にではなく、この新しい社会が生み出してきた民話「くねくね」に焦点を当てようとしているわけだが、地理学的に見てそこには、どのような特色があるのだろう。そしてこの大衆文化の子どもが目撃したとされる、「くねくね」と呼ばれるインターネット上の怪異・妖怪には、一体どのようなメッセージが込められているのだろう。

物語だけを見るのであれば、次のような点が指摘できる。まずは秋田。子どもたちは年に一度のお盆の里帰りで、祖父母の家にいる。首都圏と違って空気も良く、思い切って外で遊べることをこの兄弟は満喫している。すると水田の案山子が風もないのに動いている。それが「くねくね」で、双眼鏡で見ると、その妖怪が憑依し、見た者は自らも「くねくね」してしまう。

出稼ぎをはじめ、集団就職、そして大学進学やその後の就職も含めて、これまで数多くの東北人が、東京に吸い込まれるように移り住んできた、そのような歴史がある。それはまさに「仕組みとしての都市」が、私たちの日常を取り込んでゆく様、と言っていいだろう。先祖代々の土地と、祖父母を残してきた東京の東北人の、後ろめたさが、この伝説にはあるように思える。先祖代々の水田に出没した妖怪「くねくね」が、年に一度しか帰らない孫に憑依し、田舎に取り込んでしまう。祖母の「…うちに置いといて、何年か経ってから、田んぼに放してやるのが一番だ…」との台詞は、「息子が戻らないのなら、孫を田舎に戻して、祖父母の面倒を見、土地を守り耕せ…」との恨みのメッセージにも聞こえる。

　そういえば江戸時代にも、先祖の田を放置した男に、泥田坊という妖怪が出た。そこにはこうある。

むかし北国にある年寄りがいた。子孫のために、わずかではあるが田地を買い求め、寒い時も暑い時も、風の日も雨の日も、休まず田を耕していた。ところがこの年寄りが死んだ後、その子どもは酒ばかり飲んで、田を耕そうとしない。果てには、この田を他人に売り渡してしまった。すると夜な夜な目が一つで黒いモノが出没し、「田をかえせ、田をかえせ」と訴えるではないか。村の者たちはこれを泥田坊と呼んだ[5]。

親が子どものために、精魂込めて耕した田を、親の死後、子どもは田を耕しもせず売ってしまう。江戸時代のこの泥田坊という妖怪は、この親の無念さを体現している。インターネットの伝説では、この無念さは、あからさまに表現されはしないが、私にはこの「くねくね」も、泥田坊の系譜を引いているように思えてならない。その姿も、田に立って動く案山子のごとき「くねくね」に、似ているのではないか（図38）。であるなら、このインターネットで生成、伝承された新しい伝説にも、かつての民俗社会が持っていた、文化の一端が顔を出していることになる。

　先祖代々、大切に耕してきた田に魂が宿り、そ

図38　鳥山石燕『今昔百鬼拾遺』（1780年）の泥田坊
（高田衛監修『鳥山石燕　画図百鬼夜行』図書刊行会，1992，198頁より）

の田を放置した者、あるいは子に出没、憑依する怪異のあり方は、ある意味古典的な、私たち日本人の、モノや場所に対する世界観である。では、古い伝説と新しい伝説とでは、何が違うのか。それは、子どもが田をどうして放置したのか、にある。その理由は、江戸時代の泥田坊では、「年寄りが死んだ後、その子どもは酒ばかり飲んで、田を耕そうとしない」とある。そして田を他人に売り渡してしまう。つまり問題は小さな共同体内の個人の行いにある。

それに対して、現代の「くねくね」では、田が放置されたとか、子どもが田を耕さないなどとは、明確には語られない。しかし現代の、数多くの田舎の過疎化、その結果としての限界集落、そして村の消滅、などの流れを知る私たちにとっては、以上のことはすでに明らかだ。この家の先祖代々の家や土地が、いずれ放置売却されるであろうことが。つまり現代社会の田の放置売却の原因は、個人の行いにではなく、社会の流れとしての、民俗文化の衰退、さらにその流れに抵抗することが、個人としては極めて困難であることにあるのだ。

このように考えると、現代の妖怪「くねくね」が攻撃するのは、小さな社会の道徳的に問題のある個人ではなく、むしろ問題を共有するより大きな集団、つまり大衆文化なのである。であるならその攻撃対象は、民俗文化の怒りの矛先の明確さに比べると、あまりにも大きく、漠然としている、と言っていいだろう。しかし逆にそのことが、語り手たちのやるせなさ、いらだちを、より一層強く感じさせる、という効果をも生んでいる。

先祖代々の土地、家、墓に縛られて、ずっと暮らしてきた多くの日本人が、近代になって解放され、仕事も家も墓をも、自由にどこにでも選べるようになった。しかしその結果、土地への愛着は薄まり、祖父母から孫までが一緒に一つ家で暮らすことも少なくなった。つまり近代は、結果として人々から土地・祖父母・子どもを切り離したことになりはしないか。そして少子高齢化社会が訪れる。これがまさに、大衆文化の様態と言っていいだろう。そして先の現代人のやるせなさ、いらだちは、この道を選んだのが、自らの判断だっただけに、より一層増すのであった。

この「くねくね」という妖怪は、インターネットを介して、より広い空間へ、そしてより多くの人たちに対して、このことを告発しようとしている。であるなら、この大衆文化で生まれた伝説のメッセージは、小さな地域を越えて、世界へと解放されることになる。

4　映画『呪怨』の恐怖

あの世界を震え上がらせた、『呪怨』というJホラー映画も、この「くねくね」と同じ私たち大衆文化の恐怖を、ほのめかしている。この映画の深層にあって支えている恐怖とは、地域や家族から切り離された、高齢者の介護と、孤立する子ども、そして最終的には、地域社会や家族の崩壊にある、と私は見ている。

この映画では、このことを象徴するかのように、比較的大きな家に小さな家族、長男夫婦と年老いた認知症の母が住み、その家を主人公の若い介護士が訪問し、いるはずのない子どもと遭遇する。その子どもは、この夫婦が引っ越してくる前に住んでいた、やはり三人家族（夫婦と子ども）

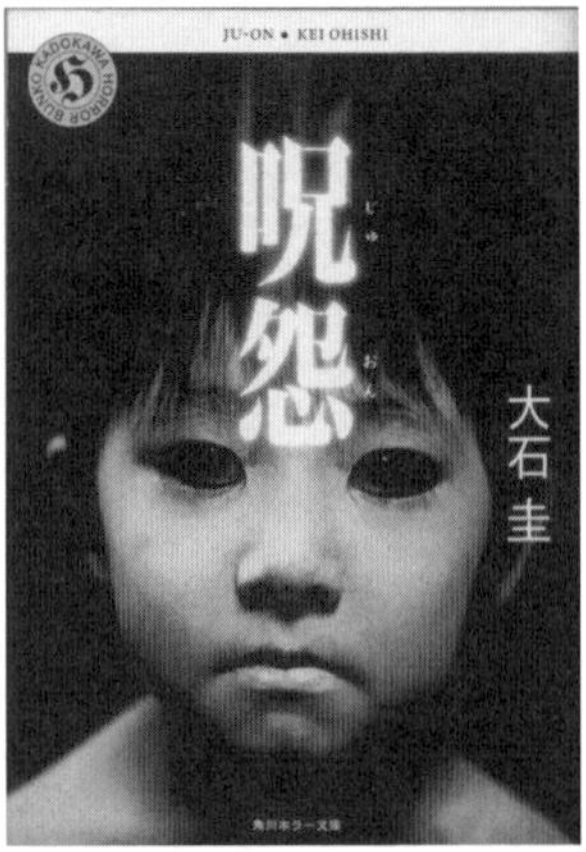

大石圭『呪怨』角川ホラー文庫，2003年

の子どもの幽霊であった。この三人家族の夫は妻を殺害し、この子どもも殺したのであろう。

新しく越してきた夫婦が働きに出ている間は、この認知症の年老いた母と、子どもの幽霊だけがこの大きな家にいる。考えてみれば、あの「くねくね」も話の結末は同じであった。田舎に残されたのは、祖父母と「くねくね」が憑依した子どもだけなのだから。両物語は、まさに大衆文化の家族から切り離された子どもと、祖父母を、象徴的に表現している。それはかつて民俗文化にあった、古いかたちの大家族の崩壊、と言ってもいいだろう。先にあげた、大きな家に小さな家族、というういかにもアンバランスな設定は、このことを皮肉っている。しかもこの映画は、この家族の妹が近所で一人暮らしをしていることまで、念を押すかのように、ご丁寧に描いている。大衆文化の個人主義をも、余すことなく映像化しているわけだ。

さて、この映画では、この大きな家のなかを、まるで何事もなかったかのように、青い身体をした裸の子どもが歩きまわっている。その幽霊が原因で、体調を崩した妻が寝るベッドを、のぞき込む青い子どもの映像は、現代的で恐ろしい。この映画が海外で広く受け入れられたのも、このような何気ない日常のなかに潜む、恐怖の映像があったからであろう。ところがここでも、この寝室を歩きまわる子どもの妖怪を、江戸時代の絵画資料に見いだすことができる（図39）。つまり、このような家屋空間に感じる日本人の恐怖心のあり方は、古い民俗文化から継承していることになる。

またこの家の天井裏には、先に住んでいた家族の殺された妻の死体が隠されており、その幽霊が出る。押し入れの天井裏から這い出してくる、その映像もこの映画の恐ろしい場面の一つであるが、やはりこれも江戸時代の妖怪画に、似たものが見いだせる（図40）。この妖怪画の復刻版によせた解説には、「延宝五（一六七七）年刊『宿直草』巻二は、なぜか天井の怪異の話が集中している。天井は安達が原もかくやと見まがうような死体の散乱する場所であり（「甲州の辻堂に化け物のある事」）、女が夫の殺した愛人の首を持たされて監禁された場所であり（「三人しなじな勇ある事」）、家の中の異界であった[6]」とある。ここにある二つの物語とも岩波文庫の『江戸怪談集[7]』で読むことができる。

どうも私たち日本人は、天井裏という空間を伝統的に怖がっていたようだ。それが映画という大

図39　鳥山石燕『今昔画図続百鬼』（1779年）の油赤子
（高田衛監修『鳥山石燕　画図百鬼夜行』図書刊行会，1992，134頁より）

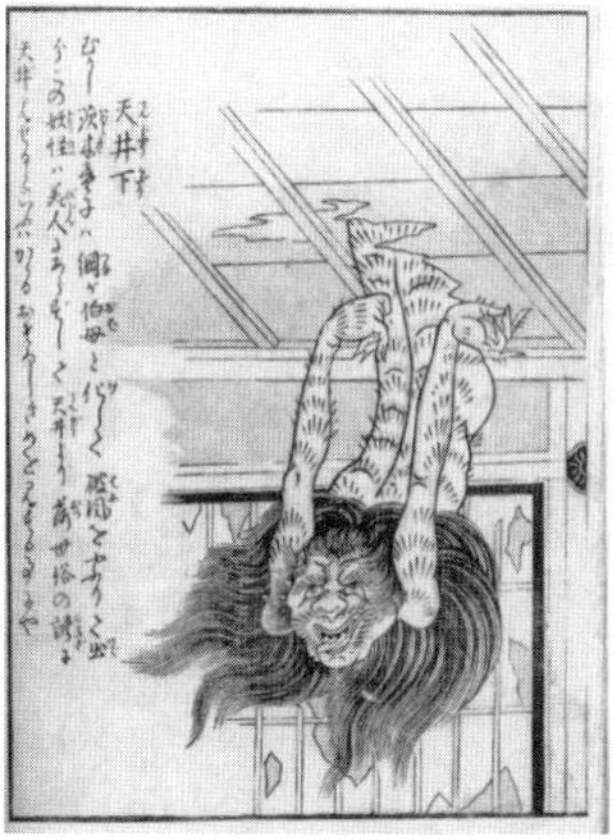

図40　鳥山石燕『今昔画図続百鬼』（1779年）の天井下
（高田衛監修『鳥山石燕　画図百鬼夜行』図書刊行会，1992，166頁より）

衆文化にも表出しているのであれば、ここでも民俗文化の空間認識が顔を出していることになる。その他にも探せばあるだろう。世界に受け入れられたJホラー映画のあちこちに、日本の民俗文化が考えた死霊のあり方が。

　そもそも日本において死者の霊魂はどのように扱われてきたのであろうか。伝統的に日本における死者の霊魂（死霊）は、儀礼を通して家の守り神へと昇格する、とされる。したがって民俗文化では、祖先祭祀を行う子孫の存続、家の永続が非常に重要な意味をもっていた。しかし、もし死者を祀る子どもがいない場合どうなるのか。この論法で言えば、その死者は死霊となって家にとどまる他ない。ここで描かれた本当の恐怖とは、もしあなたに子どもがいないのなら、あなたが亡くなった時、誰も祀ってくれないということ、そしてあなたは死霊となりこの家にとどまり、人々に害をなす存在とならざるを得ない、ということである。この映画のタイトル、『呪怨』という造語は、次のように説明される。

> **【呪怨《じゅおん》】**強い怨念を抱いたまま死んだモノの呪い。それは死んだモノが生前に接していた場所に蓄積され、「業」となる。その呪いに触れたモノは命を失い、新たな呪いが生まれる[8]。

　この言葉の定義や世界観は、そのまま「泥田坊」にも使えるだろう。なぜなら子どものために精魂込めて田を耕し死んだ親は、その子どもによって、放置され売却されたその場所に、「泥田坊」として、その強い怨念とともに出没するのだから。おそらく「くねくね」も、その背後に同じ世界観を抱えているに違いない。

　さて、この民俗文化の祖先祭祀は別として、この映画が描き出そうとした真の恐怖とは、こうである。高齢者の介護問題、そして子どもの減少の果てにあるものは、自身が高齢者となったとき、誰が私や土地や家、先祖代々の墓を見てくれるのか、もっと言えば、誰が私の墓守をしてくれるのか、誰が私のことを記憶していてくれるのか、そのことへの潜在的な不安と恐怖なのだ。それは大衆文化が蔓延するところなら、世界のどこでも通じる恐怖、と言えよう。

5　双眼鏡の謎

さて、この「くねくね」伝説のなかで、一番わからないのが、双眼鏡である。この小道具は何を意味しているのだろう。主人公の兄は肉眼ではなく、双眼鏡という道具を介して、「くねくね」を見たことによって、自らも「くねくね」してしまう。この妖怪は、肉眼で見ただけでは憑依しないようだ。そして次に主人公が双眼鏡を手にしたとき、祖父が「見てはならん！」と禁じる。

じつは民話には「見るなのタブー」という、ある種のパターンのようなものがある。それは「ここだけは絶対見てはならない」と言われた主人公が、かならずその約束を守れず見てしまう、というものである。第四話で紹介した、プロップの構造分析で言えば、α（禁止）・δ（違反）となろう[9]。このインターネットの民話に出てくる双眼鏡の役割は、この大衆文化における「見るなのタブー」を象徴的に表現している。なぜなら肉眼ではなく、双眼鏡という視覚を拡張する道具を使っているからである。

ユング派の心理学者である河合隼雄は、昔話の文化比較のなかで、西洋の場合「見るなのタブー」を犯した者は罰せられるが、日本では、むしろ見られた方が不幸になる、と世界の昔話に共通して存在している「見るなの座敷」を事例にあげて、そう指摘している[10]。例えば、「鶴女房」では、自らの羽で布を織る鶴の女房が、人間の夫に「部屋のなかを見ないで」と禁ずるが、夫は見てしまう。すると女房は、子どもをおいてその家を立ち去らねばならないのである。確かに見られた方が不幸となっている。であるなら、双眼鏡で見られた「くねくね」は、田を立ち去らねばならない。ところが、この「くねくね」の場合、双眼鏡で見た側が不幸になってしまうのだ。大衆文化の蔓延によって、あるいはインターネットの普及によるグローバル化によって、私たちの内面や身体感覚までも、西洋化してしまったのだろうか。

ただし、この怪異がインターネット世界で生じた点を忘れてはならない。つまりこの双眼鏡はインターネット上での「見るなのタブー」なのだ。コンピューターの画面に、検索や拡大機能を意味する虫眼鏡のアイコンがある。インターネット上でのこの機能は、現実世界で遠方にあるものを拡大して見たり、目標物を検索する双眼鏡と類似している。実際この機能のアイコンは、二〇〇三年以前のワードやエクセルでは双眼鏡であったし、二〇一〇年以降のワード等でも復活している。

つまりインターネットの世界での双眼鏡は、検索を意味する。子どもは興味にまかせて、さまざまなキーワードで検索をかける。その結果、子どもが見てはならないサイトに辿り着き、膨大な使用料が請求される場合もあると聞く。あるいは、出会い系サイトに辿り着き、犯罪に巻き込まれる子どももいる。確かに、私たちにとって、インターネット上で見てはならないサイトは豊富にある。そしてこのように、その禁を犯して不幸になる者たちも多い。そのうえ、ウイルスに感染すれば、見た者にも憑依する。この「くねくね」の恐怖とは、インターネット上の「見るなのサイト」を、双眼鏡（検索機能）で覗いてしまったことを、暗に意味しているのではないか。

また最近では、インターネット上に、私的な意見や感想が掲示されることが多いが、それを友人に検索で覗かれ、その結果生じる友達関係の拗れは、特に若い人たちの恐怖の対象となっているようだ。であるなら河合隼雄の言うとおり、覗かれる方も不幸になることもあるわけだ。インターネットにさらけ出した私を覗く何者かの視線の怪、それもこの「くねくね」の双眼鏡の意味ではなかったか。

「都市」あるいは「現代」という仕組みは、さまざまな局面において、私たちの身体性をも変化させてきた。特に近代科学は、私たちの五感のうち、特に視覚を拡張してきた。遠い宇宙を見る巨大な天体望遠鏡、微生物の世界を覗く電子顕微鏡、地球の裏側で起こった出来事をリアルタイムで視聴できる衛星放送などなど。しかしその他の感覚は依然、民俗文化の頃のままである。なぜなら料理番組で、いくらおいしそうな御馳走を見ることができても、匂いや味は、その場にいない限り体験できないのだから。それは触覚も同じだろう。聴覚はある程度の拡張を、近代以降に経験している。が、最近のヘッドホーンをして外出している人たちの多さを見れば、むしろ外部世界に向けての聴覚は、閉ざされている、と言っていいだろう。

これらの結果、大衆文化では、怪異・妖怪のあり方にも変化が生じているのだそうだ。例えば、現代の大学生たちに妖怪を創造させてみると、次のような特性があらわれたという[11]。それによると現代のキャンパスの妖怪には、視線にちなんだものが多いらしい。五感のなかでも視覚が重視され、気になるのは他人の視線であると。これは今までの妖怪には、なかった属性である。本書のＰａｒｔＩの昔話でも触れた、かつての民話世界で、視覚以外の感覚が強調された点とも違っている。であるなら、現代社会の人たちは、他人の視線が最も気になり、緊張しているということになる。双眼鏡で覗き覗かれる、は現代の大衆文化に住む私たちの、怪異の一部をなしているのかもしれない。

6　『電脳コイル』の都市景観

双眼鏡、虫眼鏡と眼鏡つながりで、気になるアニメがある。NHK教育で二〇〇七年に放映され

宮村優子（原作：磯光雄）
『電脳コイル 1』
徳間書店，2007年

た『電脳コイル』という作品である。物語の舞台は、「おばけの見えるメガネ、新発売…」[12]という宣伝文句で売り出された電脳メガネが、小学生の間で大流行した近未来の日本、大黒市である。このメガネをかけると、町のどこからでもインターネットに接続できるが、それは子どもだけが体験できる世界である。ここでも「おばけ」という民俗文化の伝説で語られる怪異・妖怪と、大衆文化の身体拡張機能を持つ道具、インターネットと電脳メガネがセットとなり、子どもの目撃した風景が語られる。

彼らの住む大黒市は再開発された町で、古い街と新しい街が混在していて、空間の歪みが生じている。テレビを小説化した『電脳コイル』では次のように大黒市が描かれている。大黒市で唯一の電脳駄菓子やの婆が、次のように回顧する。ここでも、子どもと年寄りに焦点があたっている。

さて、爺が亡くなったころからだろうか。大黒にはときどき、不思議な白い煙が立つようになった。大黒市はもともとのどかな、電子機器製作の町工場が多い、どちらかと言うとやや「発展おくれ気味」ののんびりとした田舎町じゃった。それがメガマス社というハイテク産業の巨大企業が本社機能をすべて移転したことで、急激な「発展」を強いられることになったのじゃ。もちろん表向きはじつにスムースにそれらは行われた。だが長いあいだこの町に住ん

できた者なら皆わかる。メガマスがやって来てからの大黒市は、増築に増築を重ねた木造3階建て温泉旅館のごとく、どこがどこを支え、どこがなにを阻んでるんだかわからぬほどいびつで微妙な町に発展してきたのだ。まるで50年前の生活と50年後の生活を瞬間接着剤でつなぎ合わせたかのように。とうぜん〝皺よせ〟はおとずれる。ひとでも暮らしでもない、その皺よせは大黒の場合、なぜか「空間」におしよせた。古い空間に無理やり新しい空間を上書きする。ハイテク産業政令指定都市の名のもと、メガマスが試みたニューシティ計画は、たとえて言うならそういうことじゃった。ところが上書きされないまま残された旧空間が、ところどころめくれあがり、裂け目をつくった。白い煙があがっているのは、まさにその裂け目の部分なのじゃ。そしてその裂け目は、ときが経つにつれて、消えてゆくどころかますます活発に、ますます亀裂を深くさせているようにさえ見える。あるはずのものが消えたり、ないはずのものが現れたり、そういう不可思議な現象がひんぱんにあちこちで起きるようになった。おかしい。そのことに敏感に気づいたのは、大黒小学校の子どもたちじゃった。《メガネ》の子どもたち[13)]。

この場合、まさに実体としてのハイテク都市が、古い町や社会を呑み込んでいっている。言い直せば大衆文化が民俗文化を呑み込んでしまったと。しかし完全に呑み込んだわけではない。そこにはどうしても両者の齟齬が生じる。そしてその歪みが空間に表出している。それはまさしく地理学の問題なのだ。

かつて人文主義地理学は、この大衆文化の景観を「没場所性」、民俗文化の景観を「場所のセンス」とも呼んだ。没場所性の感じられる景観は、その地域に住む人々が主体的に整えた空間ではなく、大都市にある大資本が、彼らの経済的、合理的意図にしたがって、住民に押しつけた景観なのだ。そこには、住む者の社会や文化が考えた、意図や心地よさはない。当然のことながら、そこには押しつけた側と住む側の齟齬が生じる。この物語では、その歪みを見ることができるのは、このメガネをかけた子どもたちだけなのだ。大人には見えないのだ。そしてその空間の歪みからは、煙やイリーガルが見える。イリーガルとは「電脳おばけ」のことである。「くねくね」や「青い身体の子どもの幽霊」も、このような民俗文化を呑み込む大衆文化、その間にある空間の歪みから生じたのだろう。

現代の大衆文化が語る物語には、子どもから大人への、この社会の歪みを告発するメッセージが隠されているのだろうか。この『電脳コイル』という作品のテーマの一つにも、子どもと大人の逆転があるように思える。つまり大人になった子ども、そして子どもになった大人。これも現代社会の特色なのかもしれない。なぜなら、かつての民俗社会では大人と子どもの区別は厳密であったのに対して、現代社会ではさまざまな意味で曖昧だからである。

「眼鏡に適う」や「眼鏡違い」の表現にあるように、言語上のメガネの隠喩は正しい判断である。かつてこの言葉は、立派な大人に従属していた。ところがここでは、むしろ子どもたちだけが正しい判断を下せる、そうとれる。であるなら、あの子どもが双眼鏡で見た「くねくね」も、子どもにだけ見える大衆文化の歪みということになる。子どもはその歪みを見て、自ら田舎に残って、祖父母の面倒をみ、田を耕すことになるのだ。子どもが下した正しい判断、ということになる。まさに、今後の日本社会の子どもたちに、期待したいところである。

7　進化する民話世界

かつて私が、『怪異の風景学[14]』のなかで「怪異の見える風景」として採り上げた廃墟が、この大黒市でも、再開発から取り残された、あるいは再開発を拒否する場所として登場する。廃墟は単純に言えば、古くなって使われなくなった建物だが、隠喩の風景として私たち個人個人の前に立ち現れるとき、それは時代の裂け目に露出した、歪んだ自己となる。つまり時代の変化に躊躇し抗いつつも、見て見ぬ振りをして流されてしまう、今の自分が見つめる少し前の廃墟化した自己の内面に似ているのだ。それは「都市という仕組み」に巻き込まれた民俗社会の私、と言い換えてもいいだろう。その廃墟化した大人の姿を、子どもはそっとそばで見つめている。あの『呪怨』の青い身体の子どものように。それはそれで怖い。

古い街並みは、隠喩の風景としては、それだけではない。古い街並みには、それ相応の古い生活

や人間関係があった。そして主人公の子どもたちが憧れるのが、かつてあった肌と肌の触れ合うような古い時代の友達関係なのだ。この物語の主人公たちの会話に耳を傾けてみると、そのことがよくわかる。

「どんなにあたしにつきまとっても、あたしはあなたと、お話ししたり、宿題のみせ合いっこしたり、いっしょに給食たべたり、トイレでハンカチ借りたり、だれかの悪口言ったり、そういうことをする気はさらさらないから」「わたしだってないよ。そんなのいまどき、だれもしないよ。あ、話はしたいなって、ちょっと思うけど」「おとなぶらないでよ」「子どもだから言うの」。天沢さんが黙った。わたしはつづけた。「知らないの？　おとなは泣くんだよ。おとなは宿題をみせ合うみたいに仕事の自慢話をしたり、いっしょにお昼ごはんを食

べるひとを探したり、だれかの悪口を言ったり、自分が持っているものを、ないふりをしてわざとひとにたよったりするんだよ。そのほうがたよられたひとがいい気持ちになれるから」[15]。

このように子どもたちは、眼鏡を通して大人を見つめているのだ。その大人の生態は、古い民俗社会の人間関係を示しているのだろう。この関係は、大衆文化に生きる子どもには、理解できないかのように語られるが、じつは憧れているのだ。彼らはこの「電脳おばけ」を追跡しながら、そして大衆文化と民俗文化の間に表出した廃墟を彷徨いながら、こんな会話をしていたのだ。

であるなら、この古い街並みは古い友達関係の類似記号であり、こんな大切な記号が子どもにしか読めないことになる。いや逆に子どもたちには、インターネットの眼鏡を通してしか、この大切な友達関係が見えないのかもしれない。それは先に指摘した「くねくね」の双眼鏡の役割で述べた、インターネット上に掲載した私的な意見や感想が覗かれ、そのことによって友達関係がまずくなることの裏返しなのかもしれない。

『電脳コイル』で描かれたのは、このような子どもの見る怪異・妖怪の風景だったのだ。それはあの世界的に受け入れられたアニメ『千と千尋の神隠し』で、異界の風景が千尋にしか見えなかったのと、似ている[16]。そして子どもが双眼鏡を通して見た田舎の「くねくね」とも。それらは、いずれも大衆文化が呑み込もうとした、民俗文化の名残の風景、場所で、子どもたちが目撃した怪異・妖怪だったのだ。したがってこれらは、最終章の表2で示したとおり、伝説という民話のジャンルに位置づけることができるのだ。

ここではインターネットの民話、Jホラー映画、そしてTVアニメを、どこかで連続している物語として扱った。現代の民話が、もはや生身の身体を介して交換されなくなった昨今、映画やマンガ、テレビの物語との垣根が曖昧になりつつある。かつて民話を通じて語り合った私たちの世界観は、従来の民話だけにとどまるわけにはいかなくなったのだ。そのことを、この章で紹介した三つの物語が、暗に語ってくれている。

したがって、これからの民話研究は、もっと広く民話の概念をとらえ、進化していく必要があるだろう。そして民話の地理学は、これからも人々が無意識的に生み出すであろう、これら物語に、その時代、その地域の人と場所、環境との関係を探求し続ける、そのような学問である、と私は考えている。

注

（1）野添恵美子（二〇〇八）「インターネットの口承文芸―現代の妖怪「くねくね」を事例に」『二〇〇七年度人間文化学部学生論文集』第六号、京都学園大学人間文化学部、一五五～一六三頁。
（2）重信幸彦（二〇一三）「「都市伝説」という憂鬱」『口承文芸研究』三六、一〇三～一一三頁。
（3）Jordan, T.G, Domosh, M. and L.Rowntree（1997）*The Human Mosaic: A thematic Introduction to Cultural Geography*, Longman, pp. 240-313.
（4）飯倉義之（二〇一三）「都市伝説が「コンテンツ」になるまで―「都市伝説」の一九八八～二〇一二」『口承文芸研究』三六、九〇～一〇二頁。
（5）高田衛監修（一九九二）『鳥山石燕　画図百鬼夜行』国書刊行会、一九八頁を筆者が現代語訳。
（6）同上、一六六頁。
（7）高田衛編・校注（一九八九）『江戸怪談集　上』岩波書店、四六～六〇頁。
（8）大石圭（二〇〇三）『呪怨』角川書店、二一頁。
（9）ウラジミール・プロップ（一九八七）『昔話の形態学』白馬書房、四三～四五頁。
（10）河合隼雄（一九八二）『昔話と日本人の心』岩波書店、一～三九頁。
（11）安井眞奈美（二〇一〇）「現代の妖怪と名づけ―「かわいい」妖怪たちと暴力をめぐって」小松和彦編『妖怪文化の伝統と創造』せりか書房、五八五～六〇三頁。
（12）宮村優子（原作：礒光雄）（二〇〇七）『電脳コイル1』徳間書店、二八頁。
（13）同上、一八一～一八三頁。
（14）佐々木高弘（二〇〇九）『怪異の風景学』古今書院。
（15）前掲注(12)、三一七～三一八頁。
（16）詳しくは、佐々木高弘（二〇〇六）「異界の風景―トンネルの向こうの「不思議の町」」小松和彦編『日本人の異界観』せりか書房、一四～二九頁。

あとがき

本書は、雑誌『地理』四十六巻四号～四十七巻四号（二〇〇一年四月～二〇〇二年四月）に連載された「民俗世界の地理学」（佐々木担当部分）をもとにしている。かなりの部分、加筆しているが、連載時とほとんど変わらない箇所もある。

ところで私は、最初からこのような民話世界を、地理学の視点から研究しようと考えていた者ではない。最初は藤岡謙二郎先生の魅力に引かれて、古代の歴史地理に関心があった。そこから、当時は新しかった、行動地理学や人文主義地理学に興味を向け始めたのは、野間晴雄先生のお陰である。もっぱら古代世界に沈没していた私を、もっと広い地理学の世界へと引き出して下さったのは、樋口節夫先生である。さらにもっと、広い地理以外への世界へと解放して下さったのが、矢守一彦先生、高橋正先生であった。そして文化人類学や民俗学、方法論としての構造分析や記号論などに関心があった頃、この民話世界と、その様々な分析方法の世界に魅了されていくきっかけをつくって下さったのが、当時同じ研究室におられた、小松和彦先生や同僚、そして大学院生たちであった。このような人的経緯を経て、今、私は『民話の地理学』を記すことになった。本書には、どの先生の教えも深く刻み込まれている。遅ればせながら、ここで先生方に謝意を申し上げたい。

本書のもとになった雑誌『地理』の連載「民俗世界の地理学」は、最初、内田忠賢さんに依頼され、その内田さんが、私を仲間に入れて下さったことから始まった。そして連載終了後、古今書院編集部の関　秀明さんから、単行本化のお話をいただき、このようなものとしてまとめることが出来た。お二人にも感謝申し上げる。

なお、本書のＰａｒｔⅢ神話については、平成九・十年度文部省科学研究費補助金（奨励研究A）「民間説話の場所認識についての文化地理的研究」（研究代表者：佐々木高弘、課題番号09780132）、および平成十一年度京都学園大学特別研究助成金（科学研究）を用いた。

二〇〇三年一〇月一二日　佐々木高弘

シリーズ刊行　あとがき

二〇〇三年に古今書院より刊行された本書は、ここに新しい装いを得て、増補の一話を加えて重版されることになった。そのきっかけは、昨年の二〇一三年に、新著『神話の風景』の出版を同社の関　秀明氏に打診したところから始まる。その後編集部より、二〇〇九年に出版した『怪異の風景学』と合わせてシリーズ化しないか、との提案を受けた。その案の中身は、前著の副題である「妖怪文化の民俗地理」をシリーズ名とし、まず『民話の地理学』、次に『怪異の風景学』、最後に『神話の風景』を出版しよう、というものであった。

シリーズ名となった「妖怪文化の民俗地理」について一言述べておこう。ここで言う妖怪とは、いわゆる超自然の存在としてのそれではない。そもそも元の意味は「妖しい怪」、つまり魅惑的で神秘的な、そして気味が悪くて疑わしい出来事。それらが神話や伝説、昔話などの民間伝承や説話、絵画や小説、マンガや映画、アニメなどの様々なメディアでとらえられてきた。したがってこれら妖怪という現象は、それらが実際に存在しているというよりは、文化として存在している、という視点が必要となるわけだ。妖怪文化という名は、そこから来ている。

さて現在、これら妖怪文化が、あらゆるところで注目されている。子どもだけでなく、大人も、あるいは海外からも関心を集めている。それは単に、妖怪というキャラクターが好まれているだけではないようだ。妖怪を通じて見え隠れする、日本あるいは世界の民俗文化に、関心が集まっているように思えてならない。アニメ『妖怪ウォッチ』の主題歌は、今の「便利って何？」と問いかけ、であるなら時間を巻き戻し過去へ戻れば、と。そして最後は、雲が動き、風が歌う音風景の世界へ……と子どもたちを誘う。きっとそこには、私たちが近代化によって喪失した、古き良き、そしてこれから生きていく上での、指針となるような何かが潜んでいる、そう子どもたちをはじめ、多くの現代人が、感じ始めているのでは……。
それを地理学者らしく言うならば、妖怪文化は人と場所を結びつける魔術だ、と発したい。シリーズ化に際し、本書に新たに加えた論文は、「くねくね」というネットで生まれた妖怪を扱っている。詳しくは本書増補話を読んでいただきたいが、「くねくね」という妖怪は過疎化する東北の農村に出没し、結果として村に子どもたちを呼び戻した。本書の最終話でも述べたように、近代科学（大衆文化）が、人と場所を分離したのなら、妖怪文化（民俗文化）は、人と場所を再び結びつけようとしている。

今シリーズも、ひなた未夢氏に幻想的な表紙デザインを描いていただいた。また編集は関　秀明氏にお世話になった。両氏にお礼を申し上げたい。シリーズ最初の本書は昔話・伝説・神話という、大きく括れば民話というジャンルを民俗地理学的に考察した。第二の『怪異の風景学』は、伝説を中心に、説話文学やアニメや映画、あるいは廃墟画にも焦点を当てた。新しく出版予定の『神話の風景』では、世界各地の神々に光を当てている。次は昔話を、私たちの「無意識の風景」として、再び深く掘りさげてみたい、そう考えているところである。このように、妖怪文化と名づけられた荒野は、きわめて広大なのだ。

二〇一四年六月三〇日（夏越大祓）　佐々木高弘

な行

は行

た行

か行

さ行

索　引

著者紹介

佐々木 高弘　（ささき たかひろ）

京都先端科学大学人文学部歴史文化学科教授．1959 年兵庫県生まれ．
大阪大学大学院博士課程中退．専門は歴史・文化地理学．
単著：『怪異の風景学』（シリーズ第2巻, 古今書院），『京都妖界案内』（大和書房），『神話の風景』（シリーズ第 3 巻, 古今書院），『生命としての景観』（せりか書房）．
共著：『妖怪学の基礎知識』（角川学芸出版），『記憶する民俗社会』（人文書院），『妖怪　怪異の民俗学２』（河出書房新社），『日本人の異界観』『妖怪文化研究の最前線』『妖怪文化の伝統と創造』『進化する妖怪文化研究』（以上，せりか書房）など．近著『妖怪巡礼』（シリーズ第 4 巻，古今書院：2020 年 11 月）．

＊本書は 2003 年 12 月 25 日刊行の『民話の地理学』に増補し，「シリーズ妖怪文化の民俗地理」（全 3 巻）の第 1 巻として新たに刊行した．

	シリーズ 妖怪文化の民俗地理 1
書　名	民話の地理学
コード	ISBN978-4-7722-8507-0　C3339
発行日	2014（平成 26）年　8 月 12 日　初版第 1 刷発行
	2020（令和 2）　年 10 月　8 日　初版第 2 刷発行
著　者	**佐々木 高弘**
	Copyright　©2014　Takahiro SASAKI
発行者	株式会社 古今書院　橋本寿資
装　丁	ひなた未夢
印刷所	株式会社 太平印刷社
製本所	株式会社 太平印刷社
発行所	古今書院
	〒 101-0062　東京都千代田区神田駿河台 2-10
電　話	03-3291-2757
FAX	03-3233-0303
振　替	00100-8-35340
ﾎｰﾑﾍﾟｰｼﾞ	http://www.kokon.co.jp/　　検印省略・Printed in Japan